「縮小社会」再構築

安心して幸せにくらせる地域社会づくりのために

監修・著　長瀬光市

著　縮小都市研究会

公人の友社

はじめに
―この本を手にしたあなたへ―

　2040年までに、全国の市町村の約5割が将来「消滅」の危機にさらされる。民間有識者らでつくる「日本創成会議」の人口減少問題検討分科会が、2014年5月に公表した将来推計は、列島に衝撃をもたらした。これが契機となり、政府を中心に自治体を巻き込んで、急速に人口減少対策の機運が高まった。

　大都市圏の住民や地方の住民が少子化、高齢化、人口減少が、生活や暮らしの様々な局面で「縮小」リスクが顕在化してきたことを実感するようになってきた。人口減少は地方の過疎地域、中山間地域の問題だけでなく、東京圏郊外地の都市型限界コミュニティの出現などにより、列島全体におよぶ問題であることを徐々に、認識するようになってきた。

　都市や地域はこれから先、どこへ向かうのか。地方は20年先行して、人口減少、高齢化社会に直面し、地域の困りごとを解決するために、「もがき」「苦しみ」、試行錯誤を繰り返してきた経験から、地方は「社会課題」解決の先頭にいる。

　東京圏は2020年から人口が減少し、高齢者が急増する時代を向える。東京圏は人々が都市生活を謳歌するなかで、多くの住民や自治体が気づかぬうちに、都市縮小を巡る運命の別れ道に着いたようだ。

　地方では、自助や家族共助だけでは限界が生じてきた困りごとに対し、地域住民は、自分ごとをみんなごと、世間ごととして捉え、地域で起きている現実を直視し、地域の困りごとを解決するために立ち上がった。そして、明日を見据えて、安心して幸せに暮らすことができる地域をめざし、豊かな地域づくりへと深化をはじめている。

　企業も「共通価値の創造」の発想は、サステイナビリティ（持続可能性）の追求のさらに上をめざす考え方と認識し、「社会課題」を企業の戦略や経営資源のひとつ

はじめに

として活用している。企業、NPOなどが地域の困りごとを解決するために、住民、活動団体などと協働・連携して「つながりのネットワーク」を機能させ、価値共創の好循環を生みだしつつある。

　一方で、大方の自治体は人口減少を危機と叫ぶが、本気で地域や自治体の存続をかけた課題と捉え、地域ごとの固有性、独自性に工夫を凝らし、息長く、総合的な対策に取り組んでいく課題認識が乏しいように感じられる。言い換えれば「未来に責任を持つ自治体」をめざすために、自治体構造を変革し、持続可能な地域づくりへ、挑戦する気運があまり感じられないのである。

　何故、住民や企業、NPOなどと自治体との間にこれほど温度差が生ずるのか。それは、住民の生活実感にもとづく「気づき」や活動団体・NPO・企業などのイノベーション、民間の企業価値を向上するための「社会課題」解決へ取組む姿勢と行動力。自治体は、横並び意識による建前に重きを置き、自分の任期中に危機は起こらいと腹をくくり、組織の誰もが困らないから、本気で取り組もうとしない、「先送り主義」の組織風土に依拠した認識の違いではなかろうか。

　「縮小都市研究会」は、人口減少を「市町村の消滅」問題として捉えるのではなく、「地域の存続・崩壊の危機」として捉えるべきとの認識を示し、テーマを「大都市や地方都市を問わず、たとえ人口が減少しても、より豊かに、安心して幸せにくらすことができる地域（＝地域空間）を築く」こととした。

　「地域」を「空間」の観点から、物事を見たり考えたりすることで、ソフト・ハードを含め、住民と多様な主体が生活、活動、交流する地域を総合的、複眼的に捉えることができる。多様な主体が地域を舞台に関係性を形成することで、縮小時代に相応しい新たな役割や責任が生まれてくる。

　住民が主体となって、持続可能な地域をつくこることが、「安心して幸せにくらせる縮小社会を築く」ことにつながる。その豊かな地域づくりを支える行動理念が「地域からの発想」による地域づくりである。

　本書では、「地域」を「空間」の観点から捉えることで、「空間」を構成する「社会的空間」「なりわい空間」「物理的空間」を最適化し、融合、内包された空間を「地域空間」と位置づけた。

はじめに

　豊かな地域づくりは、これまでのような全国一律の政策に頼るのではなく、「地域からの発想」に依拠し、目に見える形で劣化している自分たちの「地域空間」を、生活やくらし、活動とのかかわりで、見直し、時代潮流にあった新しい形に再構築していく。それを実現するには、住民と多様なアクターとが協働、連携して地域資源や固有性を拠りどころに、「地域からの発想」にもとづき実践する。

　「地域からの発想」を具現化するには、拡大成長時代に培ってきた「仕組みやシステム」を変革し、住民や多様なアクターとの「協働・連携」が動き出すことで「地域空間」が最適化され、住み続ける地域が実現される。

　実践にあたっては、制度疲労を起こしている「仕組み・制度」を変革し、縮小時代に合わせた新たな価値観を生み出し、地域を新しくつくり変えていくことが、課題解決の本義であると考えた。

　そのためには、地域の実情に通じた市町村が、自らの責任と判断で政策・施策を実践できる「体制とシステム」に変革し、地域の持続性と自治体の自立、分権型社会の推進をめざすことが前提となる。われわれは、拡大成長時代の成功体験と決別し、いまこそ『「縮小社会」再構築』に挑戦するときなのである。

　もはや先送りはできない、少なくとも地域コミュニティを支え、社会関係資本を蓄積してきた、団塊の世代のすべてが後期高齢者になる 2025 年をひとつの目標に変革を実行に移していくべきである。

　このような、人口が減少する社会に対してどう立ち向かっていくかという、実践を展開していくことが、結果として人口減少そのものにどう立ち向かっていくかという、ことにつながる。大切なことは、人口減少問題が一過性の問題ではなく、息の長い取り組みを必要とする重要な課題であることを認識する必要がある。

　この本を手にしたあなたへ、伝えたいことは、「安心して幸せにくらせる縮小社会を築く」ためには、多様な主体との「協働・連携」と行政自らの「変革力」にかかっている。あなたもその役割を担う、パートナーの一人であること、実践主体の一人であることを感じ取っていただきたい。

　人口減少という息の長い問題に取り組んでいくためには、拡大成長時代に築いて

はじめに

きた「仕組み・制度」の枠組みそのものを温存し、改善・改良を実現する「改革」手法をとってきたのでは、もはや「変革」は困難といえる。

　未来に責任を持つために、私たちに残された時間はあるようでない。今こそ、「住み続ける地域空間」を実現するために、新たな考え方やめざす姿、挑戦すべきことを打ちだす勇気が必要と考え、足掛け2年目で「縮小都市研究会」の成果を本書として取りまとめることができた。

　筆者たちは、課題認識を持って、様々な活動に取り組んでいる住民や活動団体、NPO、企業、地方自治体の首長、職員の皆さん。地域づくりにかかわる当事者と連携して活動に取り組んでいる研究者、専門家の方々に、是非、本書を通じて、「地域の持続性と自治体の自立」のあり方や挑戦に何らかの示唆を得ていただけると幸いである。

　これからも、この本を手にしたあなたと一緒に、住み続けることができる「安心して幸せにくらせる縮小社会を築く」ために、継続的な挑戦を続けていきたい。

　最後に本書を世にだすことができたのは、ひとえに、日頃の研究会活動の場を快く、提供していただいた、東京家政学院大学の皆様、様々なご助言をいただいた、公人の友社の武内英晴編集長のお力添えによることを改めてお礼を申し上げたい。

　　　2017年　　初夏

　　　　　　　　　　　　　　　　　　　　編者を代表して　　長瀬光市

「縮小社会」再構築
安心して幸せにくらせる地域社会づくりのために

目　次

はじめに　—この本を手にしたあなたへ— …………………………………… 3

第1章　安心して幸せにくらせる縮小社会を築く ……………………… 11
　1　本書で提案したいこと ………………………………………………… 12
　(1) 地域空間の危機を直視する …………………………………………… 12
　(2) 地域からの発想による戦略づくり …………………………………… 16
　2　**地域からの発想と3つの空間** ………………………………………… 20
　(1) 地域からの発想が求められる背景 …………………………………… 20
　(2) 3つの空間を考える上での新たな視点 ……………………………… 23

第2章　住み続けるための持続可能な地域づくり ……………………… 27
　1　住み続けることが可能な地域 ………………………………………… 28
　2　**持続可能な地域づくり** ………………………………………………… 33
　(1) 人口減少をどう捉えていたか ………………………………………… 33
　(2) 人口減少、高齢化社会がもたらす地域問題 ………………………… 37
　(3) 拡大・成長時代の価値観を転換する ………………………………… 38
　3　地域の持続性を支える3つの空間 …………………………………… 42
　(1) 社会的空間 ……………………………………………………………… 42
　(2) なりわい空間 …………………………………………………………… 45
　(3) 物理的空間 ……………………………………………………………… 47

目 次

第3章　行政が先導する2つの戦略デザイン …………… 50
1　都市と広域の戦略デザインの意義…………………………… 51
2　都市の戦略デザイン…………………………………………… 53
3　広域の戦略デザイン…………………………………………… 55

第4章　地域の自立をめざす「社会的空間」 …………… 59
1　「社会的空間」のめざす姿 …………………………………… 60
(1)「社会的空間」づくりの具体的展開 ………………………… 60
(2)「社会的空間」づくりのめざす姿 …………………………… 63
2　「社会的空間」づくりの具体的な試み ……………………… 70
(1) 自立する地域自治組織をつくる………………………………… 70
(2) 地域内分権の成果を地域全体に広めていく…………………… 75
(3) 都市型限界コミュニティの再生とエリアマネジメント……… 81
(4) 住民を主体とした地域づくりを支える地域経営の仕組み…… 86

第5章　生活の糧とくらしを豊かにする「なりわい空間」 ………… 91
1　「なりわい空間」のめざす姿 ………………………………… 92
(1)「なりわい空間」づくりの具体的展開 ……………………… 92
(2)「なりわい空間」づくりのめざす姿 ………………………… 94
2　「なりわい空間」づくりの具体的な試み ……………………102
(1) 地域資源を活かした生活の糧とくらしを守る…………………102
　1) 地域の困りごとをなりわいに変えた集落営農組織……………102
　2) 自伐型林業による森林再生と生活の糧を得る林業経営………107
　3) 農業生産を中心とした地域内循環型経済の仕組みづくり……112
(2) 人を呼び込むための地域活性化…………………………………117
　1)「域外需要獲得」と「域内経済循環」の両輪による中心市街地の再生…117
　2) 地域資源を発掘・磨き上げることから観光経済を創出………122
(3) 遊休資産を活用したビジネス……………………………………127

第6章　地域空間の最適化をめざした「物理的空間」……………… 133
1　「物理的空間」のめざす姿 ……………………………………… 134
(1)「物理的空間」づくりの具体的展開 ……………………………… 134
(2)「物理的空間」づくりのめざす姿 ………………………………… 137
2　「物理的空間」づくりの具体的な試み ………………………… 148
(1) 交流を支える移動権とモビリティ ……………………………… 148
　１）　交通不便地を地域主体の力で解決 ………………………… 148
　２）　交流を支える移動権を前提にした地域交通システム …… 154
(2) エネルギーの地産地消による生活環境の最適化 ……………… 159
(3) 住み続けるための住環境・社会インフラの再生 ……………… 164
　１）　景観資源の再発見と空き家再生による社会インフラの整備 … 164
　２）　人口減少に対応した社会インフラのドラスチックな再編 … 169
　３）　住み続けるための住環境の再生 …………………………… 174
(4) 衰退した商業空間を創造空間として再生 ……………………… 179

第7章　自治体経営の未来に責任を持つ「２つの戦略デザイン」……… 184
1　都市の戦略デザインのめざす姿 ……………………………… 185
(1) 都市の戦略デザイづくりの具体的展開 ………………………… 185
(2) 都市の戦略デザインづくりのめざす姿 ………………………… 188
2　都市の戦略デザインづくりの具体的な試み ………………… 194
(1) 地域自治が主導する土地利用管理 ……………………………… 194
(2) 都市空間を基軸とした都市戦略 ………………………………… 201
3　広域の戦略デザインのめざす姿 ……………………………… 211
(1) 広域の戦略デザインづくりの具体的展開 ……………………… 211
(2) 広域の戦略デザインづくりのめざす姿 ………………………… 214
4　広域の戦略デザインづくりの具体的な試み ………………… 222
(1) 自立と依存に依拠した広域連携戦略 …………………………… 222

第8章　地域からの発想が空間を変え、地域を創生する　233
1　住民と多様なアクターの変革と協働が地域空間を変えて行く　237
(1) 困りごとを解決することが「社会的空間」づくりにつながる　237
(2) 多様なアクターが協働の中で役割（自助・共助・公助）を最適化する　241
2　地域からの発想による住み続ける3つの空間を再生する　247
(1) 地域からの発想　248
(2) 住み続ける3つの空間の充実と融合化、そして拡がりへ　250
(3) 地域自立の道を拓く　252
3　未来に責任を持つ自治体構造に変革する　257
(1) 自治体構造を変える「改革から変革」の視点　257
(2) 自治体構造をどう変えていくか　261

おわりに　273

監修・執筆者紹介　276

第1章

安心して幸せにくらせる縮小社会を築く

●第1章の構図

　住民と多様な主体が協働し、「地域」を「空間」の視点から捉え、「地域」を最適な空間に再構築する。そのめざす姿は、「大都市や地方都市を問わず、たとえ人口が減少しても、より豊かに、安心して幸せにくらすことができる地域を築く」ことである。その視点は、「地域からの発想」に依拠しており「社会的空間」「なりわい空間」「物理的空間」が融合、内包された「地域空間」を最適に導く手法・手段が「地域デザイン」である。一方、行政は「地域から発想」を拠りどころに先導的役割を担い、「都市の戦略デザイン」と「広域の戦略デザイン」を策定し、地域の持続性と自治体の自立について未来に責任を持つ必要がある。

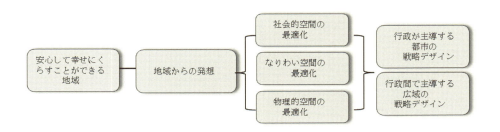

第1章　安心して幸せにくらせる縮小社会を築く

1　本書で提案したいこと

(1) 地域空間の危機を直視する

「地域」を「空間」の視点から捉える

　我が国は、これまでの人口増加・経済成長という右肩上がりの社会・経済状況が、人口減少、高齢化社会という「人口が縮小」、「都市が縮小」、「地域が縮小」し、地域経済も低迷、減速する右肩下がりの社会・経済状況に突入している。

　人口減少、高齢化の波は、地域の脆弱性を誘引し、地方の中山間地域における限界集落や中心都市の郊外に1960年代～70年代にかけて開発された、郊外住宅地や住宅団地を中心に都市型限界コミュニティが発生している。人口減少、高齢化社会が誘引する地域の脆弱性に係る弊害は、地方の問題でもあり、大都市の問題でもある。

　このような社会経済状況の変化を見据え、『地域の課題を直視して、地域を最適な空間に再構築していくために、くらしや生産活動、交流の場である「地域」を「空間」という視点から捉える』こととする。

　「空間」では、住民が生活している場所を起点に住民相互の交流により、地域コミュニティが形成され、つながりや信頼関係により、社会関係資本（ソーシャルキャピタル）が蓄積・形成されてきた。その過程で地域コミュニティの規範や決め事がつくられてきた。

　生活やくらしを支えるなりわいが、自然との共存関係から生産活動が営まれ、くらしや生産活動を支える生活環境として、社会的装置・機能が配置された、ハード・ソフトを内包した総体として「地域の空間」が存在する。その「地域の空間」を再構築して行くことが住み続けるための条件といえる。

　「地域の空間」の視点から空間構成の概念を整理すると。社会的関係に依拠した社会活動により形成されてきた「社会的空間」。自然環境、地域資源（自然資本、人工

資本、人的資本、社会関係資本で構成）と共存しながら生産活動を維持・発展させてきた「なりわい空間」。生活や暮らし、なりわいを支える都市機能などの社会的装置である「物理的空間」が存在し、3つの空間が融合、内包された空間を「地域空間」と設定する(**図表1-1**)。以下、本書では、3つ空間で構成される「地域空間」の理念に基づき、持続可能な地域・都市のあり方を論ずるものとする。

図表1-1 「3つの空間が融合・内包された地域空間」

生活やくらしの場である地域空間の危機

　社会活動による社会関係資本の蓄積、住民や行政による社会インフラ、生活環境の整備による人工資本の蓄積、自然資本の維持・保全により、豊かで安心な地域社会が築かれてきた。その、「地域空間」が人口減少、高齢化と人口密度の低下により崩れはじめようとしている。

　一方、大都市圏の「地域」は、高度成長時代に地方から三大都市圏などに就業・教育の機会、雇用の場を求めて、大量の人口が流入した。流入した人口の定住場所を確保するために、中心都市郊外の農地や山林などを造成し、大量の郊外住宅地や住宅団地が開発された。いわゆる中心都市のベットタウンとして、多くの郊外住宅地が開発されたのである。地方からの流入人口が、地域の自然環境に依拠して、く

らしやなりわいを築いてきた先住者を飲み込む形で、新しい新旧住民による「コミュニティ」が芽生えていった。

　その時代は、旧住民と新住民の融和を目指した、新しいコミュニティの形成が自治体において最も重要な課題であった。開発されて60余年近くたった郊外の住宅地に、信頼関係やつながりによるコミュニティが形成されてきたとは、必ずしも言い難い面はある。また、地縁関係による地域自治組織（町内会・自治会など）が結成されていない自治体も存在している。このように、中心都市の郊外住宅地はコミュニティ形成の過程に起因する地域構造の脆弱性が潜んでいる。

　地方や大都市を問わず地域の脆弱性は、多様な社会活動の展開とそれに伴う社会関係資本の蓄積を脅かすリスクを誘引する。今後、誘発される恐れのある課題を具体的に挙げると、以下のように整理できる。

　①少子化に伴う社会活動の減退リスク
　②高齢化に伴う担い手不足の顕在化リスク
　③自動車中心社会による活動への参加機会の減少リスク
　④介護や育児への対応による多様性減少リスク
　⑤地域に伝わる伝統文化や芸能、祭りなどを継承するための社会活動の減少、形骸化リスク

　このように、地域の歴史文化に根ざし、長い時間をかけて形成・蓄積してきた、社会関係資本を脅かし、社会活動が衰退することで、地縁関係を中心とした地域コミュニティの規範、仕組みなどにより成立してきた「社会的空間」の崩壊を招く恐れがある。

　地方で進行している人口減少、高齢化現象は、基本的な生活環境を支える社会インフラ、生活サービス維持の困難化、自然環境に育まれてきた農林水産・畜産業が高齢化や担い手不足により、「なりわい」が存続の危機に直面している。地域資源に依拠した、伝統工芸、地場産業も後継者不足や競争力が弱まり、存続の危機に瀕している

　高度経済成時代に、自治体が競って工業団地を造成し、製造業を中心とした企業を誘致してきたが、経済活動のグローバル化の波により工場が海外に移転すること

で、産業空洞化がはじまり、せっかく雇用機会を創出したのに、雇用の場が失われる現象を招き、地域経済の低迷、景気後退が顕在化している。まさに、地域資源や自然環境に依拠した「なりわい空間」が存続の危機に直面している。

人口減少の波は地域や場所を選ばず、人口密度が低下する「縮小」現象が進展し、地域空間を支えてきた都市機能などの社会的装置の効率を悪化させ、維持管理費を割高なものにし、地域コミュニティの活力を削いでいく現象が生じている。地方では平成の大合併を契機に、旧村役場が行政の支所に変わり行政サービスの低下、公共施設の統廃合、集落と中心市街地とを結んでいた基幹バス路線の減便、廃止など、生活環境を維持する社会的装置が縮小するなど「物理的空間」のネットワークに弊害が生まれている。

安心して幸せにくらせる地域を築く

このような縮小現象により、社会システム、経済システム、空間システム（地域、都市のかたち）が、負の連鎖による悪循環に陥り、地域空間の劣化が急速に進行している。

本書で提案したいことは、地域で住み続けることが、地域の持続性につながることを前提に、住民が主体となって活動団体、NPO、企業などと協働、連携し、持続可能な地域空間づくりをめざしていく必要性である。そのめざす姿は、『大都市や地方都市を問わず、たとえ人口が減少しても、より豊かに、安心して幸せにくらすことができる地域（＝地域空間）を築くこと』といえる。

人口が減少し、高齢者が増加する状況下では、地域を支える相互扶助力も低下してくる。相互扶助力を向上させるためには、県外退出者がUターン（Uターンは地方から都市へ移住したあと、再び地方へ移住すること）により出生地に帰還するUターン率を高めるとともに、JIターン（Jターンは地方から大規模な都市へ移住したあと、地方近くの中規模な都市へ移住すること。Iターンは地方から都市へ、または都市から地方へ移住すること）による定住人口や交流人口（地域外から旅行や短期滞在で訪れる人）の増加に加えて、「地域にかかわりを持ちたい」、「地域のために手助けした」などという、地域との関係性に興味を示す若者たちの「関係人口」を如何に増やし

ていくかが重要になる。

　定住人口と交流人口、関係人口の協力を得て、「安心して幸せにくらすことができる地域空間」をどのようにつくっていくべきなのか。その視点として重要なことは地域の「アイデンティティ」と考えられる。地域のアイデンティティは、人口が減少することで喪失するとは必ずしも限らない。ただ、そのアイデンティティを共有し、理解していた住民が減少していくことは事実である。人口減少、低密化が更に地域のアイデンティティを弱くしているというマイナスのスパイラルを、より豊かに安心して幸せにくらすことができる地域を築いていく、プラス思考でアイデンティティを強化していくことが重要となる。

　大切なことは、住み続けていくために地域が、どのようなアイデンティティを有しているか、再考することである。アイデンティティとは、他地域や他都市から際立出せる個性であり、誇りや愛着志向でもある。このような潜在的な価値を再発見して、個性を際立せる、地域の長所を伸ばす視点から、持続可能な地域とは何かを考える必要がある。

　その方向性は住民が主体となって、活動団体、NPO、企業などと、アイデンティティの共有、強化のもと、交流人口、関係人口も含めて、社会的関係に依拠した「社会的空間」、地域資源に依拠した地域経済システムとしての「なりわい空間」、社会的装置や活動、交流を支える移動システムなどの「物理的空間」が融合、内包された「地域空間」を持続可能な地域空間に再生していくことといえる(図表1-1)。詳しくは、第2章（3）「地域の持続性を支える3つの空間」で述べるものとする。

（2）地域からの発想による戦略づくり

地域からの発想による地域空間の最適化

　「地域からの発想」とは、『地域に存在する地域資源を基盤として、住民と活動団体、NPO、企業などが協働、連携し、身近な生活やなりわい環境を斬新的に改善・再編し、地域のアイデンティティを醸成し、地域の活力と魅力を高め「豊かに、安心して幸せに住み続ける地域を実現する」ための持続的活動』といえる。

地域空間は住民が生活・くらしていく場である。地域空間には、生活や活動を支える様々な社会インフラやサービスが充足し、地域資源と「社会的空間」を拠りどころに、なりわいが存在している。だから、「地域からの発想」に依拠して、地域空間を再構築して、最適化をめざすことが重要となる。

　一方、自治体は「地域の持続性と自治体の自立」を標榜する上で、自治体経営の原則として、自立（団体自治）と自己統治（住民自治）を前提に、未来に向けた「地域経営と行政経営」に責任を持つことが求められている。

　多様な主体による地域づくりに対して、行政は補完性の原則に基づき、支援や下支えなどの役割を担うことが必要である。行政経営に関しては自らが政策デザインを示し、効果・効率的なマネジメントを実践する、先導的な役割を担うことが求められる。

　このような、「地域からの発想」を拠りどころに、社会的関係に依拠した「社会的空間」。地域資源に依拠した地域経済システムとしての「なりわい空間」。都市機能などの社会的装置や活動、交流を支える「物理的空間」が融合、内包された「地域空間」を最適化に導く手法・手段の総体を「地域デザイン」と位置づける。

地域空間を最適化に導く2つの戦略デザイン

　「地域からの発想」を拠りどころに、行政が主体となって、都市という空間を見据え「地域空間」と「地域空間」の整合、サービス機能の再編、都市のネットワークのあり方、自然環境と土地利用の秩序化などの視点から、地域の集合体である都市を最適化に導くための方向を示した政策デザインを「都市の戦略デザイン」と設定する（図表1-2）。

　自治体が有する地域資源や歴史文化、都市構造、産業構造、人口構造などは市町村ごとに異なり、「都市の戦略デザイン」は、市町村ごとの個別解として存在するものと考えられる。

　「最適化」とは、地域資源に依拠して形成されてきた、「社会的空間」「なりわい空間」「物理的空間」が融合、内包された「地域空間」。その「地域空間」が集合してネットワークされた「都市空間」が、社会経済の変化を踏まえ、地域・都市の持続性の視点から、

第 1 章　安心して幸せにくらせる縮小社会を築く

図表 1-2　「都市の戦略デザインのイメージ」

「地域空間」、「都市空間」を再編、再生、縮小、生成、蘇生、再構築などの仕組みを、組み換えなどの手法を用いて、地域デザインや政策デザインとして戦略化し、「見える化」させていくことといえる。

　住民は行政区域の枠を超えて、雇用・就業の場、教育の場、消費の場、医療の場、文化・芸術・娯楽の場を求めて移動し、交流を行ってきた。地域の経済活動も行政区域を越えて、都市圏経済が形成されている。このような交流や活動は、自然・歴史・文化や住民が共通して需要する都市機能などの社会的装置の集積、蓄積を共有する圏域が存在し、都市と都市のネットワークが必然性を持って形成されてきたと考えられる。

　「地域からの発想」を拠り所に、「都市縮小」を直視して、地域の持続性と自治体の自立をめざして、行政が主体となって、他の自治体との協働、連携を通じて、地域が直面する課題やサービスの質的向上、都市間のネットワーク、域内経済の循環、地域資源の有効活用などのあり方を示した、広域政策デザインを「広域の戦略デザイン」として設定する (図表 1- 3)。

　自治体経営の未来に責任を持つ市町村は、『地域からの発想にもとづき、「地域の問題は地域で決める」という考えのもと、行政自らのイニシアティブと先導的役割を発揮して、「都市の戦略デザイン」と「広域の戦略デザイン」に取り組み、方向性

を示す』必要がある。詳しくは、第３章「行政が主導する２つの戦略デザイン」で述べる。

図表 1-3 「広域の戦略デザインのイメージ」

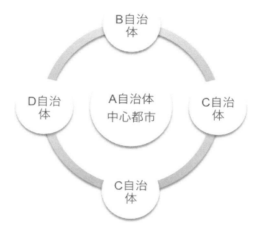

2　地域からの発想と3つの空間

（1）地域からの発想が求められる背景

　低成長・成熟化社会の到来を踏まえた、都市づくり、地域づくりの理念が「地域からの発想」である。地域の持続性を追求する視点に立てば、従来の都市全体を俯瞰して、地域を見つめる「都市からの発想」から、3つの空間を融合、内包した地域空間を前提とした「地域からの発想」への転換が求められる。

都市からの発想の背景
　拡大・成長時代の「都市からの発想」とは何かについて、戦後日本の都市や地域がどのように計画・形成されてきたか、都市計画の視点から概観してみる。
　高度経済成長期の1968年、新都市計画法が誕生し、決定権限を地方に与えたものの、市町村権限は一部に止まった。これは、「都市」の広がりへの危惧が大きく影響していると想定される。その仕組みは、以下のように整理することができる。
①「都市計画区域」（2000年に、準都市計画区域を導入）は、必ずしも市町村の行政区域にとらわれず、都市の実態、将来の計画を勘案して一体の都市として整備、開発及び保全する区域を定めることができる。
②都市計画区域内に線引き制度（市街化区域と市街化調整区域に区分）を導入し、市街地の無秩序な拡大を抑えつつ、先行的に基盤施設を整備して計画的に市街地化を誘導する。
③都市計画法で開発許可、建築基準法で規制を行う、両法の連携による開発許可制度を導入する。
④土地利用計画に関しては旧法の4種類の用途地域に代えて、8種類の用途地域に細分化された（現在は12種類）地域地区制度を採用する。

⑤都市施設については、事業実施に向けて都市計画制限が強化され、都市計画として決定された全ての都市施設の区域と市街地再開発事業の施行区域内で建築しようとする場合、都道府県知事の許可を要することになった。

この仕組みは、縮小時代を迎えた今でも、基本的な都市計画の枠組みとして変わっていない。

このように、わが国では、国土全体が都市部（都市計画区域内）と非都市部（都市計画区域外）に区分され、それぞれが別個の法体系でコントロールされてきた。その結果、国土面積37万8千平方km²、その内、国土面積に占める都市計画区域面積の割合は約27％、人口の占める割合は約95％を占めている。また、市街化区域と非線引き都市計画区域内の用途地域の占める面積の割合は約5％、人口の占める割合は約80％となっている。

すなわち、国土面積に対する都市計画区域外の占める割合は約73％で、その大半が離島や中山間地域などで占められ、人口の占める割合はわずか約5％に過ぎず、いかに、都市部の人口集中が顕著であるかがわかる。

地方から三大都市圏などへ人口が流入し、人口が急増した拡大・成長時代は、都市が急速に拡大し、都市化の制御とスプロールに対する秩序化、優良農地や自然環境の保全への適切な対応が求められていた。

その時代は中央集権的な行政システムが、組織全体から収集した情報を基に、縦割り型の意思決定組織（国 - 都道府県 - 市町村）が全体を統括・管理した。いわゆる全国一律の政策・施策体系により、一種の上意下達方式により全体をコントロールした。その結果、経済成長によるGDPを高め、税収増加による対価を持って、社会資本整備や福祉・医療・教育などのナショナルミニマムの達成が図られてきた。

この仕組みは、経済成長が続き、人口が増加する時代にはうまく機能していたといえる。しかし、人口が減少する「縮小時代」に入るとこのような仕組みは随所に綻びが生じてきた。

「都市からの発想」とは、『全国一律の政策・施策に基づき、縦割り型の仕組みにより、画一的なマニュアル手法を用いて、効率性や機能性を前提にした価値観を用い、都市全体を俯瞰し、都市全体としての機能的な骨格や都市構造を決め、土地利用のあ

り方、都市施設の配置を基軸にしたもの』と考えられる。従って、地域資源の見直し・活用、経済的豊かさに対する生活・文化の豊かさの重視や地域の個性発揮などの政策・施策はあまり重要としない発想といえる。

地域からの発想の背景

「地域からの発想」を支える自治体経営の理念として、「地方自治のめざす姿」を根幹に据えて、取り組んでいく必要がある。例えば、「中央政府」対「地方政府」の関係性における地方自治は、住民自治と団体自治の二つの要素からなり、住民自治とは、地方自治が住民の意思に基づいて行われるという、民主主義的要素である。

団体自治とは、地方自治が国から独立した団体にゆだねられ、団体自らの意思と責任の下でなされるという自由主義的、地方分権的要素といわれている。このような視点に立てば、「地域からの発想」とは、『中央政府による画一的、普遍的な縦割り型のコントロールに対して、各地の地方政府が地域構造、地域特性に基づき、独自性、固有性、地域特徴を重視、尊重する考え方を持って、住民と行政との協働、連携により地域経営と行政経営にあたっていく、「私たちの地域主義」（ローカリズム）とも呼ぶべき側面を有する』ものといえる。

前項「地域からの発想による戦略づくり」において、「地域からの発想」とは、『地域に存在する地域資源を基盤として、住民と活動団体、NPO、企業などが協働、連携し、身近な生活やなりわい環境を斬新的に改善・再編し、地域のアイデンティティを醸成することで、地域の活力と魅力を高め「豊かに、安心して幸せに住み続ける地域」を実現するための持続的活動』と設定した。

まさに、人口減少、高齢化社会を直視して、住み続けるための地域づくりを通じて、地域の持続性を維持・向上させていく行動、活動の旗印が「地域からの発想」である。

都市が縮小をはじめた人口減少社会において、都市計画区域内と区域外を区別するのでなく、都市も農山村も含め都市全体を一体的な対象区域（＝農村都市計画）と捉えることが望まれる。玉野井芳郎の「地域主義」で提唱している、「一定地域の住民が、その地域の風土的個性を背景に、その地域の共同体に対して一体感を持ち、地域の行政的、経済的自立性と文化的独立性とを追求すること」が、地域からの発

想を支える、内発的発展論の一つといえる。

　市町村であれば、「地域からの発想」に依拠して、総合性、関係性の原則に基づき、都市全体を一体的な対象区域（＝農村都市計画）と捉えた、ソフト・ハードからなる政策デザインを、既存の制度、仕組みを駆使して示すことが可能と考える。

　「地域からの発想」の底流には、自治体経営を住民に開かれた形で進める、変化を地域社会に持ち込むことであり、「自分たちの地域は自分たちでつくろう」を合言葉に、住民が自主的・自立的に地域づくりを行うことで、地域内の共通課題の解決を図り、行政との協働で地域づくりを進めていくことといえる。

　現在、「地方再生」が、わが国では政策の主要なテーマに位置付けられ、欧州では持続可能性を追求し公共空間の再生をめざしているのに対して、経済の再生が指向され、地方の人口減少に歯止めをかけ、地方を活性化させるための「地方創生」関連法により、「まち・ひと・しごと」の創生が叫ばれ、外発的地域振興策が進められている。

　単に、「経済の再生」指向が「地域の再生」につながるのか、一度立ち止まって、将来を冷静に見つめる必要がある。

　例えば、地域特性・資源を活かしつつ、弱点に配慮した地域づくりは可能か。あるいは、住民の理解と協力を得ることで、実現可能性が高まるか。など、「地域からの発想」に立脚し、問題から目をそむけない、将来を見据えたプラクティカル（実際に役に立つこと）な姿勢が求められるのではなかろうか。

（２）３つの空間を考える上での新たな視点

　本章の冒頭で、社会活動による社会関係資本の蓄積、住民や行政による社会インフラ、生活環境の整備による人工資本の整備・蓄積、自然資本の維持・保全により、豊かで安心な地域社会が築かれてきたと述べた。その、地域社会を支える「地域空間」が人口減少による人口密度の低下により崩れはじめていると指摘した。

　３つの空間の再構築を考える新たな視点として、地域の脆弱性を克服するための地域力の原点である「地域復元力」による課題への適応力がある。拡大・成長社会

から低成長・成熟化社会への時代潮流の変化による「価値観の転換」を見据え、新たな視点による地域づくり活動に取り組んでいく必要がある。

地域復元力の視点

　地域の脆弱性に立ち向かうためには、「何があってもしなやかに立ち直れる力」という、「復元力」（レジリエンス）が、地域の自立と持続性を実現する大きな原動力、再起性になりうる。

　住み続けるためには、住民の力で、何があっても折れない地域の復元力を高めていく必要がある。「復元力」とは、人口減少、少子高齢化による、地域資源を構成する特定の資本の劣化に対する危機意識を共有し、その現実を直視しつつ、地域に住み続けるために、地域のなりわいや交流・活動を持続さることをめざして、多様な主体による協働が、他の内部資産と融合して、適応力を復元していく力をいう。

　復元力に依拠した、地域空間の再生の取り組みから、以下のような活動による効果が醸成されてくると考えられる。

①復元力に富む地域は、文化や経済活動、土地のあり方など様々な形で多様性を支え、その多様性によって、システム崩壊のリスクを減少させつつ、適応性、イノベーションの増大が期待される。

②復元力に富む地域は、地域の人々が力を合わせて、難しい状況から何らかの途絶などに対応するための信頼関係やつながり、リーダーシップや創意工夫の能力を育んでいる。

③復元力に富む地域は、人口減少によるリスクを最小限にするための知恵が生み出されてくる。

　言い換えれば、自然環境と共存、共生しながら長い歴史と文化の中で育んできた、社会的関係性の中で地域が築いてきた「知恵と工夫」の結晶ともいえる。

　地域では、「地域の課題を地域住民自ら課題解決する活動」から、「豊かで、安心して幸せにくらせる地域づくり」へと変化している。まさに、現実を直視し、予測される危険を防止し、豊かで幸せな地域社会に再生していく「地域復元力」の芽生えともいえる。

様々な事例から、持続性を失う危機に直面している地域が、地域の活力や住み続けるための生活環境の総体を取り戻すために、住民が主体となって多様な主体との協働、連携と役割分担の下、自分たち世代ができる限りやれることを実践して、子や孫子の代まで地域資源を持続させようとする地域の「復元力」に依拠する挑戦といえる。

低成長・成熟化社会の視点

　1980年代までの日本は、先進国の中でも高齢化率の低い、極めて多くの若い世代を有する人口構造の国であった。しかし、90年代に入ると他の先進国を次々抜き去り、早くも98年には世界で最も高齢化した人口構造を持つ国に変貌した。そしてこれから先も急速な高齢化は2070年代の前半まで続くと予測されている。

　人口減少、高齢化の問題が、地方対東京圏という構図で考えられ、人口減少、高齢化問題は東京圏をはじめとした、大都市の問題でなく、地方の問題と考えられていた。地方は全国の人口動向に20年先行するかたちで、人口減少、高齢化社会を向えていた。東京圏（東京、神奈川、埼玉、千葉）の人口は2020年にピークに迎えた後、人口減少に転じ、急速な高齢化社会に突入するという、時間の差で生じる地方と東京の人口減少、高齢化問題の違いといえる。

　縮小は世界に類を見ない、急速な人口の高齢化と急激に進行する人口減少がダブルで、我が国の地域を直撃しつつある。その姿は、高齢者が急激に増えていく東京圏と、人口は減るけれど高齢者の数はあまり変わらない地方という都市構造がこれから炙り出されてくる。

　低成長・成熟化社会を見る価値観の転換とは、『ひたすら量的拡大のみを追い求める経済成長、それに支えられてきた大量消費社会のかわりに、高水準の物質文明と共存しつつも、精神的な豊かさや幸せ、生活の質の向上を最優先させる、平和で自由な社会を意味している』と考えられる。これからめざすべき社会モデルは、人口減少、少子高齢化社会にあっても、人々が将来への希望や生きがい、心の満足と豊かさを感じられる社会が求められている。

　低成長・成熟化社会を豊かに幸せに暮らしていく地域空間を創り上げていくため

には、以下のような、新たな価値観の視点に留意し、取り組んでいく必要がある。
　①社会の成長を前提とする価値観から「環境重視、持続可能な仕組みづくり」を重視する価値観へ転換。
　②自然の改変、喪失を是認する価値観から「自然の保全、再生、創出」を重視する価値観へ転換。
　③巨大、拡大型志向の価値観から「身の丈にあった集約型」を重視する価値観へ転換。
　④経済効率性、生活の量的充足を目指す価値観から「生活の質の向上」を重視する価値観へ転換。
　⑤画一、標準的の価値観から「多様性・個性化」を認める社会を重視する価値観へ転換。
　⑥生産者の視点を重視した価値観から「消費者、生活者の視点」の重視する価値観へ転換。
　⑦地域への無関心、自己中心的な考えから「人と人との絆、地域の結びつき」を重視する社会を形成していく価値観へ転換など、成熟化社会の目指すべき方向と新たな価値観の視点を持って、3つの空間が融合、内包された「地域空間」を創り上げていく必要がある。

（長瀬光市）

【参考文献・出典】
長瀬光市監修、縮小都市研究会著「地域創生への挑戦～住み続ける地域づくりの処方箋～」公人の友社（2015年5年9月）
枝廣淳子著「レジリエンスとは何か」東洋経済新報社（2015年3月）

第2章

住み続けるための持続可能な地域づくり

●第2章の構図

　住み続けるためには、持続可能な地域づくりが必要となる。住民や行政は、拡大・成長時代の価値観を転換する。その上で地域の持続性を支える「社会的空間」「なりわい空間」「物理的空間」の3つの空間の基本的考えを明らかにし、住民と多様な主体が協働、連携し、行政からの支援を得て「地域空間」の最適化を追求することが、持続可能な地域づくりにつながる。

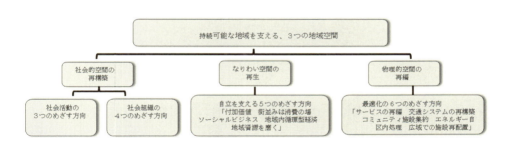

1　住み続けることが可能な地域

住み続けることとは

　本書のキーワードである「住み続けること」とは何かを考えてみたい。「住み続けること」の前提は「定住」することといえる。「定住」とは「一定の場所に居住を定めて、生活すること」であり、「生活する」こととは、生活の「糧」を得るための経済活動やなりわいが充足し、衣食住などの習慣、手段、日々の営みの具体的行為などを含む総体と考えられる。

　一方、人口が地域間移動を行う誘因として、経済的要因、社会的要因、人口学的要因などがある。例えば、経済的要因としては、より豊富な就業機会、高い所得水準を求めて移動するなど、様々な要因が指摘されている。社会的要因としては、職業、教育事情（転勤や進学）、家庭事情（結婚、同居、近居居住）、住宅事情、健康事情など、様々な要因が指摘されている。人口学的要因としては、就業、進学などで移動が活発な若年層がどの地域にどれくらい存在するかが、人口移動先に大きく影響する。また、地方における「潜在的他出者」の存在の多寡も、都市への人口流出圧力を左右する要因となっている。いずれのケースの移動要因も移動場所を定住場所と定めて、生活することには変わりはないと考えられる。

　それでは、「住み続ける」こととはどのような行為なのか。「住み続ける」こととは、『一定の場所に居住を定めて、糧を得るためのなりわいや経済活動が充足し、生活やくらしを通じて、地域の自然環境や歴史文化に触れ、人々との交流やつながりを通じて、郷土を愛する心が醸成され、わがまち意識が生まれ、安心して幸せに充実した生活が享受できる、その場所に一生住み続けたいと思うことの発露』といえる。

　また、「住み続ける」ためには、「地域の持続性」が条件となる。その条件を満たすために、人々が協働して住みよい生活環境を持続、向上させるための地域活動が重要となる。地域の持続性を高めていくためには、地域活動の担い手である生産年

1 住み続けることが可能な地域

齢人口の減少が大きな課題となっている。

次世代の担い手が地域の持続性を高める

現在、地方を中心に人口減少、少子高齢化が進展し、人口密度の低下は、社会関係資本の蓄積を脅かし、社会インフラの維持が割高になり、コストの上昇など、地域の持続性を脅かす要因となり、地域に住み続けることの困難性が潜んでいる。

そこで、人口減少、少子高齢化社会において、住み続けることを考える上で、次世代の担い手の視点から、地方の小規模市町村で「地域から出て生活したことのない者」、「Uターン者」が、どのくらい存在するのかを考察する。

「小規模市町村における移住・定住の要因と生活状況に関する調査」(株式会社NTTデータ経営研究所、2014年1月～2月)によると(図表2-1)、人口規模4万人未満の小規模自治体では、「地域から出て生活したことのない者」の割合が、3万人以上～4万人未満で46.9％、2万人以上～3万人未満で42.9％、1万人以上～2万人未満で、40.8％、1万人未満で40％、町村部で37％となっている。

Uターン者(学校教育の時に一時転出、学校教育以外にも仕事・結婚等で一時転出の合算)の割合は、3万人以上～4万人未満で29.4％、2万人以上～3万人未満

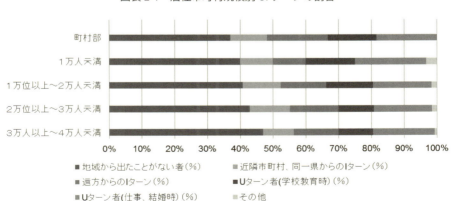

図表2-1 居住市町村規模別UIターンの割合

出典：(株)NTTデータ経営研究「移住・定住の要因と生活状況に関する調査」

で 28.5％、1 万人以上〜 2 万人未満で、32.4％、1 万人未満で 36.7％、町村部で 33.3％となっている。

　全体的な傾向としては、地域から長期間出て生活したことがない人が、約 40 〜 45％前後あり、U ターン者の割合は約 30 〜 35％前後ある、特に小規模市町村になるほど地域から長期間出て生活したことのない人の割合が少なく、U ターン者の割合は小規模自治体になるほど多い傾向が見られる。

　次に、地域から長期間出て生活したことのない人の年齢構成について考察する。人口規模 4 万人未満の市町村が 1,135 団体（2005 年度末、全市町村数 1,783 団体）あり、同年度の全国平均の高齢者人口比率は 26.7％で、4 万人未満の小規模自治体の代表的な年齢別人口から推測すると、約 37 〜 40％前半が高齢者人口比率と想定される。

　少し古いデータになるが、国立社会保障・人口問題研究所の調査から（**図表 2 − 2、2 − 3**）、出生県への U ターン者を年齢別にみると、男女とも 40 代前半〜 50 代前にかけて上昇し、約 40％の U ターン率となっている。1996 年と 2001 年の調査を比較すると、30 歳未満から 40 歳代前半にかけての上昇幅は、男性で約 22 〜 24％、女性が約 16％程度であった。今後、人口が減少していくなかで、今の 30 歳代未満の県外他出者が、現在の 40 歳前半と同じ程度の U ターン率で出生県に帰還するならば、今後の地域人口の減少を多少なりとも緩和し、次世代の後継者を育てることが期待される。

　このことから、地域から長期間出て生活したことのない人の年齢構成の約 40％以上は高齢者世代で、U ターン者の多くが 30 代前半〜 50 代前にかけての働き盛りの生産年齢人口であることが想定される。

　更に、人口規模 4 万人以上〜 10 万人未満の中規模自治体で、地域構造を考慮しない条件とした場合、小規模自治体より就業機会、雇用環境に比較的恵まれていることから、地域から長期間出て生活したことがない人が約 50％前後存在し、U ターン者も約 30％前後存在することが推測される。

　小規模・中規模自治体では、高等教育機関が少ないため、進学・就職などによる転出が多いことが要因として考えられる。併せて、U ターンして戻る割合が高いこ

とも要因として考えられる。また、町村部では比較的遠方からのIターン者の割合が多いのが特徴的といえる。

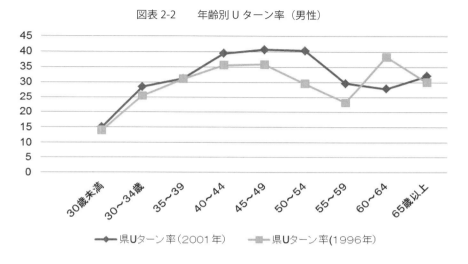

図表 2-2　年齢別Uターン率（男性）

図表 2-3　年齢別Uターン（女性）

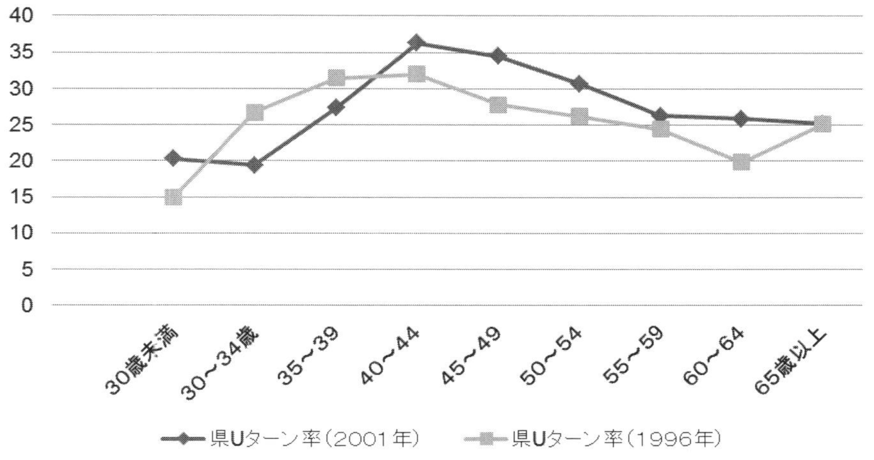

出典：国立社会保障・人口問題研究所「人口移動調査」

このことから、地域で生まれ育って、一時転出者も含め、地域で住み続けることが可能な人は、小規模市町村で約6割〜7割存在することが推測され、人口総体は減少するが、次世代の担い手として一定規模の生産年齢人口が確保されることで、世代間の新陳代謝が可能となり、世代を越えて住み続けることの可能性を秘めている。

　自然環境や地域資源を維持・保全しながら地域のアイデンティティを高め、生活環境の向上と雇用環境を改善することで、定住者が幸せにくらすことができる。地域の魅力を創出することで、外部から人をひきつけ、UIJターン人口や交流人口、関係人口（地域外から地域に興味を持ち、地域の活性化にかかわってくれる人口）を増やしていく。そして、様々な地域活動が活発になり、新たなソーシャルネットワーク（つながりのネットワーク）が形成され、地域の持続性が高まり、住み続けることが可能な地域につながっていくと考えられる。

　そのためには、現世代による多様な主体やアクターとの協働による、住み続けるための活動が重要となる。「住み続けるための活動」とは、定住場所を構えた地域で、人と人とのつながり、絆により、ソーシャルネットワークを形成することにより、豊かに安心して幸せに生活する人間の基本的な営みといえる。

　言い換えれば、住み続けるためには、安心して幸せな生活やくらしを追求するために「自分ごと」を「みんなごと」、そして「世間ごと」に変えていくプロセスにより、つながりや信頼関係を通じた「協働の姿」を実現することといえる。

2 持続可能な地域づくり

（1）人口減少をどう捉えていたか

20年前から地方は人口減少の局面を迎えていた

2014年5月に、民間団体が今後30年間で人口が激減する「消滅都市」を発表し、大きな話題になった。今や日本の社会にすっかり定着した「人口減少社会」という言葉が、広く本格的に用いられるようになったのは、2005年12月に『2005年国勢調査』の最初の推計結果を総務省統計局が公表した頃からである。

一方、地方都市の中山間地域などでは、総務省の公表時より20年前から人口減少社会が一足先に到来していた。しかし、今のように人口減少社会が地方都市で大きな社会問題化しなかった理由として、流出人口超過であっても、高齢者人口比率が比較的低く、生産年齢人口比率、少子人口比率が比較的高く、人口が減少しても比較的バランスのとれた人口構成の存在が、生活やなりわい、社会資本、生活サービスなど、住み続けるための生活環境をある程度維持し、人口減少社会に対する不安感が漂っていなかったことがある。もう一つは、国も地方も高度成長期における強烈な成功体験（＝成長神話）がある。高度成長期は、国民に夢のような生活水準の向上をもたらした。そこから、国、地域、都市の発展に一番大切なのはGDP志向の発展モデル（＝豊かさは成長の結果として後からついてくる）と考えられていた。地方は経済成長が豊かさをもたらすと信じて、社会資本の整備や企業誘致に奔走していた時期でもあった。

平成の大合併が地域の脆弱性を誘引した

当時、地方都市が人口減少の局面を迎えた時期に、自治体財政の健全化を図る目的で推進された「平成の大合併」は、1995年に改正された合併特例法に基づき、同

法が失効する 2005 年 3 月を目途とした国の推進策により進められた。この国策による推進策は、好条件での地方債発行や合併特例交付税といった財政上の誘導施策をおこない、三位一体改革による交付税削減で財政的に困窮した多くの自治体は、この財政措置によって合併を強く指向することになったと考えられる。

この結果、2004 年度当初には 3,132 団体あった市町村が 05 年度末には 1,821 団体（2014 年度末現在 1,718 団体）にまで減少した。

合併後の数年間に、自治体の旧役場（支所）の機能は急速に縮小し、合併により周縁化した地域では、住民の利便性の低下のみならず、小中学校や公民館・コミュニティ施設などの統廃合、雇用機会の減少がみられ、生活環境やなりわいを取りまく経済活動の環境は激変した。結果的に、合併による地方財政の逼迫と地域経済が衰退し、人口の少ない地域はますます不便になり、不便になって人々が住みにくくなり、ますます人口は減るという悪循環をもたらした。

地方を見る限り「現段階で合併による歳出削減効果はあまり見込めず、行財政改革として十分な成果を上げているとはいいがたい」と思われる。様々な意見はあると思うが、地方行政の効率化や地方分権の受け皿としてスタートしたはずの平成の大合併によって、様々な歪みが地域に影を落としている。平成の大合併を通して、改めて農村とは何か、都市や地域とは何かといった根源的な問いかけとともに、地域経済の衰退と活性化の課題や住み続けるための地域政策はどうあるべきかという、重い課題が突きつけられている。

平成の合併協議が進んだ頃から、中山間地域の人口減少に拍車がかかってきた。その後、日本全体が人口減少局面に入ることになった。地域住民は、人口減少、高齢化によりもたらされた、地域の困りごとを生活に最も身近かな、市町村自らが問題解決やその手助けをしてくれると信じていた。しかし、頼みの綱であった行政は、人口減少や経済低迷の影響による税収の減少、人口構造や社会構造の変化による扶助費の増加、社会インフラ劣化への再投資の必要性から、財政は慢性的に逼迫化している。一方で、多様化、複雑化する住民ニーズにも対応するという、矛盾した課題を抱え、結果として、「地域の課題は、地域住民自らが解決する」という政策へ転換せざるをえなかった。

「行政に期待しても何もしてくれない」、「もはや行政は困った時に、必ずしも頼りにならない」と見てとった住民は、逼迫する地域の困りごとを解決するために、自分ごとをみんなごととして捉え、地域コミュニティを維持する視点から、課題解決に立ち上がったのである。

なかには、ハコモノ整備やばらまき行政の付けが、財政逼迫を引き起こし、結果的に住民にその付けがまわり、地域のことは地域住民に任せるから、公民館などのコミュニティ施設の維持管理・運営から地域の困りごとの課題解決まで、地域に丸投げした町もあった。慣れ親しんだ地域に住み続けざる得ない住民は、つながりと絆による地域の復元力により、見事に地域経営が開花した町が存在する。今やその町は全国の模範として名をはせている。なんとも皮肉な結果といわざるをえない。

未来志向の地域づくり

住民自らが住みなれた地域に「住み続ける」ためには、やむ追えない地域の存続をかけた、自助・共助で地域の課題を解決することが活動の出発点であった。

地域は変わりはじめている。困りごとの解決から出発した活動が、先進的な地域では地域住民を中心とした、そこで生活する人々が、自分たちの身の回りにある地域資源（自然資本、人工資本、人的資本、社会関係資本）に気づき、再認識して、それを有効に活用できる資本に磨き上げる。それを戦略的に組み合わせることで、安心して幸せを感じることができる「豊かな地域空間」をつくり上げようとしている。

そして、豊かな地域づくり活動のめざす姿を、生活環境を構成する「地域空間の変容」の側から捉え、このような変容を読み取った地域では、活動する多様なアクターと行政とが協働、連携して、地域空間の最適化とは何かを考えるようになってきた。まさに、暮らしと生活の豊かさを追求する住民自治が芽生えてきた。

この間、人口減少社会が到来することが分かっていたのに、国や自治体が日本にとって適正な人口規模とそれに応じた地方のあり方をめぐる議論が突き詰めて行われず、ある種の思考停止だったと言っても過言ではない。それに対して、2014年5月の「消滅都市」の発表から、国は同年9月に、「まち・ひと・しごと創生本部」を創設し、同年11月に地方創生関連2法案「まち・ひと・しごと創生法」と「地域再

生法の一部を改正する法律」を可決・成立させた。同年 12 月には、地方創生に向けて「長期ビジョン」と「総合戦略」を閣議決定し、それらに対応して、2015 年度中に、全国の自治体は、地域版の人口ビジョンと総合戦略を策定することになった。

このような瞬時の国の対応による評価は様々と思われるが、消滅リストは賛否両論も含め、その呪縛を解く「爆弾」となったことは確かといえる。従来、待機児童に代表される大都市圏の子育て支援や社会保障政策の問題として認識されていた人口問題は「地方の課題」に転化したのである。つまり、渡りに船であった、国の政策の軌道修正のチャンスであったのではないかと思われる。

今回の動きは「人口減少」と「東京集中」の両問題の共通解に地方再生というテーマを設定した点に特徴がある。同時に地域づくりは中央の押しつけによる画一的対応では適合が難しく、多様性が求められる分野でもあると考えられる。

例えば、人口減少問題への対処といっても地方の状況は実に多様である。札幌・仙台・広島・福岡に代表されるブロック拠点都市の強化を議論するのであれば、東京からの機能移転や支店経済からの脱却は欠かせない要素となる。一方、農林水産業を主体とする地域であれば地産地消型や地域内循環型経済による取り組みも有効的な選択肢となる。「あれか、これか」ではなく、地域からの発想による、独自性を駆使した、創意工夫による多様な取り組みを前提とすべきではなかろうか。

地方の人口減少に正面から取り組むためには自治体の経営資源に依拠する対応だけでは限界がある。従って、このような課題に対応するためには分権的アプローチと住民自治からのアプローチが必然的に求められる。

すでに多くの市町村の取り組みが報じられているように、ヒントは常に地域にある。大切なことは、今できる改革や改善は創意工夫を凝らして実践する。一方で、地域主導のまちづくりを可能とするさまざまな法整備に結びつけていくようなしたたかさと戦略が地方自治体側にも求められている。いまこそ、人口減少社会を直視し、自治体が未来に向けて自らが責任を持つために、何をなすべきなのかを考える必要がある。

（2）人口減少、高齢化社会がもたらす地域問題

　人口減少、高齢化の進展が地域にもたらす問題には、人口の年齢構成、世帯構成の変化に基づくものと人口減少、密度低下に起因する需要や供給の縮小に伴うものに大別することができる。更に、人口増加、高度経済成長時代に整備してきた、様々な都市機能、社会インフラの老朽化が挙げられる。これは、人口減少、高齢化に直接起因するものではないが、都市機能、社会インフラの更新時期と人口減少局面が重なることで、更なる問題の複雑化を招く要因となっていると考えられる。

　人口の年齢構成、世帯構成の変化に基づく弊害を、以下のように整理することができる。

①児童・生徒の減少が小中学校、高校が有する収容キャパシティの需要見込みを大幅に低下させ、機能の維持が困難となり統廃合が必要となる。

②高齢者、働く女性、幼児・児童、勤労者など、縦割り別の機能施設は利用率が大幅に低下し、コストが上昇し統廃合が必要となる。

③世帯構成の変化は、従来、家庭内で支えてきた高齢者介護、乳幼児の育児などが外部不経済化することで、高齢者サービス・介護施設、保育園需要が見込み量を大幅に上回る現象を生み出している。

　都市部を中心に世帯構成の変化が生みだす外部不経済による新たな施設需要やサービス需要が生じている。

　人口減少、密度低下に起因する需要や供給の縮小とは、人口減少は地域や場所を選ばず人口密度が低下する「縮小」現象を生む。「縮小」は地域の暮らしやなりわいに対して、人口密度を前提に拡大成長時代に整備した社会インフラ・公共施設、サービス機能などに、様々な弊害を生みだしている。

　縮小がもたらす弊害を以下のように整理することができる。

①地区内外の移動エネルギーの効率を悪化させる。

②社会インフラの維持管理費を割高なものにする。

③学校などの公共サービスを割高なものにする。

④医療・消費・金融などの民間サービス機能を低下させる。
　⑤地域コミュニティの活力、社会関係資本の維持・形成のための協働・連携する力を削いでいくことが挙げられる。

「縮小」というトレンドは、地域に対して様々な「縮小」の痛みを受け入れざる得ない状況をつくりだす。その判断は、「地域からの発想」に依拠した地域住民の判断に基づくべきであり、地域の持続性向上に資する、最適な地域空間に変えていくことが必要となる。

　人口が減少することは、東京、横浜、名古屋、大阪、福岡などの大都市においては、もともと人口規模が大きいため、さほど問題にはならない。しかし、地方の小規模都市で人口が減少し、人口密度が低下することは大きな問題を生じさせる。人口の減少に併せて、市街地面積を縮小させ、都市全体の社会インフラ、公共施設や移動システムの見直し、エネルギー効率を高めていく必要が生じているからである。

　何故ならば、縮小にともなう都市・地域構造を再編する場合は、市場経済はまったく機能しないと考えられる。人口が増加している時は、市場経済はそれに伴う都市の成長によって生じた、プラスの外部経済効果を求めて、都市開発を積極的に行ってきた。しかし、人口が減少している時は、プラスの外部経済は生じてこない。人口密度の低下により都市、地域の効率性は悪化してくると考えられる。

　このような状況を改善するには、住民や活動団体、企業などの多様な主体と行政との協働、連携により、「地域空間」と「都市空間」の最適化の仕組みづくりが必要となる。

（3）拡大・成長時代の価値観を転換する

幸せとは何かという価値観の転換

　拡大成長時代の価値観の転換とは、「幸せとは何かという価値観」、「多様性を認め合う価値観」、「都市・地域を見る価値観」の3つの価値観を、縮小時代を見据え、多様性の共生を認め合い、豊かで幸せを実感できる価値観へと転換していく必要がある。
　縮小時代の「縮小」という概念は、「量的な縮小であって、質的な後退ではない」

と考えられる。世間で流布されている状況から、「縮小」とは「量的縮小と質的な後退」と捉えられ、将来は豊かで幸福な社会からほど遠くなると思われている。しかし、物資的に豊かであっても幸せとは限らないし、GDPが低くとも幸福にはなれる。さらに大切なことは、次世代の人たちが幸福にくらせるかどうかである。まさに、現世代が次世代に対して安心して幸せにくらすことができる地域を築くための方向性を示すことが求められている。

縮小時代に入り、幸せとは何かと言う価値観の転換が必要となる。これまでの時代は「量を増やす」ことが、世の中の行動規範であった。だが、これからの時代は「量」よりも「質」を重視しなければならない。私たちはこれまで多くの物を所有し、消費することが幸せだと思っていた。しかし、モノや情報に溢れた複雑な生活よりも、豊かな生活環境の中でシンプルな生活を送ることの方が幸せという考え方ともいえる。この価値観は地域に住み続けるための条件の一つではなかろうか。

多様性を認め合う価値観の転換

地域社会とは、地縁関係に基づく集団が形成する、仕組みや社会的関係性、様々なテーマ型活動団体などの総体がつくりだす、つながりのネットワークといえる。

地方では地縁関係による地域のつながりや絆が地域社会に定着している。地域社会の特性は、部外者に対しては極めて閉鎖的であり、結婚や企業活動としての赴任など正当な理由なしでは新規参入の困難性が近年まで存在していた。

一方、地域社会は、相互扶助や防犯、災害には有効であった反面、私生活への不必要な干渉や不合理な義理人情、付き合いの強制など、マイナス面も多く抱えていた。地域社会の構成員はみな同じような生産活動に従事し、それによって価値観や経験を共有していた。人口減少社会を契機に、外部からの定住者などの受け入れを通して、地域社会の価値観も「多様な価値を認め合う価値観」へと徐々に変化しはじめている。

その底流には、人口減少、高齢化社会を迎え、地域の持続性を高めていくためには、Uターンはもとより、IJターン者を迎い入れることが重要であることを地域おこし協力隊や若者の移住者などとの交流を通じて感じ取っている。

若者たちは自分の好きな地域に積極的に関わろうとして、過疎地域といわれる場

所や中山間部のほとんど知られていない土地で、知性やセンスにより、その地域を盛り上げる活動や都会と地方をつなぐ活動を展開している。このようなパラダイムの変化は、地域社会が有していた閉鎖的な価値観から、多様性を認め合う価値観へと変化している。この価値観の転換が、地域の持続性を高めるための「社会的空間」形成の重要な要因となる。

　一方、首都圏などの大都市を中心に、地縁的なつながりにより形成される地域コミュニティ機能が低下しているといわれている。特に、マンション、集合住宅に住む、サラリーマン世帯や一人暮らし世帯では、地域にいる時間が少ないため、地縁関係の蓄積が乏しく、近所づきあいが希薄になる傾向が生じている。その背景には、都市部に地方から流入した人口の受け皿として開発された、郊外住宅地、住宅団地の高齢化現象、自治会などの地縁組織をつくらない自治体などの存在が要因として考えられる。

　しかし、災害や犯罪に対する不安など、地域が抱える課題が大きくなる中、一部の地縁組織やNPO、活動団体などで、住民同士の助け合い意識が、災害時の被災者支援において有効に機能し、住民による防犯活動が地域の治安向上に効果を上げるなど、地域コミュニティが地域の安全・安心の確保に重要な役割を果たしている。このようなことから、都市部では「多様性の共生」の視点から、例えば、安心・安全の確保など、テーマ型のコミュニティネットワークの提案が試みられている。

　地方と都市部に共通していえることは、地域で住み続けるためには、ライフスタイルの違い、高齢者から子ども、就業意識や価値観の違いを認め合い、個人や家庭の暮らしを犠牲にしない範囲で、相互が協力し合い、多様性が共生する社会をめざして、価値観の転換が必要と考えられる。

都市・地域を見る価値観の転換

　拡大・成長時代の都市・地域づくりは、都市全体を俯瞰して、地域を見つめる視点から行われてきた。その考え方は、社会の成長を前提に、経済的効率性、都市機能の需要量を満たすために、画一的、標準的な手法により、都市・地域づくりの制度・仕組みがつくられてきた。更に、ナショナルミニマムの達成を合言葉に、経済政策

と国土開発政策が表裏一体となり、国－都道府県－市町村による縦割り型の中央集権的体系に基づき、全国一律の政策により実現する手法をとってきた。

　そのためには、「地域からの発想」（わが国では地域を基軸に計画やデザインを展開する発想は 1970 年代半ばに現れた。それは、オイルショックを契機に政治経済システムの急激な肥大化に対する反動として提唱された）は、必ずしも好ましいものではなく、効率性を削ぐものと考えられていた。従って、個々の住民の豊かさ、幸せを充足するために地域の実情にそった市町村独自の手法を駆使した政策は不要であったといっても過言ではない。

　我が国では、都市部と非都市部がそれぞれ個別な法体系でコントロールされてきた。拡大・成長時代には、都市化の制御と市街地の秩序化、スプロールの防止と優良農地、自然環境の保全への対応が求められていた。一方で、実定行政法に基づく個別計画は自治体における縦割りの計画行政システムを助長し、地域を総合的な視点で考えることを困難化させてきた。

　都市や地域が衰退しはじめた人口減少社会においては、都市と農村部を区別するのではなく、「地域」という「生活やなりわい」の単位から、全体を眺め、「地域」と「地域」、「地域」と「都市」、「都市」と「都市」との関係性の視点から都市圏域とのネットワークを追求する、「地域からの発想」に依拠した、都市・地域を見る価値観への転換が必要となる。

　住み続けるためにはどのような「地域空間」が望まれるのか、必要なのか、住民のくらしやなりわいに最も身近な市町村であればこそ、縦割りの仕組みを排して、総合的な視点にたち、「地域からの発想」による自治体経営が必要と考えられる。

3　地域の持続性を支える3つの空間

　はじめに「地域」とは何かについて考える。地域とは地形・構造が似通っている、同じ性質をもっているなどの理由からひとまとめにされる土地のことをいう。あるいは、他から区別される特性をもった地表の部分、共通の一体性をもつ場合を等質地域、中心で相互に結びついて一体性をもつ場合を機能地域、または統一（結節）地域と考えられる。多くは、繰り返し行われてきた市町村合併の基礎単位として、今も厳然と残る歴史文化や地域構造が異なる「旧村町」（明治10年、71,314の町村が、明治時代から平成時代の市町村合併を通じ、2014年現在1,718団体）、あるいは、小中学校区など一定のコミュニティが形成されている単位が「地域」と考えられる。

　第1章「安心して幸せにくらせる縮小社会を築く」において、地域を構成する3つの空間の概念として、住民をはじめとした多様な主体との社会的関係性（社会システム）に依拠した「社会的空間」。地域資源に依拠した地域経済システムとしての「なりわい空間」。生活・なりわいを支える都市機能などの社会的装置、交流・活動を支える移動装置などで構成される「物理的空間」とが融合、内包された空間を「地域空間」と設定した。

　その、「地域空間」を持続可能な空間へ最適化させる仕組みや手法の総体を「地域デザイン」と位置づけた。「地域空間」の捉え方を整理し、めざす方向性について以下のように、地域を構成する3つの空間ごとに具体的に論じるものとする。

（1）社会的空間

　地域のコミュニティの多くは互酬性（相互性）と信頼性により、生活環境の維持、伝統文化の継承、地域資源の維持管理、生活の支え合い、生産活動の相互扶助などの社会活動によって、社会関係資本が形成・蓄積されてきた。その社会組織（地域

経営共同体）は、地域社会とのつながりや絆による信頼関係にもとづき、地域を維持・発展させるために「規範や仕組み」を有している。かつ、地域経済システムと対応する「なりわい空間」と都市機能などの社会的装置としての「物理的空間」と表裏一体性を有する。このような、社会的関係に依拠した、地域を単位とした、つながりや信頼関係にもとづく、豊かな地域づくり活動と地域コミュニティの仕組みの総体を「社会的空間」として設定する。

　社会関係資本の概念を端的にいえば、「社会問題に関わっていく自発的団体の多様さ」、「地域社会全体の人間関係の豊かさ」を意味し、地域力、社会の結束力と考えられている。

　地域には、このような信頼、つながりにより、生活者や生産者を主体とする社会システムや社会組織のもとで、社会的関係性が形成されてきた。このような関係性に依拠した「社会的空間」を持続・発展させるための社会組織としての地域運営組織（地域の生活、くらしを守るため、地域でくらす人々が中心となって形成された組織）が何らかの形で存在している。

　このような仕組みは、人々による協働活動を活発化することにより社会の効率性、生産性を高めることができるとの考え方により、社会の信頼関係、規範などといった社会組織の重要性を説く概念といえる。

　近年、社会的関係性に依拠する「社会的空間」を単位とした地域運営組織が、人口減少、高齢化社会を直視し、現実に生じている課題や近い将来起こりうる事象を見据え、現世代が中心となり次世代やUJIターン者を巻き込みながら、地域の持続性や地域の自立を目指した、新たな「豊かな地域づくり活動」が活発化してきている。

　地域では、「自分たちの地域は自分たちでつくろう」という、住民の地域づくり活動が地域課題を解決し、未来に向けた豊かな地域づくりにつながっている。行政は住民との補完性の原則（決定や自治などをできるかぎり小さい単位でおこない、できないことのみをより大きな単位の団体で補完していくという概念）に依拠し、豊かな地域づくり活動の支援や社会組織として持続性を後押しする、「仕組みや制度」を整えていく動きが現れている。

　住み続けるための「社会的空間」の再構築にあたって、社会活動の視点から、地

域づくりのめざす方向性について、以下のように整理することができる。

①地域づくり活動の実態を考察すると、多くの活動は地域の困りごとの解決から出発し、更に地域で安心して幸せにくらすことができる生活環境の維持・向上させる活動へと深化する。

②その活動は、子育てから老後の生活に至るまで、利便性の維持や生活を支える様々なサービスが得られる生活環境の向上である。更に、地域の自立に向けて、地域資源を磨き上げて、生活やくらしとの新しい関係を再構築することが、持続可能な生活環境の再編につながる。

③地域が継承してきた祭りや伝統、地域コミュニティの絆や協働が育んできた豊かな人間関係など、社会的活動で蓄積した人材の活用。新たに地域に魅力を感じて定住した人的資源が、地域経営の担い手として時代の変遷に適切に対応して変貌させていくなど、しなやかで柔軟な豊かな地域づくり活動が必要となる。

次に、社会組織としての規範や仕組みの視点から、地域運営組織の課題を以下のように整理することができる。

①地域には、地域運営組織（自治会・町内会の地縁組織、活動団体などで結成）が存在している。

地域運営組織は、行政の下請け機関と揶揄される傾向がある。地域運営組織には、互酬性(相互性）と信頼性により、生活環境の維持、伝統文化の継承、地域資源の維持管理、生活の支え合い、生産活動の相互扶助などの社会活動の展開に存続性の意義が存在している。

②近年、行政からの依頼活動（行政の下請け的な活動）が増加傾向にある。例えば、自主防災活動・防犯活動・交通安全活動・地域社会体育活動、広報誌配布活動、共同募金活動・避難所運営などや行政からの各種助成金・交付金の分配など、行政の縦割り組織ごとに、地域運営組織が組み込まれ、縦系列ごとに意思決定や補助金等の使途の決定を行うなど、担い手が少なくなる状況下で役員が何役もこなす状態が生じている。

③地域を単位とした、社会的関係性に依拠する社会的空間を構築するうえで、行

政から地域運営組織へ押し付けられてきた活動組織を統合し、組織体の一元化を図ることで、地域の意思決定、使途決定を簡素化し、組織体の組織力を強化し、本来の地域づくり活動を活発化させることが重要となる。

④地域運営組織の活動が活発化するに伴い、地域経営共同体としての「意思決定機能」、「自治活動の運営機能」、「交付金・補助金等の使途決定機能」、「地域づくり計画の策定・推進機能」など、組織体としての体制を整備していく必要がある。

このように、地経営共同体を経営する地域運営組織は、地縁組織やテーマ型組織である活動団体、NPO、地域企業などの多様なアクターとの協働、連携を如何に構築するかが重要なポイントになる。

（2）なりわい空間

住み続けるためには、毎日の生活を支える「糧」を得ることが必須条件でとなる。地域社会では地域固有の資源や地域の個性を活かした、地域のつながりや絆などの社会的関係に依拠し、自然と共生しつつ地域社会の中で農業、林業、漁業、畜産などの生産活動。地域の歴史文化に裏打ちさせた伝統工芸や地場産業が形成されてきた。近年では、地域社会の困りごとを解決するためのコミュニティビジネス、ソーシャルビジネスなどにより、地域の住民の生活と様々な関係を持続しようとしている。

このような、地域資源との関係性を拠りどころとしてきた、農林水産業や伝統工芸、地場産業の活性化、変化する時代に対応した地域産業の高付加価値化、新たなビジネスの育成、地域循環型経済の構築などにより雇用を拡大していく、仕組みの総体を「なりわい空間」として設定する。

「なりわい空間」は、地域資源と経済活動が前提にあるので、「社会的空間」と「物理的空間」との表裏一体性をもつ関係性にあるともいえる。

住み続けるためには、くらしを支えるための「糧」を得る「仕事と雇用」が不可欠である。また、地域に長期にわたり人を定着させるためには、それ相応の仕事と雇用がなければ人の定着はできないと考えられる。

地方都市は、地域資源に立脚した農林水産業や地域文化、くらしに裏打ちされた伝統産業、地場産業の低迷や衰退。さらには雇用の場が限られる中での国内製造業の生産拠点が海外流出などにより数少ない就業の場を失いつつあり、若い世を引きとめられない状況下にある。

それでは、地域の自立を支えるための「なりわい空間」のめざす方向とは、どのような姿なのか。グローバル化と都市・地域の縮小といった状況に対し、一つの方策として、グローバル経済への依存度を減らして、その分、地域で地域による地域のための生産・流通・消費を増やすという動きである。住み続けるための「なりわい空間」の再構築の視点として、以下のように整理することができる。

①これまで、地域住民と密接な関係を持って、なりわいの原資となっていた資源を、時代の変化に合わせて付加価値を増幅させ、利活用できる可能性を探る。また、経済的な利益を求めて、付加価値を向上させるために、住民や事業者、行政など関係者が連携する仕組みの再編を進める。

②地域が蓄積してきた歴史や伝統が育んできた産業の継承・発展の可能性を探り、地域外の人的資源の活用も含めて、時代の変化に相応しい、なりわいを創出して生活環境を構成する空間を再編する。

③社会経済の変化や、地域の人的資源や社会関係資本などの縮減から、これまでの、地域の自然資本、人工資本などとの係わりで構成していた、なりわいの継続が困難な地域が存在する。そのためには、地域外の人との連携も含めて、これまでとは異なる資源との結びつきから、生活環境を持続させるために必要なサービスを創出する。

④地域が有する地域資源、資本を地域に投資して、地域の自然・金融・生産・人的資本から、消費するモノ、サービス、食糧、エネルギーのかなりの部分を地域で生産・流通・消費するプロセスに再構築する。

⑤地域住民の生活を支えるなりわいが、時代の変化に対応して持続していくために、地域資源などの利活用によって経済活動を活性化し、それを支える空間の維持・更新を進めることが考えられる。

今、地域では製造業の雇用環境が悪化する中で、地域の本来の生業である、農林

水産業、伝統工芸や特産品の価値向上やブランド化、地域資源や生活環境の困りごとを活かしたコミュニティビジネス、シビックエコノミー、ITビジネスなどの新たな雇用の場を創出し、「就業機会」、「雇用」拡大に向けた様々な挑戦がはじまっている。

（3）物理的空間

　「物理的空間」とは、地域を構成する要素として、自然資本に依拠した、地域の生活やくらし、活動（住まう・働く・憩う・学習・交流などの行為）、なりわい、経済活動を支える都市機能などの社会的装置により構成されている。

　このような、地域の自立や持続性を支えるための都市機能などの社会的装置の集積や生活サービスの供給、移動装置やエネルギー供給、都市機能のネットワーク、それを取り巻く、自然環境、土地利用を含めた総体を「物理的空間」として設定する。また、「物理的空間」は、人の活動や経済活動が前提にあるので、「社会的空間」と「なりわい空間」との表裏一体性をもつ関係性にあるともいえる。

　拡大・成長時代の社会資本整備の考え方として、都市構造や地域構造の骨格構造をもとに、社会インフラとサービス機能が人口密度に基づき、機能的に配置されてきた。社会資本整備の基本として、人口規模・密度、機能性を前提に、高規格道路から生活道路、交通システム、上下水道、電気・ガス、通信などのライフラインの社会資本が整備され、ネットワーク化が図られてきた。

　サービス機能は、公共サービス施設と民間サービス施設により構成されている。公共サービス施設の基本は、近隣住区を都市計画の単位として、新市街地開発やニュータウン計画の近隣住区論が導入された。基本理念は理想的住環境を目指し、人口規模と住区面積、歩行距離を前提に、中学校・小学校・公園（近隣公園・街区公園）・交番・郵便局・診療所などのサービス施設が配置されてきた。その他の地域でも近隣住区論の公共施設配置の考え方を参考に、人口規模と歩行距離をもとに公共サービス施設が整備されてきた。

　民間サービス施設の基本は、人口規模と密度により、経営が成立する業種が立地してきた。例えば、500人程度の商圏では飲食店、コンビニエンスストア、一般診

療所、郵便局など、6千人程度では銀行、一般病院など、5万人程度で大型ショッピングセンター、有料老人ホームなどがサービス機能として提供されてきた。これらのサービス機能は、人口が増加、横ばいの状況のうちは有効に機能していた。

　都市計画区域内は土地利用の秩序化を図るために、用地地域が指定され、土地利用誘導が行われてきた。また、都市の中心市街地、都市圏域の中心都市では、人口集積・産業集積効果により、政治・行政機能、商業機能、教育・文化・娯楽機能、医療・福祉機能、交通・通信機能などの集積化が図れ、公共交通などのインフラストラクチャーが規模の集積を支えてきた。しかし、縮小時代は、このような人口密度に依拠して整備された、都市機能、生活基盤、サービス機能などの社会的装置が人口密度の低下に伴い、維持管理費のコストの上昇や効率性の視点から再編、縮小せざるを得ない状況にある。

　このように、拡大成長時代と縮小時代では「物理的空間」を取りまく社会状況が全く異なることを踏まえた上で、住み続けるための「物理的空間」を最適に導くため、再編、再生にあたっての視点として、以下のように整理することができる。

①社会資本の最大の目的は、市民生活や経済活動を支えるための社会的役割、使命として、都市基盤、公共サービスなどの社会インフラを提供することにある。人口密度が低下する中で、生活やなりわいに直結する社会資本をどう再編するかが最大の命題となる。

②地球環境を守るための低炭素社会の実現という、グローバルな社会・経済的条件を見据えたエネルギーの持続性、交通システムなどのインフラストラクチャーを、地域の固有性に相応しい形で、多様な主体が協働して、地域の自立のためのシステムとして再構築する。

③行政は、地域住民が中心になって構築した「社会的空間」と連動して、教育、福祉、コミュニティ施設など、これまでに蓄積された公共施設の統廃合、複合化、遊休資産の利活用などを、財政逼迫や地域空間の最適化の視点から地域との議論を踏まえ適切に進める。

④中心市街地の空き店舗、空き家の増加や郊外住宅地、住宅団地の居住機能が劣化している生活環境について、そこに住み、なりわいを営んでいる関係者とと

もに「社会的空間」や「なりわい空間」の再構築を進める。
⑤地域交通システムは、これまでの交通事業者だけの問題でなく、地域住民、交通事業者と行政とが連携し、新たな役割分担をもとに、交流を育む移動権を見据えた、持続可能なシステムを構築する。
⑥自都市と圏域の中心都市との関係において、フルセット主義で整備してきた公共施設などの社会的装置をどのように見直し、再配分するか。都市圏内でより高度の都市機能をどのように集積させ、集積の利益を都市圏内で、いかに配分するかの課題も潜んでいる。

「社会的空間」「なりわい空間」を支える都市機能などの社会的装置、移動システムなどを、自然的・都市的土地利用の状況を踏まえ、「物理的空間」として最適化を図っていく。また、都市機能を維持し、人々が日常生活やなりわいを維持するために必要なライフライン、サービス施設、地域内外の交流を支える移動システムのあり方をどのように再編、集約、複合化を図っていくか、創意工夫が求められる。

言い換えれば、縮小の痛みを和らげ、地域や都市の縮小に合わせて、ライフライン、サービス機能、移動システムなどのネットワークの再編・再構築を通じて全体最適化に導いていくことといえる。

(長瀬光市)

【参考文献・出典】
長瀬光市監修、縮小都市研究会著「地域創生への挑戦－住み続ける地域づくりの処方箋－」公人の友社 (2015年9月)
人羅　格「地方創成の背景と論点」全国知事会講演（2014年9月）
上山信一監修「住民幸福度に基づく都市の実力評価」時事通信社 (2012年3月)

第3章
行政が先導する2つの戦略デザイン

●第3章の構図

　行政が先導的役割を発揮し、地域からの発想に基づき、3つの空間が融合、内包された「地域空間」がネットワークされ、都市全体を最適化に導くための総合的、計画的な「都市の戦略デザイン」の構築が重要となる。地域は人口減少、社会インフラの老朽化、雇用機会の減少課題に直面し、すべての公共サービスを一つの市町村で提供することは困難となり、この事態を打開するために、複数の自治体が連携して課題解決や価値共創による「広域の戦略デザイン」の構築が重要となる。

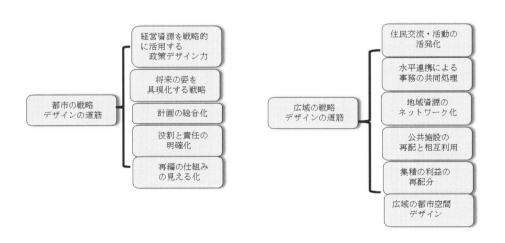

1　都市と広域の戦略デザインの意義

　第1章で、「地域からの発想」とは、地域に存在する地域資源を基盤として、住民が中心となって、多様な主体が協働、連携し、身近な生活やなりわい環境を斬新的に改善・再編し、地域のアイデンティティを醸成することで、地域の活力と魅力を高め、豊かに安心して幸せに住み続ける地域を実現するための地域づくりと設定した。

　「地域からの発想」に基づき、「社会的空間」「なりわい空間」「物理的空間」が融合し、内包された空間を「地域空間」として位置づけた。そして、地域空間を持続可能な空間へと最適化していくための仕組みや手法の総体を「地域デザイン」とした。さらに、地域空間がネットワークされた都市全体を最適化に導くために、行政が先導的役割を発揮して「都市の戦略デザイン」を示す必要性を述べた。

　「都市の戦略デザイン」とは、住民と多様な主体との協働、連携による豊かな地域づくり活動の共通のプラットホームに依拠し、行政が主導して「地域と地域」、「都市と地域」の関係性を総合化し、「地域空間」と「地域空間」の整合、都市のネットワークのあり方、都市機能などの社会的装置の最適化、農村的土地利用と都市的土地利用の融合と共存、自然環境の保全・形成などの空間戦略を示した計画の総体と設定した。

　もう一つは、自治体の自立と経営マネジメント力を向上させるために、自治体間が先導的役割を発揮して「広域の戦略デザイン」を示す必要性について述べた。「広域の戦略デザイン」とは、自治体と他自治体との連携により、「都市の戦略デザイン」に依拠した、「都市と都市」との交流・活動や都市機能などの社会的装置の集積と配分、住民サービスの質的向上と効率化、地域資源を活用した域内循環型経済の仕組みなどのあり方を広域戦略として示した、行政が先導する広域都市経営戦略の総体と設定した(図表3-1)。

第3章　行政が先導する2つの戦略デザイン

　都市と広域の戦略デザインのあり方を考える上で、自治体が先導的役割を担えるか、あるいは、主導性を発揮ができるかが重要な視点となる。

　自治体の自立の視点にたてば、住民が主導する3つの空間による地域デザインをベースに、地域の独自性や特徴を重視、尊重し、都市全体を最適化してくための政策デザイン。自治体による戦略的なパートナーを選択し、地域が直面する課題解決や未来に向けた生活やくらしの維持、向上。なりわいや圏域経済の相乗効果を高めるために価値共創を実現していく、選択肢を広げる政策デザインが必要となる。

　そこに、行政の果たすべき先導的役割と主導性の発揮が期待される。縮小時代の自治体経営は、地域の個性、独自性を踏まえ、地域が豊かで、安心して幸せにくらすことができる地域を築くために、限られた経営資源を次世代のために、いかに有効に投資するか、未来に向けた責任が求められている。

図表3-1　「地域空間に依拠した2つの戦略デザイン」

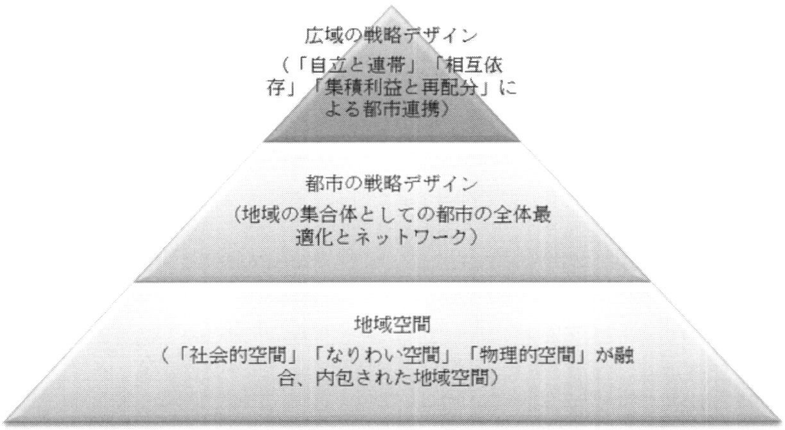

- 広域の戦略デザイン（「自立と連帯」「相互依存」「集積利益と再配分」による都市連携）
- 都市の戦略デザイン（地域の集合体としての都市の全体最適化とネットワーク）
- 地域空間（「社会的空間」「なりわい空間」「物理的空間」が融合、内包された地域空間）

2　都市の戦略デザイン

　人口減少社会における都市空間再生の解決策の一つとして、いくつかの再生の方法が提案されている。

　例えば、一つは対処療法的な、効率性を追求するコンパクトシティで論である。その理念は、環境負荷の少ない、効率性のあるスプロールしていない「集約都市」という理想モデルで、都市的土地利用の郊外への拡大を抑制すると同時に中心市街地に集積をはかることで活性化が図られ、生活に必要な都市機能が効率的で、持続可能な都市をめざした、あくまで空間計画を対象とした考え方といえる。

　もう一つは、人口減少というパラダイムの展開を見据えた、都市縮小論である。「都市のかたち」を論じ、働き方、くらし方を含む都市活動の総体を問題にして、様々な社会インフラや公共サービスを維持しながら、その機能を再編により、適正に小さくしていくことで持続可能な都市をめざした、社会学から自然科学までの幅広い領域を対象とした考え方といえる。

　本書の提案は、地域と都市の最適化をめざす、「地域からの発想」による「都市の戦略デザイン」の考え方である。

　何故、行政が先導して「都市の戦略デザイン」を策定する必要があるのか。それは、地域の集合体が都市であり、「木も見て、森も見る」という認識を持って、「地域空間」（部分）と「都市空間」（全体）の両方が最適化される状況をいかにつくり出すかが、持続可能な地域づくりがめざす到達の姿といえる。すなわち、社会潮流、社会経済の変化を見据え、部分と部分が絶妙な協調関係を保って全体としてのシステムを、環境の変化にしなやかに対応させながらも自らを維持、成長をさせるシステムや都市機能などの社会的装置の最適化を実現させていくことといえる。

　「都市の戦略デザイン」とは、行政が先導して、働き方、くらし方を含む都市活動総体と捉え、情報技術やモビリティの高まりを考慮しつつ「地域空間」の集合体を

全体最適化に導くため、自然環境と土地利用の融合、都市機能などの社会的装置の再編・縮小、都市のネットワークの再編など、都市空間総体の戦略を具体化する道筋を示した計画と設定する。

地域の持続性と自治体の自立をめざす自治体経営の前提には、持続可能な都市づくりの目標、政策手段、多様な主体との協働と担い手（政策主体）が三位一体として、かつ個別法を総合化の視点から束ねた、総合的、計画的な「都市の戦略デザイン」が必要となる。

行政が先導的役割を発揮しながら、「都市の戦略デザイン」を策定する上で、考慮すべき事項を以下のように整理することができる。

①「都市の戦略デザイン」は、持続可能な都市と「地域空間」の整合という、特定の目標達成のために、長期的な視野と総合的な調整を通じ、経営資源を効果的に運用する政策デザイン力を発揮する必要がある。

②「都市の戦略デザイン」は、地域資源や経営資源、人材、あるいは、地域個性を再評価して予測される危険を防止し、都市全体を最適に導く枠組みや方向などの戦略を明らかにした計画とする。

③都市の最適化を検討する上で、縦割り組織により策定、実行されてきた個別計画を都市空間戦略体系に組み込み、総合化、整合化の視点により、関係のデザインへ転換させる。

④部分と部分が絶妙な協調関係を保って、全体としてのシステムを構築していくためには、部分での合意を優先すると、都市全体の最適性が形ばかりの「タテマエ計画」になる恐れがある。例えば、地域の意思決定は地域住民の合意で決める。都市の全体に関してはその役割を行政に一任していくなど、「役割と責任」分担の方法を明らかにする。

⑤実践的かつ、実効性を有する計画にしていくためには、地域資源、経営資源の賦存量をもとに、時代潮流や社会経済の変化を踏まえ、持続性の視点からシステムや都市空間全体を再編、再生、縮小、生成、蘇生、再構築する仕組みを、組み換えなどの手法を用いて「見える化」する。

「都市の戦略デザイン」は、「地域からの発想」による、地域デザインと「都市の戦略デザイン」との整合により、持続性を可能とする都市空間戦略といえる。

3　広域の戦略デザイン

　住民の活動は行政区域を越えて、通勤・通学、消費、医療、文化芸術の享受、交流機会を求めて都市と都市を移動する。経済活動はさらに圏域内や圏域を越えてグローバルに活動が展開されている。都市機能の集積効果は、人々に多様な出会いや交流を生み出す社会的装置でもある。一方、中心都市と郊外都市との関係において、居住環境、価格、中心都市からの移動時間を踏まえ、住宅が他自治体の郊外へ拡散する傾向が生じている。

　従来から、広域連携、都市連携の政策のあり方として、法制度に基づき様々な試みが展開されてきた。一つは国の政策に基づき、共通の経済圏や都市圏を形成する、広域の自治体間で人口規模のメリットを考慮しつつ、経済再生、都市機能の高次化などを形成する広域都市圏構想である。

　国が政策として打ち出した都市圏構想の事例の代表的なものとして、例えば、2014年に閣議決定された「まち・ひと・しごと創成戦略」において、地域の広域連携に関し、複数存在する圏域の概念が「連携中枢都市圏」に統一された。

　連携中枢都市圏は、相当の規模と中核性を備える圏域の中心都市が近隣の市町村と連携し、コンパクト化とネットワーク化により「経済成長のけん引」「高次都市機能の集積・強化」「生活関連機能サービスの向上」を担う。人口減少、少子高齢化社会おいても一定の圏域人口を有し、活力ある社会経済を維持するための拠点を形成することを目的としている。

　このような、国の政策に基づく都市圏構想などは、人口減少による密度の低下を見据えて、圏域を拡大して人口規模を追求し、都市機能の集積、強化と再配分、社会資本やサービスの効率化、圏域経済の牽引力により、規模の集積をめざした連携といえる。

　もう一つは、自治体が他の自治体と協議し、地域の困りごとの解決や、サービス

の質的向上と効率性を求め、地方自治法などを活用してサービスの共同処理を行う水平補完の原則による広域行政処理である。

また、近年では、遠隔地の自治体間により、防災、交流、環境、地域資源、市場開発、歴史的な関係など、特定のテーマに基づき緩やかな覚書、協定、友好都市などの連携も数多く行われるようになってきた。

例えば、自治体間が主体となって行財政基盤を強化することを目的に事務事業の効率的処理をおこなう、地方自治法に基づく機関の共同設置、事務事業の委託、一部事務組合などの仕組み、広域連携制度などが拡充されてきた。都市連携、広域連携によって、行政サービスの効率化、地域の困りごとを解決するため、財政負担を軽減しつつ、様々な公共サービスを維持・拡充することや広域化のスケールメリット、地域資源の相互活用、補完性に基づく都市の弱みの克服により、行財政基盤の強化が期待されている。

本書の提案は、都市の持続性をめざす、「地域からの発想」による「広域の戦略デザイン」の考え方である。何故、自治体間が主導する「広域の戦略デザイン」を策定する必要があるのか。それは、市町村は人口減少、高齢化社会の到来により「都市が縮小」、「地域が縮小」、「財政が逼迫」する課題に直面しているからである。例えば、もはや行政サービスをフルセットで一つの市町村で提供することは困難となっている。平成の大合併は、結果として行財政基盤の強化には必ずしも期待通りにならなかった。従来型の供給体制、自治体運営の延長線では、新たな課題への対応ができないばかりか、地域の衰退、自治体経営の破綻を加速しかねない状況を招く。従来の広域連携の仕組みでは、連携のメリットが少なく、従属性と対等性の関係性から本格的で機動的な動きに、必ずしもつながらない。そこで、新たな広域連携としての「広域の戦略デザイン」が必要と考えられる。

広域の戦略デザインは、自治体の自立と地域の持続性を高めることを目的に、「自立と連携」、「相互依存」の原則を前提に、めざすべき取り組みの方向性を、以下のように整理することができる。

　①「広域の戦略デザイン」は、住民の交流を活発化させ、なりわいや地域の経済活動が都市圏域内で循環する仕組みを構築する。

②行財政基盤の強化手段として、事務の共同処理、事務の外部化を前提とした広域水平連携により、共同処理コストの縮減、経営資源の再配分を推進する。
③自治体の地域資源利活用の視点から、都市圏域内の地域資源のネットワーク化や相互活用を図る経済活性化戦略を明らかにする。
④公共施設のフルセット主義の決別による公共施設の再配分と相互利用により、財政逼迫を緩和する戦略を明らかにする。
⑤都市圏内で高次化都市機能は、吸引力のある都市に集積させ、その集積の利益を圏内に配分するあり方を提案する。
⑥中心都市とエッジシティの関係において都市構造や土地利用のルールや広域の都市空間デザインを提起する。

近年、情報技術やモビリティの高まりにより、行政区域を越えた広域の「都市空間」が雇用・教育・消費・サービスの機会を求めて急速に拡大していく傾向にある。今まで、自治体間の広域連携の動きは、様々に存在し、多様な展開がされてきた。このような広域連携を一度検証し、「地域からの発想」の視点に立ち、地域の持続性と自治体の自立を実現する「広域の戦略デザイン」が必要となる。

自治体が抱える困りごとを解決し、相互依存のメリットを自治体経営に還元することを可能とするなど、「広域の戦略デザイン」を実現していくために、様々な法整備に結び付けていくようなしたたかさと戦略が自治体側に求められている。

自治体の「自立と連携」、「相互依存」などの視点に立てば、以下のような取り組みの方向性から、「広域の戦略デザイン」を検討していく必要がある。
①地域が直面する課題を共有する。
②自治体の有する地域資源と経営資源の弱みと強みを広域で共有する。
③常に住民の気づきを集め、改善、改革の方向を共有する。
④従来の広域行政区域や都市圏域にとらわれず、最適な公共サービスが供給可能な仕組みを検討する。
⑤自治体が単独で周辺自治体と競争するのではなく、地域同士が連携する広域ネットワーク力を強化する。

このような視点から、自治体が実施しうる戦略の選択の幅を広げる「選べる広域

連携」「創意工夫による広域連携」をめざす必要がある。

(長瀬光市)

【参考文献・出典】
長瀬光市監修、縮小都市研究会著「地域創生への挑戦－住み続ける地域づくりの処方箋－」公人の友社(2015年9月)

第4章

地域の自立をめざす「社会的空間」

●第4章の構図

　住民が多様な主体との協働、連携を通じて形成する「社会的空間」の姿は様々である。そのめざす姿は、つながりの好循環、社会資本の形成・蓄積、ソーシャルネットワークの形成、永続的な仕組みづくりである。一方、行政は住民協働を推進する「地域固有のルール」、「支援の仕組み」を条例で実現することが、地域の自立をめざす「社会的空間」の形成につながる。

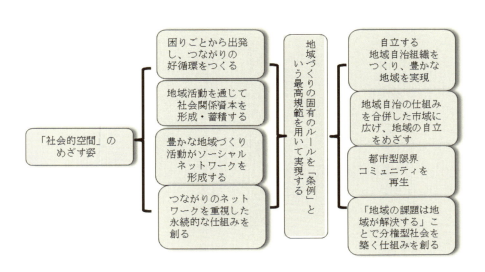

第4章　地域の自立をめざす「社会的空間」

1　「社会的空間」のめざす姿

（1）「社会的空間」づくりの具体的展開

「社会的空間」づくりへの挑戦

　第2章で、住み続けるためには、地域に存在する地域資源を基盤として、住民が主体となって活動団体、企業などと協働、連携し、身近な生活やなりわい環境を斬新的に改善・再編し、地域のアイデンティティを醸成する。そして、地域の活力と魅力を高め「豊かに、安心して幸せに住み続ける地域」を実現するための「豊かな地域づくり活動」と「地域コミュニティの仕組み」（地域経営共同体の仕組み）の総体を「社会的空間」と設定した。

　人口減少、高齢化が急速に進む地域社会において、地域コミュニティは住民や活動団体、NPO、企業などが活動するネットワークであり、人と人とのつながりを形成する仕組みである。そのネットワークのもとで、それぞれが自らの力を発揮してその効果を最大化させる、あるいは改善のための行動が、住み続けるための「社会的空間」づくりといえる。

　そして、私ごとをみんなごと、世間ごとにして改善を図る活動プロセスから、人と人との好循環をつくりだすことが、住み続けるための「社会的空間」に変えていく原動力となる。その活動を支援し、活動の成果を他の地域に情報発信して、ソーシャルネットワークを広げていくのが行政の役割である。一方で、このような地域資源を活かした、ソーシャルネットワークによる、安心して幸せに住み続けるための地域空間づくりが、様々な地域ではじまっている。

　これまで多くの地域活動は地域の困りごとから出発し、困りごとの解決に終始していた活動から、人と人とのつながりによる交流やコミュニケーション、やりとりの素晴らしさを再認識し、未来志向の豊かな地域づくり活動へと深化している。

活動のプロセスを通じて、協働、共創を実践していくための仕組みも試行錯誤を繰り返し、活動がスムーズに楽しくなる仕組みづくりへと創意工夫がされてきた。

住民は、人口が減少しても豊かな地域資源を基盤にし、未来を見据えて生活環境を維持・向上させ、地域資源に磨きをかけることで、人を招き入れ、人を呼び込むことにつながる。そして、次世代の担い手が誕生して、新たなソーシャルネットワークによる、つながりの好循環が生まれてくることを地域づくり活動を通して体感している。

様々な地域づくり活動の展開や成果は、一つとして同じものはない。それは地域の数だけ、めざす方向が異なる特殊解といえる。何故ならば、地域資源や地域構造は、地域により異なる固有性や独自性を有し、資源の磨き方、資源の活用の仕方、地域価値を増幅させ、高めていく手法も多種多様であるからである。

「社会的空間」づくりの戦略

実践されている豊かな地域づくり活動の内容やアプローチは、地域資源、地域構造が有する固有性、独自性に応じて実に様々である。「社会的空間」づくりの戦略として、地域づくり活動の展開や地域経営共同体の仕組みの視点に立つと、次のような共通する戦略を挙げることができる。

一つは、困りごとから出発し、豊かな地域づくり活動へと導き、人と人とのつながりの好循環をつくる。

まず、地域で起きている、生活や暮らしに係る様々な困りごとを点検すると、高齢化による自助の限界、家族共助の低下、人口密度低下による様々なサービスの縮減、撤退などが要因となり、住み続けるための生活環境が低下している実態が見えてくる。その困りごとは、私ごとではなく、隣近所のみんなごと、地域ごととして捉え、地域の相互扶助力やネットワーク力により課題を解決する方法を検討する。一つひとつの課題解決のプロセスから、住み続けるために豊かで安心して幸せにくらせる「社会的空間」にしていく知恵が生まれ、人と人との好循環をつくりだし、豊かな地域づくり活動へと深化することで、持続可能な地域を創出することができる。

第4章　地域の自立をめざす「社会的空間」

二つとして、多様なアクターの活動を束ねて、未来につなげていくための活動を持続させる仕組みをつくる。

豊かな地域づくり活動の目標、めざす姿を実現するため、住民を主体に活動団体、NPO、企業などの多様なアクターが協働、連携するための仕掛けや仕組みが重要となる。また、地域を構成する自治組織、活動団体などを束ねて、方向性を確認し、組織体としての意志決定、ボランティアの参加度や労働の多寡に応じた資源配分、協働、連携のルールのあり方などを検討する。

その仕組みやルールは、一人ひとりの力量、相互依存の関係などを踏まえて、サービスを提供できる人、サービスに対価を支払う人、相互依存関係にある人、できること、できないことに耳を傾け、一人ひとりの気づきを大切にした、つながりのネットワークを形成していく、地域ルールをつくりあげる。

三つとして、行政は、地域づくりを支援し、活動を広げていく制度、仕組を整える。

行政は、住民の意思に基づき、地域資源や地域構造を踏まえ、独自性や固有性を重視、尊重し、豊かな地域づくり活動による地域経営の展開を支援していく制度、仕組みを整える。地域の自立と持続性を前提に、住民と行政の役割分担を基本とした「補完性の原則」を踏まえ、地域経営共同体としての活動を展開するための地域固有のルールをつくる。

図表 4-1　「社会的空間」づくりの戦略

そのプロセスとして例えば、要綱などで地域づくりの推進方策で示し、徐々に活動状況を見据えて、条例にしていく方法や行政が地域の実態に基づき、地域運営組織などと協議をしながら、行政が主導的役割を担い「条例」という自治体の最高峰規範を用いて実現していく方法などがある。

　いずれにしても、地域づくり活動を支援し、住民協働が進展する仕組みや制度を構築する必要がある(図表4-1)。

（2）「社会的空間」づくりのめざす姿

困りごとから出発し、つながりの好循環をつくる

　どのような地域の困りごとが存在し、その困りごとを点検し、地域全体で課題解決を図っていくプロセスを検討する。

　　例えば、①高齢者の単身世帯、や二人世帯が増加することで、中心市街地まで買い物に行けない、一人で外出できない、雪下ろし・雪かきができない、地域に残してきた高齢者の見守りができないなど、自助の限界、家族共助の低下が誘引する地域課題。

②中山間地域などでは、後継者不足、世帯構成の変化により、遊休農地の手入れができない、耕作放棄地が拡大することで、農業生産活動に対する悪影響の拡大、不在村主の増加による山林の維持保全の困難化など、生産者から発生するなりわいの課題が、地域全体のなりわい活動へ影響する地域課題。

③人口減少、密度低下によるバス路線の減便や廃止、小中学校の統廃合、生活環境を支える食料品店や診療所などの廃止が、地域サービス機能を低下させ、住み続けることを困難化させるリスクを誘引する地域課題。

④高齢者の免許返納などが引き金になり、徒歩や車を利用して集落の集会所や地域の中心となる拠点施設へ出かけることが困難化し、外出機会や交流機会が減少するなど、地域コミュニティのつながり、絆を低下させる地域の困りごとなどが挙げられる。

このような地域課題を住民が解決していくためには、集落ごとの自治会などを束

ね、地域全体で課題解決の改善方法を考え、地域運営組織（地域経営共同体）が中心となって、社会福祉協議会、農業協同組合、活動団体、民生委員・食生活指導委員などと連携し、以下のような活動を実践していくことが考えられる。

例えば、高齢者の声掛け・見守り活動、高齢者との交流会、買い物・外出支援の福祉バス運行、食事の宅配サービス、健康づくり運動、有休耕作地の草取り、雪かき・雪下ろしの支援活動など様々な地域の困りごとを地域自らが解決していく社会活動が展開されている。

地域活動を通じて社会関係資本を形成・蓄積する

人口減少、高齢者の増加による社会関係資本の蓄積を脅かすリスクをできるだけ弱めることで持続可能な地域を維持、向上させていく漸進的なプロセスを検討する。

例えば、①少子化に伴い、子どもに関わる社会活動（子ども会、子育てサークルなど）が減少して、ひいては親世代の地域でのつながりが弱くなり、交流が希薄化する。また、社会活動に子どもが参加しないと地域活力が失われ、社会活動の継続が困難になる、少子化に伴う社会活動の減退リスクが生じる。

②人口減少、高齢化により、地域の祭り・芸能などの伝統的活動を継承していくことが困難化し、活動の必然性が薄れ、長い時間をかけて蓄積してきた社会関係資本が次世代に引き継がれない恐れがある。

③高齢化に伴う、地域の担い手となる人材の発掘、継承が適正に行われないと、これまで団塊の世代が支えてきた社会活動の継続が困難となる恐れがあることが挙げられる。

このような社会活動の減退を防止し、安心で幸せな地域をめざしていくために、将来の地域のリーダーとなる人材育成やUターン者を呼び戻し、JIターン者を呼び込むための地域魅力づくり、UJIターン者や関係人口との連携による新たなコミュニティ形成が必要となる。

例えば、次世代の担い手を育成するための若者未来塾、まちづくりマイスター制度、JIターンの若者や関係人口らによるソーシャルネットワークを活用した地域づくり活動、地域おこし協力隊の活用、地域内の各種団体の統合による効率的な組織運営

など、地域ごとに創意工夫を凝らし社会関係資本を再生し、地域の持続性を向上させる社会活動が展開されている。

豊かな地域づくり活動がソーシャルネットワークを形成する

　地域資源を活用し、地域の独自性や固有性を磨きあげ、地域価値を向上させ、人を招き入れる、人を呼び込み、魅力的な地域づくりを進めていくことで、多様なアクターによるソーシャルネットワーク形成のプロセスを検討する。

　　例えば、①地域環境の改善や教育、生涯学習、地域文化の醸成、健康づくりの推進活動などを通じて、世代間交流による、地域のつながり、絆を強めていく新しい関係性を築いていく活動を展開する。

②地域資源を活用して、生産物を生産から加工・製造、販売を通じて、地域の雇用を生み出し、地域活動の自主財源を確保し、次なる地域への投資機会を拡大する活動を行う。

③育児や介護への負担を改善するために、生活支援を必要とする高齢者のデイサービス、児童クラブ・学童保育など、利用者負担を原則に、地域運営組織が様々なコミュニティビジネスを展開する活動を実践する。

④公民館、地域コミュニティセンターなど、行政の指定管理制度などを活用し、地域運営組織が施設の管理・運営を担い、活動・交流拠点機能を充実させる。

⑤居住環境を維持・形成することで持続可能な地域にしていくための、住民主体によるエリアマネジメント活動を展開する。

⑥地域の路線バスの減便や廃止に伴い、行政の支援を受けて、地域がNPO法人を設立して公共交通空白地有償運送事業バスなどを経営・運行し、合わせて運転手の地域雇用を生み出すコミュニティビジネス活動を行う。

⑦中山間地域などの遊休農地や耕作放棄地、農業活動が困難な高齢世帯などの増加を踏まえ、地域のなりわいを再生するための、効率的で安定的な農業経営をめざす農業組合法人などによる集団営農活動を展開する。

⑧都市型限界コミュニティと化した大都市圏の郊外住宅地や大規模集合住宅団地での地域住民とNPO団体、活動団体、大学、企業などと連携した、コミュニティ

再生活動などが挙げられる。

このような、未来志向の活動は、地域の価値を向上させ、地域のアイデンティティの絆を強め、地域コミュニティを再生させる効果が期待される。

例えば、地域を魅力的にして、生活の糧を多少とも得ていくには、活動の負担が特定の人に偏らない、お互いさまと思える関係を築き、時間とコストの適切なシェアをする。また、活動意欲を高めるために、互いに教え合う、スキルやノウハウを伝えることで活動による生産性が高まり、その対価によって意欲が更に湧いてくるなど、活発なコミュニケーションによる地域活動としての「魅力」をアピールする社会活動が展開されている。

また、UR都市再生機構、自治体の住宅供給公社などの公的機関が開発した、郊外地の大規模集合住宅団地では、所有者である公的機関が主導して、都市型限界コミュニティをドラスティックに再編し、若い世代を集合住宅に呼び込み、コミュニティ再生の仕掛け人などによる、新旧住民のコミュニティ再生の実証実験もはじまっている。

つながりのネットワークを重視した、永続的な活動の仕組みをつくる

地域経営共同体は、地域づくりの方向、地域経営方針などについて、組織体として責任と負担において意志決定が可能な組織体としての態様を整えていくプロセスを検討する。

例えば、①地域内の自治会、老人会・自主防災会・児童委員会・地区社会協議会などの活動団体などを統合し、意思決定を一つにして、役員負担をやわらげ、本来の社会活動を強化する。

②地域運営組織には、地域を経営するための資金が必要になる。行政から助成金、交付金は使途が決められ、縦割りで配分させることが多く、地域づくりに必要な事業への投資が難しい。そこで、組織体によるコミュニティビジネスなどによる活動資金を確保する。

③従来のように地域運営組織を地域住民のボランティアで運営するには継続性や担い手の側面から困難性が生じてくる。そこで、組織体の実務面を担うプロパー

職員を公募し、育てることで、地域経営を深化させていく。
④地域経営はボランティア活動だけでは経営が成りたない。行政から施設の指定管理や受託事業、NPO法人などの設立により、地域課題の解決や農産物の6次産業化など、ソーシャルビジネス、コミュニティビジネスを積極的に展開して活動資金と地域雇用を拡大する。
⑤組織体の事務執行能力を高めていくために、意思決定のルールや交付金・補助金、事業収入の使途決定のルール、指定管理・受託事業などのルール、雇用や賃金に関するルールを整える。このような、地域経営共同体としての地域を経営していく仕組みを整えることが、豊かな地域づくりを深化させていくプロセスから、「社会的空間」づくりのめざす姿が実現される（**図表4-2**）。

図表4-2 「社会的空間」づくりのめざす姿

地域づくりの固有のルールを「条例」という最高法規範を用いて実現する

行政は、住民の主体的な地域づくりを支援し、そのノウハウを他の地域へ広げていく役割を担っていく。行政による住民自治の醸成、住民と行政との協働、共創、地域経営の支援など、諸課題をよりよい方法で解決するためのプロセスを検討する。

第4章　地域の自立をめざす「社会的空間」

　一つは、分権型社会をめざして、住民、議会、行政との役割と責任分担、めざす地域づくりの理念や方向などを定めた、地域固有のルールを定める。
　　例えば、①自治基本条例、まちづくり条例、地域分権推進条例など、自治体経営の基本的方針や地域づくりのあり方を条例や要綱で定める。
　　②地域運営組織による、地域経営共同体としての活動を支援するために、住民協働による地域経営推進条例、地域コミュニティ推進条例などの仕組みを制度化し、住民主体の活動を担保する。
　このような、地域固有のルールを「条例」という自治体の最高法規範を用いて実現し、住民を主体とした地域づくり活動を他の地区へ波及させることで、地域空間のネットワークが実現される。
　二つとして、地域運営組織による地域経営共同体の機能を向上させ、主体性を持った組織体へ深化させていくために、活動団体の支援に関する助成金、補助金、交付金などのルールを再構築する。例えば、行政の一般会計の各種助成金、交付金などを点検すると、縦割り組織ごとに、地域活動助成、自治会・町内会交付金、老人クラブ助成金など、人口5万人以下の市町村で、約50〜60近い助成金、補助金、交付金が存在している。この助成金などを活用して、地域経営共同体による主体的活動を推進していく上で、地域の人口や世帯数などを総合的に勘案して、一括交付金などに代えていく。
　三つとして、地域雇用の創出や行政事務のアウトソーシングを行う。行政は事務事業をできる限り地域運営組織、活動団体などを活用し、新しい公共（公共サービスを住民自身や活動団体、NPOなどが主体となり提供する考え方）を実践する視点から、条例や仕組みを整備していく。
　例えば、鯖江市市民主役条例では、行政が行っている公共的な事業の中から、市民が「新しい公共」の担い手として、自ら行った方が良い事業を「市民主役事業」と位置づけ、公共サービスの提供における民間と行政との役割分担を進めている。特に市民主役提案事業制度では、自治会、活動団体、NPOなどが応募し、事務事業を民間が行うことで、地域雇用の機会を拡大している。
　四つとして、行政が地域運営組織の地域づくり計画など、計画策定権限を担保し、

地域づくりのめざす方向、具体的な活動などを自ら策定し、自らが行動、展開していくことを推進する。

　例えば、総合計画の仕組みを活用して、都市全体計画と地域別計画を位置づけ、住民による地域づくりを推進していく方法もある。このように、自治体経営のマネジメントの仕組みを再構築し、住民との新たなパートナーシップの視点から、「地域空間」と「都市空間」の両方が最適化される状況に導くことが、持続可能な地域と自治体の自立につながる。

　五つとして、地域内の共通課題の解決を図り、住民と行政との協働で地域づくりを進めていこうとする分権型社会の実現をめざして、地域内分権による地域づくりを推進する。

　例えば、池田市では、「地域分権推進条例」を制定して、市内11小学校区に地域内の課題抽出、課題解決を検討する「地域コミュニティ推進協議会」を設立し、その実現に向けた事業に対する予算提案をしてもらう方法もある。

　「社会的空間」のめざす姿は、豊かで、安心して幸せにくらすことができる地域を築くことで、住み続けることが可能となり、地域の持続性が向上していくことである。住民協働、行政による支援が融合することで、「地域のことはそこに住む住民が決められる社会」の実現が期待される。

（長瀬光市）

【参考文献：出展】
玉村雅敏・長瀬光市「住民行政の窓」加除式出版社（2012年11月NO.381）

2　「社会的空間」づくりの具体的な試み

（1）自立する地域自治組織をつくる

> **課題の構図**
>
> 　地域の縮小化、行財政が逼迫する中で、住民自らの主体的な地域づくりを「条例」というルールを基本に進め、併せて地域経営に向けての行政の総合的な支援を通して、持続的な協働、共創の自立的な地域づくりに努めることが必要になる。ここでは、山形県川西町を事例として、地域づくりに取り組む活動について紹介する。
>
> 　川西町は、山形県の南部、米沢盆地の中央に位置し米沢市に隣接する周囲を山々に囲まれた自然豊かな町である。1955年に1町5村が合併したが、現在、人口の減少と高齢化も著しい。地域においても、地域事業への参加者減少やコミュニティの脆弱化が進んだ。また、2005年度から財政赤字が発生し07年度には、「財政再建団体」への転落が予想され、歳入の確保や歳出の削減を推進し財政の健全化に努めてきた。こうした中で、04年6月「川西町まちづくり基本条例」を制定し町民と行政とが連携した、小さな役場づくりと新たなパートナー（地域、町民、NPO、ボランティア）との連携による「協働のまちづくり」に向け、自立する地域自治組織をつくり地域づくりに取り組むなど、全国市町村の厳しい状況下での共通課題にしっかりと向き合っている。

地区でどのような困りごとが生じたか

　川西町は、農業を主体とした町である。人口は合併当初、3万人であったがその後減少が続き、現在、約1万6千人、高齢化も約30％台と著しい。旧町村単位の7地区の規模も多様で、最小601人の地区から5千人弱の地区まであり、小学校の児

童数が 22 名（2016 年）という小規模地区まである（なお、この小学校では、文部科学省並びに町よりコミュニティ・スクールの指定を受けるなどの特色ある活動を実施している）。さらに中学校は 11 年 4 月に 3 中学校が統合し 1 中学校（16 年に約 400 名）となった。また、商店数も 15 年に 179 店と最大時の 395 店（1968 年）の半分以下に、農業では農業就業人口や経営耕地面積の減少など、全体として縮小化が進んでいる。

その結果、人口減少、高齢化があいまって、住民同士の支え合いなど、地域のコミュニティが果たしてきた機能や活力の低下、生産年齢人口の減少による生産活動の低下をまねくとともに、幼児・児童・生徒の減少により、幼児施設や小学校の再編、学習環境の低下等が懸念され、また伝統芸能や伝統行事などの継続が難しくなる恐れがあった。そして、人口減少や産業規模の縮小に伴う税収等の減少の中で高齢化による社会保障関係経費の増加への対応が求められることなどの課題が挙げられた。

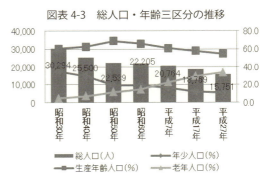

図表 4-3　総人口・年齢三区分の推移

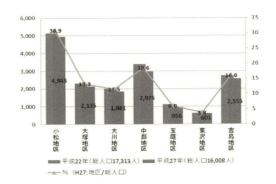

図表 4-4　地区別の推移と比率

しかし、こうした課題を行政だけで解決することは困難となっており、行政と住民が一体となって進める協働のまちづくりが求められるようになった。

第 4 章　地域の自立をめざす「社会的空間」

　　課題解決のためにどのようなアクションを起こしたか
■まちづくり基本条例の制定と第 4 次総合計画の策定
　こうした中で、住民と行政が情報の共有化を図り、互いに信頼し、連携しながらまちづくりを進める「協働のまちづくり」に向けてさまざまな施策を展開した。ポイントとして、地区公民館（7 地区）及び中央公民館への町職員の配置（〜 2001 年度）、地区公民館を公設民営化に移行（地区の社会教育団に管理等委託）、まちづくり基本条例の制定（04 年 6 月）、地区公民館への指定管理者制度導入（06 年度〜 08 年度）、第 4 次川西町総合計画の策定（06 年度）、地区公民館のコミュニティセンター化（地区交流センターへ、09 年度〜）、第 5 次川西町総合計画の策定（16 年度）等の推進が挙げられる。特に、まちづくり基本条例の制定と第 4 次総合計画の策定が、その後の川西町地域づくりの基礎となる。

　まちづくり基本条例では、「まちづくりは、町が地域経営の責任を的確に果たすとともに、町民一人ひとりが住民自治の精神を再認識し、自ら考え、行動することによる『パートナーシップによる協働』が基本である」として「情報共有の推進」、「まちづくりへの参画の推進」、さらに、地域の自治確立と諸活動の支援に向けた「地域コミュニティと地域自治」について明らかにしている。

　また、第 4 次総合計画（06 〜 15 年度）では、『発見・協働・実現から「地域再生」』をテーマに「地区経営母体」の設立と地区ごとのまちづくり計画としての「地区計画」の策定を位置づけるとともに、職員の地域担当制の導入や地区交付金制度を導入し、特色ある地域づくりをめざすことになる。

　　地域の豊かなくらしづくりへの自立的「社会的空間」づくり
■地区交流センターへの移行と地区経営母体の設立、地区計画の策定による多様な地域づくりの展開
　第 4 次総合計画を受け、地区公民館のコミュニティセンター化への検討が始まり、09 年度より地区交流センターとしてスタートし、その指定管理者を「地区経営母体」に指定することになる。この「地区経営母体」は、地区の全戸参加を基本とし、自治会や各種団体、公民館が参加、協力し組織され、自主自立による地域経営のための

意思決定機関、自治活動の運営責任、地区計画の策定と推進、交付金などの使途決定権限等の役割を担うもので、特に「地区計画」を策定し、行政の「地域自立支援制度」と一体となり運営が進められている。そして、この各地区の経営母体は、協議会方式やNPO法人「きらりよしじまネットワーク」のように特色ある運営を行っているものがあり、東沢地区の山村留学などの他、地域コミュニティや環境整備、地域資源を活かした産業振興、人づくりなど多様な地域づくりに取り組んでいる。

■地域自立支援制度の確立による継続的で自立的な地域活動の推進

図表4-5　各地区の地区経営母体と主な事業

地区名	指定管理者 （地区経営母体）	主な予定事業 （従来の公民館事業以外）
小　松	小松地区地域振興協議会	自主防災体制整備／子育て支援／駅舎利活用／商店会活性化対策／おまつり関係／歴史保存ほか
大　塚	大塚地区社会を明るくする協議会	世代間交流／健康づくり推進／自主防災活動／交通・防犯対策／環境美化／児童クラブほか
犬　川	いぬかわ振興協議会	下小松古墳群環境整備／地区祭／児童見守り活動／除雪ボランティア／介護予防／防災研修ほか
中　郡	中郡地区社会教育振興会	環境美化／除雪ボランティア／世代間交流／文化伝承／サイクリング探訪／地域交流／児童クラブほか
玉　庭	玉庭地区交流センター 四方山館	環境美化／高齢者活動支援／魅力発見活動／販路拡大活動／ふるさと雇用再生／学童安全活動ほか
東　沢	東沢地区協働のまちづくり推進会議	春・夏祭り／地域介護予防／自主防災活動／地域間交流／グリーンツーリズム研究／山村留学ほか
吉　島	特定非営利活動法人 きらりよしじまネットワーク	自主防災／地域間交流／地域まつり活性化／産直事業／買物支援／地域環境保全／学童クラブほか

　こうした各地区の「地区経営母体」による活動を支えるために、行政では地域自立支援制度を確立した。それは、財政的支援（地域支援事業交付金）、人的支援（地域担当制による地域づくりの推進、地区計画の策定、各種助成事業の活用アドバイス等）、体制支援（地域づくり連絡協議会、支え合いのまちづくり会議、地域支援調整会議）などであり、地域と行政による継続的な地域づくり活動へと繋げている。行政の地域支援のあり方、関わり方について示唆に富むものである。

第4章 地域の自立をめざす「社会的空間」

図表 4-6 地域自立支援制度

区分		内容		
財政支援		●協働のまちづくり地域支援事業交付金(約160万円/地区) 【目的】地区計画推進のための一括交付金 ●地区交流センター指定管理料(約1100万円/地区) 【目的】活動拠点と事務局経費(人件費)		
人的支援		●地域担当制 【任務内容】地区経営母体設立支援、地区計画策定・推進支援、地区交流センター管理運営支援、町との連絡調整等 【体　制】1地区2人制(正副担当制) ※課題に応じ体制を変化過去には1地区1人制、2グループ3人制		
体制支援	名　称	地域づくり連絡協議会	支え合いのまちづくり会議	地域支援調整会議
	目　的	地区計画に基づき住民主体の地域づくりを展開している各地区経営母体と町が連携を図り情報を共有し、共通する地域課題を解決	地区と町が効果的な連携を図り、お互いの情報を共有し、協働、連携して各種事業等を推進	各地区が自主自立による地域づくりに向けて、町民と行政の協働のまちづくりを構築していくための課題を解決
	所掌事務	(1)各地区地域づくりの情報及び意見交換 (2)各地区の地域づくり事業の報告 (3)協働で実施できる地域づくり事業について提言 (4)その他	(1)地区と町の地域づくり事業の情報、意見交換 (2)地区と町の協働実施する事業の連携方策検討 (3)その他	(1)情報の提供及び共有に関すること (2)課題の解決、協議に関すること (3)地域支援プロジェクトチームに関すること (4)その他
	ねらい	「地区間」の意見交換・報告等を通して地区事業のレベルアップ	「地区と行政」の意見交換・研修等を通して地区職員のレベルアップ	「行政内部」で地区課題等の解決
	構成　町	副町長、 まちづくり課長（事務局長）	全主幹級職員 （事務局長：まちづくり課地域振興主査）	会長：町長、 副会長：副町長・教育長 委員：全課長級職員 事務局長：まちづくり課地域振興主幹
	地区	代表（センター長）、事務局長、役員1名	全事務局長	―

（増田 勝）

【参考文献・出典】

川西町資料：各年度統計書、まちづくり基本条例、第4次総合計画、川西町の協働によるまちづくり他

2 「社会的空間」づくりの具体的な試み

(2) 地域内分権の成果を地域全体に広めていく

> 課題の構図
> 　地域づくりの活動の内容とアプローチは様々であるが、困りごとから人の好循環をつくり、その活動の持続と拡大のための仕組みが重要になる。ここでは、広島県安芸高田市を事例として、住民自治の地域づくりと合併を契機にその地域内分権の仕組みを全市域に広めていく試みについて紹介する。
> 　安芸高田市は、広島県の中北部に位置する中山間地域で、人口約3万人、面積は538.17㎢である。2004年3月に旧高宮郡6町の合併により誕生した。隣接する広島市への通勤・通学者が多く、広島経済の影響を受ける一方、人口減少と高齢化が進行する過疎地域であり、農業や商工業全般に生産力が低下し、地域経済は停滞している。生活基盤の整備水準に格差があり、財政力も弱体化するなど、厳しい地方中小都市の現状がある。合併協議では、こうした厳しい
>
>
> 「安芸高田市」参加6町
>
> 状況を背景に、将来の財政上の厳しさから合併やむなしとしながらも、地域格差を懸念する多くの意見が出され、合併の条件として、地域を支える仕組みの再構築が求められていた。

過疎・高齢化と合併に伴う地域格差などの懸念が契機となる

　安芸高田市は過疎地域に指定されており、特に旧高宮町などの山間部を中心に、1960年代から人口減少や高齢化が顕著となり、集落のコミュニティと生活の利便性の喪失、地域の将来への危機感が高まっていた。こうした中で、旧高宮郡6町の合併を決意するが、中心から遠い周辺部の地域づくりは取り残され、住民の要望や提案が行政に届かなくなることを懸念する意見が各地から出る。合併による地域内の

地域格差などの顕在化を危惧し、本格的な人口減少、深刻化する財政問題が一層の合理化を迫り、公共サービスのあり方を見直すなど、地域を支える仕組みの再構築が課題として浮かび上がった。

旧高宮方式をベースに新市として安芸高田方式を構築する

旧高宮町では、1970年代からの川根地区の先取的な試みなどを踏まえ、全域に8つの地域振興組織を設置し、コミュニティや生活の利便性の維持・向上などに努めていた。小さな集落をまとめて、振興組織に再編して大きな地域の力にし、住民自治の地域づくりを展開した。旧高宮郡6町の合併では、この旧高宮町のような仕組みがあれば、地域格差などの問題に対応できると考え、合併の条件として旧高宮町方式を全市で採用し、新市としてその体制と仕組みを整えた。人口減少、財政の逼迫、公共サービスの多様化・複雑化を背景に、単独の行政主体の活動では限界がある。住民自ら地域の問題・課題の発見、解決に取り組み、住みやすい地域づくりと地域の自立をめざし、旧高宮町で培ってきた、地域内分権の試みを市内全域に展開することとした。

将来に対する強い危機意識が住民の結束を高め、地域を動かす

地域づくりのテーマは様々であるが、一般に地域の生活や営みに係る困りごとなどから、将来を危惧する意識がその活動につながっていく。

安芸高田市のモデルになった旧高宮町の川根地区の地域づくりは、集中豪雨による水害を契機にして過疎化と高齢化の危惧から始まる。旧高宮町は安芸高田市の北部、島根県との県境に位置する山間のまちである。川根地区はその最北の地区で、最も居住条件が不利な地域と言われ、過疎・高齢化が急速に進み、地域の存続が危ぶまれていた。1972年7月、集中豪雨による水害が発生し、その災害復興への決意と過疎化、高齢化による将来への危機感から、同年に「自らの地域は自らの手で」をスローガンに、有志による川根振興協議会（せせらぎの会）を結成し、災害復旧活動を実施した。そして、住民相互の連帯と活力あふれる地域づくりを推進するために、1977年に川根地区全戸加入の組織化を図る。こうしてはじまった振興会の取

り組みは、農地保全から移住促進、商業施設経営や生活交通の確保、さらに交流拠点施設「エコミュージアム川根」を核とし

図表4-7　川根振興協議会の活動

自然を活かした交流のための環境整備	エコミュージアム川根の整備提案と運営／ホタルまつり、せいりゅうまつり／水生生物に配慮した多自然型河川・水路の整備と修景化／自然体験学習等のプログラム
日常生活維持のための環境整備	一人一日一円募金／農協撤退から住民出資によるふれあいマーケットの運営／川根小学校存続のためのお好み住宅／環境整備作業：道路・水路等／かわねもやい便（市町村運営有償運送事業）
地域の生業と環境（農地）の維持	農業生産活動を通じた生業づくり～農のある空間の維持（「営農環境委員会」と「農事組合法人かわね」との連携）

た交流活動など、全て「地域で当たり前に生きていく条件づくり」として魅力ある「社会的空間」づくりが展開されている。

この川根地区の試みが、同様に将来の危機意識を持つ旧高宮町内全域に地域内分権の仕組みとして展開し、さらに新市－安芸高田市全域に普及した。

先取的な地区の試みと組織化のメリットを実体化し、全市域に広げる

地域づくりの萌芽を発見し育み、それを他の地域に波及させ、全市域に普及させていくためには、先取的な地区の試みを注視し、それを有効に波及させるための地域内分権の仕組みを整え、戦略的な手立てを講じる必要がある。

旧高宮町では、1980年に児玉更太郎町長の就任後、川根振興協議会などの活動を踏まえ、1983年までに町内全域に8つの地域振興会を誕生させた。「住民自治のまちづくり」を町政の最重要課題に掲げ、地域振興会活動の支援を行政の重要な業務として周知徹底を図る。住民意識改革に向けて、地域振興懇談会や全町公園化構想の策定と事業実施、まちづくり活動支援制度の導入、職員の意識改革と振興会での活動奨励、まちづくり学習会の開催などを展開した。特に、地域振興懇談会は1981年から振興会単位で開催し、住民と行政の信頼関係の構築に大きく貢献した。また、全町公園化構想は、各地域振興会の計画を行政の施策に取り込み実現を図ったもので、活動とその整備施設・空間を実体化することにより、住民に振興会の設立意義を強く意識づけた。全町公園化構想のテーマは「これからの農村は美しくなければ生き残れない」として農村空間の美しさに拘り、①タウンセンターの創出、②町内各地域の特性を生かした拠点施設整備、③快適な地域環境の形成や田園風景づくりの

3つの柱から構成されている。この構想のエコミュージアム川根などの8地区の主要プロジェクトは10年間で実現された。各施設は、計画から完成後の運営まで行政と住民の協働で進めたことで、住民意識が醸成され、住民主体の運営を容易にしている。

図表4-8　全町公園化構想の主な活動・事業

振興会名	主な活動、事業
川根振興協議会	エコミュージアム川根を中心とした自然にやさしい地域づくり、ゆず加工、鮎の里づくり、あじさい公園
下佐振興会	佐々部の柿の木、音（太鼓）のまちづくり、宮鶴物語伝説の里
志部府親交会	船佐逆断層（天然記念物）、面山森林公園、歴史と山菜の里
羽佐竹振興協議会	香六ダム公園、原山・鍋石高原牧場、観光りんご園
上佐一心会	タウンセンターづくり、高齢者生産活動センター
船木振興会	フルーツランド構想、和牛試験場公園づくり
房後連絡協議会	ゴルフ場の地域振興への活用、女性・高齢者のふるさと産品づくり
来原コミュニティ連絡協議会	広島ニュージーランド村、虹の家族村、原田はやし田、神楽、たかみや湯の森

出典：高宮町第3次長期総合計画より作成

　旧高田郡6町は2001年1月に県内初の広域連合を形成し、これを契機に合併の機運が高まり、同年6月に任意協議会を発足し、合併協議がはじまる。協議では、地域格差などの懸念から、「パートナーシップによるまちづくり」を柱とした理念を掲げ、旧高宮町方式の仕組みを全市で採用することを決定する。旧高宮町の実績と、既に旧美土里町や旧吉田町にも前身となる地域組織があったこともあり、決定に大きな反対はなかった。2001年以降各町で順次全戸加入の地域振興組織が設立され、新市誕生時にはほとんどが組織化された。新市長は旧高宮町の児玉町長が務め、政策の連続性が確保された。

協働による豊かな地域づくりのための制度・仕組みをつくる

　地域振興組織の設置状況は、市全域に32組織が設置され、その各振興組織の連携を図るため、旧町単位に6つの連合組織が設置され、各支所が事務局となって支援している。さらに、地域振興組織の代表を中心にしたまちづくり委員会を設置し、各振興組織活動の継続と充実に向けた相互連携・情報交換、まちづくりの各種計画策定への参画と調査研究、各課題に対する活動提案、行政への施策提言などを担っている。また、地域振興組織の活動を支える制度としては、まちづくり委員会の設置条例の他、地域振興基金、交付金・助成金、各施設の管理などの条例、要綱による個別のルールで対応している。

図表 4-9　協働のまちづくり概念図　　図表 4-10　住民自治組織図（川根振興協議会の例）

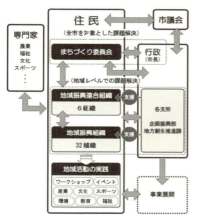
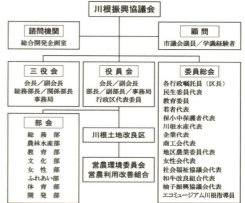

出典：市ホームページより作成　　　　　　　出典：市ホームページより作成

住民自治の地域づくりから未来の豊かな地域空間の創造へ

　安芸高田市ではこのような地域内分権により、地域振興組織活動を育成支援し、協働のまちづくりを進めている。市全域の32組織はその規模も活動の歴史や内容も様々である。集落を基本に大字や小学校区を主な単位とするが、50戸から2,000戸程度まであり、内容も、防犯、防災、伝統芸能の継承、都市住民との交流、イベントなど組織ごとに多岐にわたり活動の熟度も異なる。

　2007年12月に実施した「住民自治意識に関するアンケート調査」（安芸高田市・県立広島大学、配布数1,300、回収数454、回収率35%）では、総合的な地域の住みよさの評価で、中

図表 4-11　総合的な地域の住みよさ

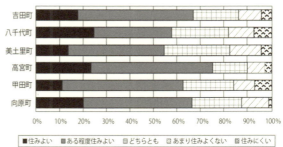

出典：住民自治意識に関するアンケート調査結果より作成

79

心の吉田町に比べ、都市機能や生活利便が劣位にある高宮町で高い評価が認められた。中心から離れた地域でも、住民自治のまちづくりにより、住みよさを高められることが窺われる。将来の危機意識から始まった地域振興組織活動、その住民の主体的活動の継続が、独自の「社会的空間」を育み、住み続けるための誇りと自信を醸成し、未来の豊かな地域空間の創造につながっていくと考える。

(田所　寛)

【参考文献、出典】
児玉更太郎他3名「高宮町・地域振興会方式と町長・児玉更太郎」公人社 2011年3月
総務省「安芸高田市（広島県）地域振興会を主体とした地域経営」
藤目節夫「広島県旧高宮町のまちづくりと住民自治」
安芸高田市「川根振興協議会の取り組み　安芸高田市の概要」2013年2月

（3）都市型限界コミュニティの再生とエリアマネジメント

> **課題の構図**
>
> 　地域づくりにおいて、ソーシャルネットワークの形成が重要になる。ここでは、東京都ひばりが丘団地の都市型限界コミュニティ再生の試みを紹介する。1958年、東京都心から約 20 ｋｍ圏の西東京市、東久留米市に住宅戸数 2,714 戸の UR 都市再生機構最大の住宅団地「ひばりが丘団地」が誕生した。市役所出張所、商店街、学校、スーパーマーケットなどを団地内に擁するマンモス団地で、「中層階段室型住棟」と呼ばれる典型的「公団モデル」の住棟が建ち並ぶ様は、モダンで最先端としてもてはやされた。コミュニティづくりをめざして、子育て・保育の地域課題を解決する自主運営の子育てサークル、施設利用のルールづくり、祭りや収穫祭など活発な活動が展開された。当時の住宅公団は、永続的に住み続けると想定しておらず、入居者にしても住宅双六で「賃貸住宅からステップアップして分譲マンションを経ていつかは戸建住宅に…」といったプロセスを思い描いていた。現実には住み続ける住民が多く、その結果、高齢二人世帯、単身世帯が増加し、空室も増え、転居したくても転居できない居住者の高齢化が進み、築 50 年が経過する頃から、都市型限界コミュニティと化した。

ひばりが丘団地にどのような困りごとが生じたか

　都市型限界コミュニティと化した団地では、支援がなければ自立が困難な高齢世帯の増加、高齢者の見守り、買い物・医療難民問題など、高齢化による自助力の低下、同居が困難な居住環境による家族共助の低下に起因する様々な社会問題が惹起されていた。当時、最先端としてもてはやされた居住環境は最悪の居住環境に化したのである。

　一方、専有面積 40 ㎡前後と狭小で、エレベーターもなく、設備水準の低下、バリアフリーの不備は、高齢者には使いづらい居住空間となっていた。空き室の増加に伴う防犯問題、構造物の老朽化に見舞われ、構築物自体の機能更新問題が喫緊の

課題となっていた。

このように、人口減少、少子高齢化社会を迎え、不良な住宅ストックが過剰になってくるのと相俟って、居住ニーズからの乖離が年を追うごとに大きくなり、空室も増え、転居したくても転居できない居住者による高齢化が進んできた。

その改善を行うためUR都市再生機構によるストック再生・再編にシフトした、多様な世帯を呼び込む都市型限界コミュニィ再生事業が検討された。

課題解決のためにどのようなアクションを起こしたか

2004年からUR都市再生機構により、都市型限界コミュニティと化したひばりが丘団地の「社会的空間」の再生と地域資源を活かした環境にやさしい、「物理的空間」の最適化に向けた団地再生事業が進められている。

その戦略として、敷地の約60％をUR賃貸住宅として、既存住棟を活用して居住ニーズに合わなくなった階段室型住棟にハード・ソフトの両面からの再生や付加価値の高い高層住棟に再構築する。一方、建て替え事業によって生み出された約40％の土地は、民間事業者に用地を売却して、戸建住宅、集合住宅などを分譲することを基本に、ひばりが丘団地の一体的な土地利用計画の下、地区計画制度を用いた団地再生事業がはじまった。

「物理的空間」の最適化では、「団地に継承されてきた資源を活かした地域づくり」

図表 4-12

「1955年頃の団地」　　　　　　　「2015年9月の団地」

出展：UR都市再生機構ひばりが丘団地・団地再生事業

と「多様な世代が安心して、活き活きと住み続けられる地域づくり」をコンセプトにして、以下のような、団地再生事業を推進している。

①地域の財産である美しい並木や既存樹林を継承した土地利用、緑地保全。
②賃貸型既存住棟の一部は、減築やアクセス改修によるイメージアップ。
③エレベーター設置やバリアフリー化による高齢者自立支援住宅へ再生。
④既存住棟を活用して居住ニーズに合わなくなった階段室型住棟にハード・ソフトの両面からのリノベーション。
⑤付加価値の高い高層住棟に再構築して、居住スペースの拡張によるファミリー世帯を対象とした住戸の整備。
⑥民間事業者によるライフステージに応じた、戸建て住宅、高層住宅の供給。
⑦住民の高齢化の進行を背景に、地域における在宅介護・医療拠点の整備。
⑧子育て支援、高齢者支援施設、コミュニティ施設などの整備による少子高齢化に対応した社会装置などの課題解決を図る。UR都市再生機構は、住宅団地の再生・再編をドラスティックに進めることで居住者の平均年齢を引き下げ、多様な世帯の混在を実現し、少子高齢化社会を見据えた、「物理的空間」の最適化を進めた結果、安全安心の地域空間の再生を実現した。

多様な主体との協働で進めるエリアマネジメント

　ひばりが丘団地の再生・再編事業の進展に合わせて、2015年度から、住民、民間事業者、UR都市再生機構、地域関係者が協力してエリアマネジメントの取り組みが進められている。エリアマネジメントとは、地域における良好な環境や地域の価値を向上させるための住民、民間事業者、地権者などによる主体的な取り組みである。

　本格的な人口減少、高齢化社会の到来、地域空間や地域活力の変化などに対応し、住み続ける地域にしていくため、将来にわたり地域の魅力が向上し、価値が増幅する地域に育てて行く。事業パートナー方式により、民間事業者との連携の下、継続的にエリアマネジメントに取り組む仕組みづくりを行った。エリアマネジメントの対象区域は、UR都市再生機構の賃貸住宅地区と民間事業者の分譲住宅地区を含めた、約34haである。UR都市再生機構と事業パートナーで構成される団地再生協議会

の中で、基本的枠組みとして次のような取り決めが行われている。事業者がエリアマネジメントを実施する組織を設立する。その後、決定した街区の事業者は、同組織に参加する。各開発事業者は、同組織へ一定の負担金を拠出する。入居者は、月額300円のエリアマネジメント会費を負担する。UR都市再生機構は既存テラスハウス（118号棟）を運営拠点として提供することを前提に、2014年6月にエリアマネジメント組織である、一般社団法人「まちにわ　ひばりが丘」が設立された。

人と人とのつながりを創出する「まちにわ　ひばりが丘」

地域の困りごとから出発し、つながりの好循環をつくるために、新旧住民を含めた地域全体のコミュニティ形成や地域の活性化、地域課題の解決などをめざして活動する。その活動拠点として、2015年11月14日、エリアマネジメント活動の拠点となる「ひばりテラス118」がオープンした。その運営業務は、民間企業、HITOTOWA INC に委託している。

今後のタイムスケジュールとして、「まちにわ　ひばりが丘」の理事会は、当初は民間事業者が理事を、UR都市再生機構が監事を務めて運営しているが、2020年からは住民に移管する。まさに、新旧住民、賃貸・分譲住宅住民が一体となった、地域コミュニティ再生による新しい「社会的空間」づくりの実証実験がはじまっている。

「まちにわ　ひばりが丘」のミッションは、「子供から年配の方まで、安心して活き活きと愛情を持って住み続けられる街にしていくこと」、「住民のコミュニティ形成と地域の活性化を推進し、協働で地域の課題解決に取り組む街にしていくこと」、「防災・防犯、緑豊かな環境との共生、歴史・文化などについて学びながら、新しいライフスタイル展開されていくまちにしていくこと」を地域活動の根幹に掲げている。その具体的な活動内容は、今回オープンした活動拠点「ひばりテラス118」の運営、季刊誌やメールマガジン、Webサイトなどを通じた情報発信、イベントやワークショップの企画、地域イベントのサポートを通じて、新旧住民による新しいコミュニティとつながりのネットワークを創出する。地域の内外からボランティアスタッフを募って「まちにわ師」と名付けたチームをつくり（2015年度のまちにわ師養成講座第1期生の修了生は12名）、ひばりが丘団地住民と協働で様々な地域づくり活

動を行っている。その役割は、「まちにわ　ひばりが丘」の仕掛人らと「まちにわ師」とが、住民を巻き込んで、つながりのネットワークをつくることである。

住民とコミュニティ形成の仕掛け人の連携による「社会的空間」づくり

　2015年度の「まちにわ　ひばりが丘」の活動が、地域住民にどのように受け止められ、どのような効果を生んでいるのか。また、今後の活動の中でどのような課題が存在しているのか。これらを明らかにするため、ひばりが丘フィールズ1番街、2番街の住民を対象にアンケート調査（期間2015年12月、回収率35.9％、配布数283）が実施された。アンケート調査から「ひばりテラス118」は、交流の場、憩いの場、情報発信の場として期待されていることが伺える。「まちにわの認知度」は、「知っていた、存在は知っていた人」は93％で、「まちにわの運営の参加」については、「参加したい人」が16％、「参加しない・出来ない人」が45％と自らが主体的に地域づくり活動へ参加する意向は少数に止まっている。また、「ひばりが丘は自分のまちと感じるか」の質問に対して「そう思う・まあまあそう思う」と答えた人は、51％回答を得たことは、入居して間もないのに生活環境の充実やコミュニティ形成の取り組み姿勢が評価されていると思われる。

　メディア掲載情報を上手に活用し、特にFM西東京では継続的に「まちにわ　ひばりが丘」のスタッフがコーナーを担当し、近隣の団体や地域内での子育て、高齢者の見守りなど困りごとの解決や趣味のサークル活動などを通じた、人と人とのつながりのネットワークが徐々に形成されてきている。そこには情報化・ネット社会を見据えた創意工夫による「社会的空間」づくりの仕掛けが窺える。

（長瀬光市）

【参考文献・出典】
UR都市再生機構「ひばりが丘団地　団地再生事業」(2016年3月)

（4）住民を主体とした地域づくりを支える地域経営の仕組み

> **課題の構図**
>
> 　社会的空間づくりをめざすアプローチは実に様々であるが、その活動を支える地域づくりの仕組みが重要となる。高度経済成長時代、生活が豊かになり、ライフスタイルが多様化したことで、身近な市町村に対する住民要望が高度化、専門化し、その声に敏感に行政は対応してきた。その後、低成長時代に入り、地方分権一括法が 2000 年 4 月に施行され、平成の市町村合併が終わると中山間地域の人口減少に拍車がかかり、我が国全体が人口減少、高齢化局面に入った。
>
> 　しかし、財政状況の厳しい今日では、ますます高度化、専門化する住民ニーズへの対応に限界が見えてきた。一方、人口減少、高齢化により地域の自治機能が低下し、社会関係資本の蓄積を脅かすリスクが生じてきた。合併により、行政面積が拡大し、周辺部の住民の声が届きにくくなり、人口密度の低下は様々な「物理的空間」の維持を困難化させている。自治体は、このような矛盾した課題に挑戦するため、住民自治を推進し、地域の自立による「地域課題を地域住民が解決する」ための地域経営の仕組みづくりが課題となっている。

市町村でどのような困りごとが生じたか

　市町村合併や中心都市への人口集中などにより、効率的な行政経営の可能性が高まる一方で、住民と市町村との距離感が遠くなり、住民自治が形骸化する問題が意識されるようになってきた。高度経済成長以降、地域コミュニティを支える地域運営組織は、行政の政策を住民に伝播し、一斉活動を促す行政の下部組織的な役割となり、自治機能を喪失させてきた。

　一方で、1990 年代半ばからの地方分権改革のなかで、国から自治体への権限移譲によって、団体自治はある程度強化されてきたが、住民自治の醸成や充実はこれからが本番となる。そのような状況下、急速な人口減少、高齢化の波は地域社会を直撃し、消費・医療・交通難民などの地域問題が惹起されてきた。しかし、地域住民は、

このような地域課題から目をそらすわけにはいかず、生活やくらしを守るために「地域の困りごとを地域住民自らが解決する」という活動から、つながりのネットワークを再編し、住民の協働活動が活発化することにより、社会組織の重要性が高まり、住民が主体となった地域経営共同体としての仕組みが徐々に整い、豊かな地域づくりへと深化しはじめてきた。

課題解決のためにどのようなアクションを起こしたか

　本章で取り上げた、広島県安芸高田市、山形県川西町も、「地域内分権」や「住民自治」の充実を強く意識した自治体の一つであり、住民の意思に基づき、地域構造や地域特性を踏まえ、固有性や独自性を重視、尊重し、地域経営を支援していく地域分権的発想に依拠し、「地域のことはそこに住む住民が決められる社会」の実現をめざしていく動きである。

　こうした考え方は、行政組織などの単独の主体の活動のみで、サービスを提供するには限界がある。そのためには、多様な主体による豊かな地域づくりが推進される、協働・共創を実現する地域経営を推進する必要がある。

　住民に地域づくりの推進や計画づくりの予算と権限を付与し、地域課題を住民自らが考え、自らの判断で解決に向けて取り組むことである。地域の事情に応じた活動を住民主導で行い、市町村が支援する立場に変わることが、行政への依存の高かった地域において従来と大きく異なる点である。

　地域の自立と持続性を前提に、住民と行政の役割分担を基本とした「補完性の原則」を踏まえ、地域経営共同体としての自治機能を強化するために、地域固有のルールを「条例」という自治体の最高法規範を用いて実現していく流れといえる。

　大局的には、全国の自治体で、住民自治の充実と分権型社会の実現に向けた歩みが進んでおり、地方政府の確立に向けた流れを形成してきている。例えば、地域経営は自治体の最高法規範を用いて実現した自治基本条例、まちづくり条例などや、住民自治、住民の自立を促進するための前提となる情報公開条例の制定、政策形成過程の透明化を図るパブリックコメントの導入、様々な住民参加の手法を駆使した、住民の創意工夫や実践を活かした地域づくりの推進が行われてきている。また、自

治体の行政経営も縦割り行政から住民本位の総合行政へ向けて、能動的な担い手としての職員の育成、NPM の発想（New Public Management）に基づく経営手法の導入、顧客起点・成果志向による生産性の向上など、住民自治の充実に向けた取り組みが行われてきた。

具体的な動きとしては、2000 年 12 月、北海道ニセコ町では「ニセコ町まちづくり条例」を制定し、自治体の最高法規範としての位置づけのもとに、まちづくりの基本理念や住民がまちづくりの主体であること、情報共有と住民参加の重要性、行政と議会との関係、住民参加の仕組みなどを定めている。こういった分権型社会をめざす自治体の改革の挑戦は全国へ波及し、「池田市地域分権の推進に関する条例」「滝沢市自治基本条例」「雲南市まちづくり基本条例」「川西町まちづくり基本条例」など、全国 305 自治体（2017 年 4 月現在）で制定されている。そして、自治体経営と住民自治を有効に機能させるためには、地域の住民が権限と責任を持って、知恵や創意工夫を活かした地域づくりを実現できることを保障することが求められている。

住民と多様な主体との協働による地域経営共同体の仕組み

地域運営組織（地域自治組織）による地域内分権に依拠した、地域経営共同体の仕組みには 3 つの流れがある。一つは、新潟県上越市、静岡県浜松市、宮崎県宮崎市、愛知県豊田市などのように地方自治法などに基づく地域自治区制度や合併特区（市町村がその区域内の地域に、市町村長の権限に属する事務を分掌させ、地域の住民の意見を反映させつつこれを処理させるため設置する自治・行政組織の一つ）を活用した地域内分権の取り組みである。二つとして、例えば、兵庫県宝塚市、大阪府池田市、岩手県滝沢市などのように、住民自治基本条例や地域自治のあり方を検討する総合計画形成などを契機に、独自条例と総合計画との連携による地域内分権の取り組み。三つとして、例えば、島根県雲南市、山形県川西町などのように、まちづくり条例や自治基本条例を活用して、地域運営組織による地域づくり活動、地域経営による地域内分権の取り組みである。

いずれの仕組みも意図することは、ア）財政逼迫から、従来の供給体制の延長線

上では、新たな社会課題に対応できない。イ）限られた経営資源を活用して住民と行政との協働・共創により地域全体で生産性を追求する。ウ）地域づくり活動を通じて生活環境のエリアマネジメントを構築することで、安心して幸せにくらせる地域社会を実現する。エ）喪失させてきた自治機能を地域復元力により、住民自治を再生することといえる。

地域内分権の仕組みと地域運営組織の実態

　地域内分権の一つの意義は、地域運営組織を中心に住民自治を進展させ、地域のことは地域の住民自らが権限と責任を持って意思決定できる自己決定権を保障することである。この視点に立てば制度として「住民参加による意思決定機能の保障」、「意思決定過程における議会と地域運営組織との関係性」、「予算策定権限」、「一括交付金制度」、「地域まちづくり計画の策定権限」、「活動拠点の運営管理」などを仕組みに織り込む必要がある。このような視点から、住民による「地域課題を地域住民が解決する」主体的活動に視点をあてた独自条例に基づく、地域運営組織と地域内分権の取り組みを考察する。

①都市部の独自条例に基づく地域運営組織と地域内分権

　池田市（人口103,000人）では、2006年4月に「池田市みんなでつくるまちの基本条例」を制定し、地域コミュニティによるまちづくり支援や総合計画を市政運営の基本とすることなどを位置づけた。更に2007年12月に「池田市地域分権の推進に関する条例」を制定し、小学校単位に11の「地域コミュニティ協議会（自治会、活動団体、NPOなどで構成）」を設立し、「自分たちのまちは自分たちでつくること」を目標に市民主体の地域づくりを推進している。また、課題解消を図るための活動事業を市に提案することによって、翌年度に事業化することができる制度を導入している。なお、予算提案権の限度額は、概ね800万円程度を上限に設定している。

　大阪のベットタウンとして池田市は、住宅開発されてきた経緯を踏まえ、新旧住民が一体となり、地域共同体としての自治会を重視し、新たな市民活動団体との協調、補完型コミュニティの形成を支援し、人口減少、高齢化社会を見据えた、住民主体の地域づくりをめざした仕組みとして大きな意義がある。

②地方の独自条例に基づく地域運営組織と地域内分権

雲南市 (人口 39,000 人) では、2008 年 11 月に「雲南市まちづくり基本条例」を制定し、42 の地域自主組織を核に住民が主体となり地域の課題解決に向け積極的に取り組む活動がすすめられている。地域自主組織は、概ね小学校区単位で編成されている住民組織で、自治会・消防団・PTA・老人クラブといった各種団体で構成されており、市域２９の交流センター(旧公民館) を活動拠点として、地域づくり、地域福祉、生涯学習（社会教育）の３本柱の分野を中心に、様々な活動を展開している。

地域経営改善の一環として、交流センターの施設管理も地域自主組織に任せようと、指定管理制度を導入している。更に、地域課題や地域サービスの担い手として、地域経営共同体機能を強化している。例えば、ア) 社会福祉協議活動の見直しによる、地域福祉サービス事業の委託。イ) 住民票の発行などの窓口サービスや市民バス回数券の販売の検討。ウ) 様々な助成金を廃止し、地域づくり活動交付金へ替え、その資金で困りごとを解決する活動を充実。エ) 中山間地域など、過疎化が進み、住民生活に支障を来している地域では、孤立しがちな高齢者への声かけや見守りを行っている地域自主組織が、市の水道局から検針業務を受託し、検針で回る訪問先の住民に声かけできる支援策も実施されている。

地域サービスの担い手、地域課題の解決主体としての地域自主組織の活動により、行政の地域サービスコストが縮減され、行政需要が減少する効果が現れはじめている。地域の課題を住民自らが考え、自らの決断で解決していく地域経営共同体を支える仕組みは大いに意義がある。このように、自治体の独自性、固有性を基に、一括交付金制度、指定管理制度などの PPP（Public Private Partnership）の考え方などを導入し、知恵と創意工夫をこらしたシステムが全国で動きはじめている。

(長瀬光市)

【参考文献・出典】
雲南市「まちづくり条例と運用」(2008 年 11 月)
雲南市ホームページ

第5章

生活の糧とくらしを豊かにする「なりわい空間」

●第5章の構図

　「なりわい空間」は、「人と仕事の好循環」と「地域内循環経済」を構築することによって実現し、具体的な姿は「時代の潮流と地域の固有性によって」多様である。人と仕事の好循環は「特定の資源の利活用」や「地域資源の再編成」「社会的空間との連携」によって生み出される。地域内経済循環は、「復元したなりわい空間の発展」や行政が中心的な役割を担う「戦略的な構図を共有した実践」によって起動することが期待され、生活環境や地域によって多様な空間を創出する。

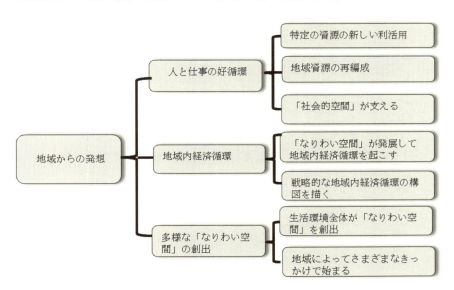

第 5 章　生活の糧とくらしを豊かにする「なりわい空間」

1　「なりわい空間」のめざす姿

（1）「なりわい空間」づくりの具体的展開

1）「なりわい空間」づくりへの挑戦

　第2章で、住み続けるためには、毎日の生活を支える「糧」を得ることが必須条件であるとして、地域経済とそれを支える雇用を生み出す空間のあり方の総体を「なりわい空間」と設定した。基本的な生活である「衣・食・住」のための経済基盤と、住み続けるための知識の獲得や各種活動、教育・文化活動などに掛るコストを満たす収入が得られる生活環境が求められる。

　少子高齢化と大都市圏への人口集中を内包した人口縮小社会は、特に地方都市において、それまで地域の人達の定住を支えていた「なりわい」の業態が、時代の流れに適合せず、収入を生みだすことが難しくなってきたことと不離一体である。担い手になるべき年齢層の地域からの流出と「なりわい」を支えている人達の高齢化による人的資本の減少が、協働によって維持されてきた伝統行事や地域コミュニティの相互支援等の社会関係資本を維持できなくさせてきた。更に、「なりわい」の後退は、それまで生活を支えていた農地や山林の劣化をもたらし、仕事場であった事業所や住居などの空き家・空き地化と合わせて、これまで蓄積してきた、地域の生活環境の魅力や固有性を喪失させつつある。

　このような趨勢は、生活と一体的な「なりわい」である農林業や漁業等の原資としての自然資本や人的資本、或いは住民の日常生活を支えている居住・商業・生活拠点などの人工資本、伝統や相互扶助・協働等の社会関係資本など、地域資源を構成してきた資本相互の補完性を崩壊させる。一方で、このような地域資源の相互の補完性の崩壊に対する再構築が、様々な地域ではじまった。これまで「なりわい」の原資となっていた資源を、時代の潮流に合わせて付加価値を増幅させる、地域外

の人的資本の力も合わせて地域が継承してきた「なりわい」を革新する、これまでとは異なる資源の利活用から新たな「なりわい」を創出する、「なりわい」の再生と合わせてまち並みの修復や新しいコミュニティビジネスを起業する等多彩な活動が展開されている。

2）「なりわい空間」づくりの戦略

実践されている活動の内容やプログラムは、地域の固有性に応じて様々であるが、「なりわい空間」づくりの戦略として、次のような共通点が見られる。

①地域を取り巻く身近な生活環境を構成する資源の再編成によって、住んでいる人達と仕事の好循環を作る。

まず、現状を踏まえ、地域における、「なりわい空間」の劣化の要因を検証すると共に、荒れた農地や山林等の自然資源、寂れた商店街や漁村などの事業所や空き家や空き地などの人工資源を、劣化はしているが地域の財産として再確認して、地域外の人達や団体などの視点も含めて、これらの資源を見直し、利活用の可能性を検討する。

利活用の方法としては、特定した資源の付加価値を高める、いくつかの資源のこれまでとは異なる新しい組み合わせを構築する、今までと全く違う発想で資源を利活用するなど、住んでいる人達が身近な資源との新たな関係を通じて仕事ができるようになる「なりわい空間」を創出する。

②「なりわい空間」が持続できる地域内経済循環を起動する。

「なりわい」は、本質的に閉鎖的な活動ではなく、地域を超えたネットワークにおける比較優位な産品やサービスによって収入を生みだす活動となる。地域間連携による生産・流通・消費の経済循環の中で、時代の潮流に対応した主要な経済活動を継続することによって、住んでいる人達の仕事を持続することができる。産品のブランド化や多角化、地域コミュニティの再生に伴って必要となる様々なサービスの付加価値によって、地域内経済循環の拠点となって行く。更には、「なりわい空間」の活力は、利活用する自然資本や人工資本に磨きをかけ、時代の潮流に応える固有性を創出して、交流人口（生産・流通・消費で訪れる人や観光客等）の増大を期待

することができる。そして、このような流れは、その地域で働きたい、仕事を生み出したいというような人達（関係人口）を呼び込み、彼らの力やアイディアも合わせて、新しい産品やサービスを創生する可能性を高める。又、広域的な経済循環の形成が、新たな「なりわい空間」として地域外に雇用の場を創出することも、総体として魅力的になった地域への居住を呼び込むことにつながる。

（２）「なりわい空間」づくりのめざす姿

１）地域資源を活かして人と仕事の好循環をつくる

　地方都市に於いては、人口流出と、残された地域コミュニティの高齢化が止まらない。一方で、第１章でも触れたように、時代潮流の一つとして、若い人達の中に、大都市で生活するより、このような地方都市で生活することに魅力（あこがれ）を感じる人の割合も確実に増加している。彼らは、地域で生活している人にとっては当たり前の自然資本や、人々の絆がもたらす伝統や相互扶助などの社会関係資本に新鮮さを期待しているようだ。

　多くの地方都市で、日常生活での困りごとを、地域の困りごととして、自分たちで解決して行くという活動の延長上に、住み続けるために必要な収入を得ることができる仕事への関心が高まってきた。そこでは、外発的な雇用の場が立地する可能性が極めて低い中、自分たちの生活を取り巻く身近な資源を見直し、利活用することに目が向けられてきた。

特定の資源を、新しい発想で利活用して「なりわい空間」に変える

　原点となるのは、今でも潜在的に残っている地域コミュニティにおける社会関係資本の復元力である。農地や山林などのこれまでとは異なる利活用によって、交流人口や関係人口も含めた地域の活性化を試行錯誤して、「なりわい」を創出していこうという活動である。対象となる資源は、遊休地化した農地や、地域の高齢化によって耕作不能になった棚田、市場性を確保できない山林、空き家・空き地が増加している中心市街地などである。更には、これまで「なりわい空間」ではなかった居住

地や歴史的な地域等で、所有や運営の継続が困難になってきた地域も多くなってきた。そして、このような危機は、大都市圏も含めた、かって郊外で開発された住宅地なども、居住地としての持続が危ぶまれることに及んでいる。

　新しい発想は、これらの劣化した資源を、付加価値を創出できる地域が継承してきた大切な財産として評価することからはじまる。同時に、地域に住んでいる人達だけではなく、地域外の人達や行政など、外からの視点を導入することも大きな力になっている。棚田なども含めた農地の地域外の人の利活用や交流人口への解放、森林資源としてだけではなく、自然資本としてのレクレーション的な利活用、中心市街地への商業活動以外の生活拠点施設の導入等が試みられている。空き家や空き地、或いは取り残されたかっての事業所などについても、多角的な利活用や住宅の多目的利用など、それらが建っている場所の地形や景観と、背景となる自然資本、今まで埋もれていた歴史的な価値などをあわせて、人工資本をリノベーションしながら、これまではなかった「なりわい空間」を形成していく。このような活動は、地域コミュニティの一部の人々による、一部の資源利用によって、先導的な「なりわい空間」づくりとして実践されている例が多い。

地域資源の再編成によって、新しい「なりわい空間」を構築する
　「なりわい空間」の劣化は、空間を構成する資源が、そこで生活してきた人達の仕事の原資としての役割が困難になり、「なりわい」の継続が困難になったことから始まる。このような現状に対して、いくつかの地域では、これまで身近な資源を利活用して仕事をしてきた人達が、時代潮流への対応を模索することがはじまった。これまで「なりわい空間」として、地域で継承してきた自然資本や人工資本を、地域の財産として評価し、時代に合った付加価値を見つけて行こうという活動である。地域が様々に変容しても、そこには、これまで「なりわい空間」を仕事の場としていた住民や事業者、企業・団体・自治体等が存続しており、基本的には、これまでの「なりわい」を新しい形も含めて復元していこうという目標を共有できる可能性がある。

　米作中心で休耕田となってきた農地を原資として、多品種生産や産品の加工まで

一貫して進める６次産業化、自分が所有する山林を、これまでの大量伐採ではない、自伐を基本とする生産・流通・消費への参画、商圏内の経済活動の衰退や人口減少に対応して、地域外の観光客等交流人口を呼び込むための商業・サービス機能の強化のためのリノベーション、などが進行している。ここには、「なりわい空間」の再構築を担う事業者や、企業・団体などの存在が重要な要素となっているが、中には、地域の伝統的な産業を継承しながらも、時代の潮流に対応して新しい業態に革新して、地域外も含めた経済循環の拠点となる「なりわい空間」も現れた。一方で、このままでは、人的資本や社会関係資本が衰退して、仕事を次代に継承することが出来なくなるのではないかという危機感から、農林業や漁業を担う関係者が、地域外の若者などと、体験やレクレーションを通じて交流したり、仕事に興味を持ってもらうことから始めている地域も出てきた。

　このような動きは、前述した資源の新しい発想による利活用が、どちらかと言えば、「なりわい空間」を構成する資源に注目してその付加価値を増進することを目指すのに対して、「なりわい」を担ってきた人達が、これまで蓄積してきた仕事を基盤として、資源を再編成し時代に適応できる「なりわい空間」に変容していく活動と言える。

地域コミュニティを再構築した「社会的空間」が「なりわい空間」を支える

　地域コミュニティの構成員の減少や高齢化は、それまで協働や相互扶助などで支えられていた地域の日常生活を変容させてきた。又、祭りや行事など、コミュニティの持続と住み続けるための基盤を危うくさせている。このような状況に対して「社会的空間」づくりが先行して、地域コミュニティの持続のためには、恒常的に所得を得るための「なりわい空間」づくりが重層的にはじまる例も多い。集落営農や森林組合の活動が、従来の分野を越えて多様な経済活動の基盤となっているところもある。逆に、商店街や郊外住宅地などでは、「なりわい空間」づくりへの関心が、「社会的空間」づくりの必要性を再認識させている地域も多い。

　一方で、日常生活で必要なサービスや技術を有償で提供する機会を生みだす教育・福祉・健康なども含めた公共的なサービスや技術提供も、個人や団体・企業が有償で行う機会も増えてきた。又、田園回帰と言われる趨勢に於いても、移住して、直

ぐに農・林業などで、生活に必要な「なりわい」とすることが難しい中で、若者など移住者が、経過的に、地域コミュニティで発生するサービスや技術提供で生活を支えているということも多い。更には、移住者の中から、情報発信や、交流など、これまで地方都市では見られなかった新しい形で、起業する人達も出てきた。

2）地域を豊かにする地域内循環型経済の形成

　地域内循環型経済は、厳密に定義するといくつかの要件があるが、ここでは、核となる仕事が、地域内、及び地域外を含めて、分野の違う産業も含めていくつかの産業と連関していくこととする。時代潮流に適応した、地域資源の付加価値の増進や資本の組み合わせの再編成などによって、地域内で動き出した仕事が、生産・流通・消費のサイクルの主要な核となり、それ自体が新たな雇用を生み出したり、連関する仕事を創発していくという状況も、少しずつではあるが、見られるようになってきた。

　そもそも、地域の「なりわい空間」を支えていた農林水産業も、自然資本から得られる産品の流通・消費に係わる、地域内に留まらない広域的な裾野の広い経済循環を構築していた。又、日常生活を支える商業や多様なサービス産業も、様々な技術やノーハウを持った人々の雇用を生み、夫々の活動を通じて、地域外の経済活動と結びついている。また、地域内に働く場が無くても、魅力的な固有性を持った住環境を構築し、それを持続して行く中から、地域内に教育・福祉・健康から文化に至るまでの、新しい仕事を創出する可能性を高めることも期待される。生活環境全体の魅力は、交流人口の増大を基盤とした観光のための「なりわい空間」となり、更に、地域で住みたい・働きたいという関係人口を呼び込み、新しい仕事を生みだしていくことが期待される。

復元した「なりわい空間」が発展して、地域内経済循環を起動する

　農林水産業などの産品は、より大きい市場性を確保することと、それを担っている人的資本の機動力の増進によって、地域内経済循環の可能性を高めていく。遊休地の利活用や、山林資源の利活用による「なりわい空間」の復元は、農産物や木材

第5章　生活の糧とくらしを豊かにする「なりわい空間」

などの市場性についてのマーケティングやそれに基づく事業主体の増強によって、産品の多角化や、製造加工などの付加価値の付与などと連動して、新しい仕事を創出し、雇用力を増していく。同時に、そのような活動に必要な人的資本を地域内で育成するとともに、地域外からも呼び込み、地域コミュニティの構成員を多様にして、今まではなかった「なりわい空間」を創出する可能性を高めていく。

　空き家や空き地、或いは取り残されたかっての事業所等のリノベーションも、不動産の運営や改築、販売などを含めた産業としての持続可能性が高まることによって、夫々の仕事も雇用を生み出す。伝統的な工法の復活などの付加価値も伴って、いくつかの地域では、古民家や歴史的に価値のある事業所等の利活用事業を柱とした、経済的に持続可能なまちづくり会社を創出して、事業を拡大している。又、地元の事業者や経済団体によるリノベーションが一定の効果を得た中心市街地では、地域で劣化した福祉や健康機能などの再構築のための拠点を整備する動きも出てきた。

　「なりわい空間」の復元は、「なりわい」を支える人的資本と社会関係資本の強化による「社会的空間」の復活や、移動や業務需要に対応した装置や設備の復元による「物理的空間」の再構築をもたらすことにつながることが期待される。そして、現在、まだ著しい活動を見ていないが、「なりわい空間」の復元は地域コミュニティの活力を増進し、そこで生活する多様な人的資本やライフスタイルをビジネスチャンスとするコミュニティビジネスを創出して、地域コミュニティ全体を「なりわい空間」としていく可能性につながる。

戦略的に、地域全体、更には広域的に経済循環の構図を描いて実践する

　農林業を原資とする「なりわい空間」は、地域に住む人たちの日常生活と不離一体であった。同様に、地域で継承されてきた工鉱業や地場産業も、地域住民の暮らし全体を支えてきた。「なりわい空間」の劣化は、地域コミュニティに住んでいる人達の経済的な暮らしだけではなく、自治会や町内会、祭りや伝統行事などの社会関係資本も劣化させてきた。又、このような絆の喪失は、高齢化と合わせて生活環境の安全・安心のための相互支援の力を弱めたり、空き家や空き地の発生と放置にも

つながって、生活環境全体の活力や景観などを劣化させてきた。このように、地方都市における人口減少は、雇用の場である「なりわい空間」の劣化が引き金となって、「社会的空間」や「物理的空間」の劣化を引き起こし、そこに住んでいる人達の、身近な資源を含めた生活環境全体の衰退をもたらしてきた。従って、地域や地方の創生は、まず「なりわい空間」の再構築が起点となって、それを戦略的に「社会的空間」や「物理的空間」の再構築につなげて行かないと持続しない。このような視点から、いくつかの地域では、住民等地域の関係者と、行政や企業・各種団体が連携して、創生のための理念を共有し、その起点となる「なりわい空間」の再構築のために協働している。

　伝統的に付加価値の高い農産品を、行政や関係団体が間断なく市場性を調査して、生産・流通・消費の流れの中で、採算性の高い生産計画を作り、それを事業者や個人が実践する。行政が、生産を支える住民・生産者が、豊かで充実した日常生活が送れる文化・教育・健康などの公共的サービスを整え、生活環境全体で「なりわい空間」を支える。あるいは、行政区域の過半を占める山林を住民の共有財産として位置付け、公共的な施設の建設に木を使い、材料としての木材の生産・流通・消費による「なりわい空間」を再構築する。更には、そのような木造建築が形成する街並みまで「木の文化」を代表する景観として、交流人口や関係人口を呼びこむための「物理的空間」にするとともに、住民が住み続けるための愛着の醸成を図る。また、木材の利活用による地域創生を先導する「なりわい空間」として、各地でバイオマスエネルギーの創出を核とした戦略的な取り組みが進んでいる。

　一方で、伝統的に付加価値の高い農産品などの特産品は、その生産・流通・消費を踏まえた「なりわい空間」だけではなく、夫々の地域が持つ固有性を代表する資源となる可能性を持つ。農産品そのものや加工品が地域内経済を起動する例に加えて、歴史的遺産や人工資源で構成される固有性を更に広げるために、農産品の原資である自然資本を田園風景として磨き上げ、都市的な固有性と合わせて、より一層交流人口や関係人口を増やすための「なりわい空間」とする。

　いずれにしても、このような経済循環は、その中から、当初予想もしなかった仕事を生みだして自然資本や人工資本を新しい「なりわい空間」に変容させたり、人

的資本を地域内で育てたり、地域外から呼び込んで、地域コミュニティそのものを「なりわい空間」として仕事と雇用を生み出すように変容させていくことが期待される。

3）時代の潮流と地域の固有性が多様な「なりわい空間」を創出する

　地域コミュニティが、これまで継承されてきた自分たちの生活環境を構成する資源に目を向け、これを時代の潮流に対応して最適化することによって形成される「なりわい空間」は、その地域の固有性によって様々な展開を見せる。基本的には、資源の再評価や新しい付加価値の創造という、身の丈に合った持続的な活動によって、着実に経済的な果実を育てて行くことが望まれるが、時代の潮流と、地域が蓄積してきた資源の固有性が、予期せぬ結果をもたらすことがある。活動主体となる地域経営共同体は、目標を定めた活動の確実な履行と共に、このような兆しをいち早くとらえる柔軟な感性、及び、迅速に対応できる機動力を備える必要がある。

安心して幸せにくらせる生活環境全体が「なりわい空間」を創出する

　広大な敷地を有する工場は海外に立地することが多くなり、更には、製造現場も多くの雇用を生む場所とは限らなくなった。働くことが多様になり、豊かな生活の基盤となるライフスタイルの中で新しい意味を求められてきた。事務的な仕事や研究・各種サービスなどにおける在宅勤務やサテライトなど、多様な就業形態が広がっている。「なりわい空間」の全国的、或いはグローバルな変容を受けて、情報関連の企業が、自然資源や住んでいる人達の社会関係資本で構成される生活環境を評価して、サテライトを開設した事例が大きな話題となっているように、地域にとって全く予想されなった仕事と雇用が発生する可能性も高くなってきた。

　心地よい場所でクリエーティブな気持ちで働くというような生活スタイルが増々強く求められる状況では、安心して幸せに暮らせる地域コミュニティと、魅力的な固有性を持つ空間で構成される生活環境全体の質が重要になる。経済的な立地条件だけではなく、その地域を好ましく思って仕事場を持ってきた企業や個人は、新たな地域コミュニティの一員として、仕事場の雰囲気や景観とともに、日常生活の豊かさなどにもこだわるかもしれない。空き家となった伝統的な建物や住宅を改造し

て仕事場にしたり、事業の拡張に合わせて、仕事場を追加して、まち並みの固有性に寄与する企業等も現われている。更には、自然資本や人工資本を使った、新しい健康やレクレーション活動などが、住んでいる人達が気が付かなかった資源の価値を再確認させて、新しい「なりわい」の創生への契機ともなる。

「なりわい空間」づくりは地域によって様々な契機ではじまる

　先進的な地域で始まったなりわい空間の再構築は、段階的に高次化していくというより、地域の住民が継承してきた伝統や住民相互の絆の強さや、これまでの物理的空間と不離一体であった日々の営みとしてのなりわいの業態の違いによって、様々な契機で復元が始まる。特定の資源を集中的に活かしていくことから始める地域もあれば、地域資源の再編成から始める地域もある。又、当初から、行政と住民が連携して、戦略的に地域全体の経済循環の構図を共有して活動が始まった地域もある。

　地域の困りごとの解決のために構築された地域経営共同体が、当面の対応に知恵を絞り活動していく中で、地域が持続するために、基本的な生活の糧を得るための所得が重要だと気付く。そこから、日常生活を支えていた「なりわい空間」を構成している資源に目を向け、その利活用や新しい編成に向けて、臨機応変に活動を開始して、地域コミュニティ自らが、持続的に安心して充実した暮らしをもたらす社会を創生して行くことが期待される。

（井上正良）

2 「なりわい空間」づくりの具体的な試み

（1）地域資源を活かした生活の糧とくらしを守る

1）地域の困りごとをなりわいに変えた集落営農組織

> **課題の構図**
>
> なりわい空間の原資であった地域資源が劣化して地域コミュニティを崩壊の危機に直面させている。島根県では、地域の先行きに強い危機感をもった県が主導して1970年代から集落営農を推進してきたため、各地に地域ごとの特徴をもった集落営農組織が生まれている。ここで紹介する（有）グリーンワーク（以下「グリーンワーク」）は、そうした取り組みの一つの事例である。グリーンワークは、人口減少と高齢化により耕作が難しくなった農地を維持するとともに、行政や農協の統合に伴う公的なサービスの縮小などにより生じた中山間地域の日常生活の困りごとの解決を業務として請け負った。放置すればさらに劣化し消滅してしまう農地という「なりわい空間」を集落営農により維持し、公的サービス撤退によるサービスの空白を新たななりわいとすることで「なりわい空間」を更新し、集落存続のための経済的な基盤を確保し、併せて、サービス事業を住民自らが代わって行なう自助・共助により「社会的空間」の再構築をはかろうという取り組みである。

減少する人口とともに増えて行く困りごと

島根県出雲市佐田町は、1956年、簸川郡窪田村と飯石郡須佐村が合併し、簸川郡佐田町となり、2005年、出雲市・平田市・多伎町・湖陵町・大社町と合併して出雲市佐田町となった。人口は、90年10月1日5189人が、17年3月末3479人まで

減少している。65年まで、一畑電気鉄道立久恵線の出雲須佐駅があった。その旧窪田村に5つの集落から成る飯栗東村地区がある。世帯数103戸（うち農家85戸）、人口358人、高齢化率41％。耕地は川沿いと山間の水田が主で、地区の全農地面積は約40ha、平均反別10a未満の典型的な中山間地域の集落である。かつては農業、林業、養蚕、和牛繁殖を組み合わせてなりわいとしていたが、現在和牛繁殖に取り組むのは数軒、大半が出雲市や松江市に勤める兼業農家である。

　高齢化と人口減少から農業の担い手が減り、地域の先行きに対する不安が広がっていた。地域の最大の困りごとは農業を継続できるのかということで、農業を取り巻く環境も大きく変わり、米の自由化、米価の下落とともに、兼業の「田植え休暇」「稲刈り休暇」が許されない時代になってきた。バブル経済崩壊後は、80年代に誘致した企業も1社を除き撤退した。それに加えて、高齢者の移動に支障が出る、農協の統合により育苗センターやライスセンターが操業中止になる、というような困りごとが地域に現れたが、それはさらに増えて行くと予想された。

地域の困りごとをなりわいに変えたグリーンワークの活動

　グリーンワークは、1998年、任意組織として発足、2003年8月、同地域の集落営農組織（97年設立のクリーン農園）を吸収合併し、資本金300万円、設立社員30名で設立された（現在は出資社員数32名、常時雇用者7名（うち2名がIターン者）、資本金1920万円）。現在の事業内容は、農業生産（水稲直営22haでコシヒカリなど生産、トマト樽栽培4a、トルコキキョウ5a）、農作業の受託（旧佐田農協が建設したライスセンターと育苗ハウスの運営、育苗14000箱、田植え作業3ha、刈取り作業12ha、乾燥・調製20ha）、その他事務（中山間直接支払制度の事務局ほか）。これら農業関連事業に加え、農業以外の事業として、高齢者外出支援サービス（出雲市より委託）、綿羊放牧事業、に加え、農協から引き継ぎ、灯油の戸別配達業務（10年から）、配食サービス及び安否確認業務（11年から）を行なっている。

　グリーンワークの事業は、農業を柱に農業以外の様々な地域サービス事業を組み合わせたものである。当初から農業だけで運営することは難しいと考え、農外事業に取り組めるよう、制約の大きな農事組合法人ではなく有限会社とし、収益の確保

第5章　生活の糧とくらしを豊かにする「なりわい空間」

と農業だけでは繁忙期と農閑期の差が大きい業務を平準化し常勤職員の周年雇用を可能にした。農外事業の代表が、03年にはじまった出雲市委託の外出支援事業である。70歳以上の高齢者等が対象、月1回利用可能で、約100名が登録している。総合病院がある出雲市中心部まで20km、タクシーだと1万円以上かかるところ、1000円程度で済むと喜ばれている。車は出雲市所有、運転手はグリーンワーク職員で、助成金との差額はグリーンワークが補填する地域貢献事業である。また、畔の除草のために綿羊を放牧している。中山間地域での真夏の草刈りは重労働で負担の軽減が課題となっていた。15年から県のモデル事業として2haの圃場に19頭を放牧し（現在は5haに50頭）、雑草を食べさせ、羊毛からマフラーや手袋をつくる。担当するのは地域の女性を中心とした「メリーさんの会」で、実演販売のイベントをきっかけに松江市から「メリーさんの会」に参加する人もいる。

　農外事業はグリーンワークの特徴だが、全売上の10～20％である。

「集落営農」から「地域貢献型集落営農」へ──県の政策が後押しをした
　島根県は、過疎化の進展で農業の担い手がなくなるという深刻な危機感から、1975年「島根県農業振興対策」をはじめた。「新島根方式」と呼ばれたこの事業で「集落営農」という言葉は使われていないが、「集落内での自主的な意志の結集により新しい農業生産体制を確立し、農業集落の再生による新しい農村社会を創造する」という目標は、現在の集落営農を先取りしていた。集落営農とは、集落内に分散する農地を組織として一括して管理し、働き手のいなくなった耕地の活用、農耕機械の共有などによる合理化を図るものである。県は88年度まで3期継続し、県下の327の集落を指定して事業を実施した。さらに「ふるさと農業活性化事業」「中山間地域集落営農推進事業」などと名前を変えながら40年以上継続、中山間地域維持を粘り強く進めた。

　島根県の集落営農の独自性を明確にしたきっかけは、国が2005年に「食料・農業・農村基本計画」の中で、集落営農組織を計画の担い手と位置づけたことだった。国が提示した集落営農は、一定規模以上で「効率的かつ安定的な経営体」を目ざすものだったが、島根県の多くの地域では、耕作面積が小規模で国の条件には当てはま

まらなかったため、県は07年「次世代の集落営農の在り方研究会」を立ち上げた。「効率的かつ安定的な経営体育成」の視点だけでは島根の農業・農村を守りきれないという地域の実状と、グリーンワークなどの先行事例を参考に、「地域貢献型集落営農」という独自の視点を打ち出す。「農地の維持だけでなく、経済の維持、生活の維持、人材の維持などを行なう地域公益的な集落営農組織」と定義し、評価の仕組みをつくり、県はそれぞれの集落の目ざす方向性に沿った取り組みを支援している。こうした県の取り組みが、島根県各地に600を超える集落営農組織を育ててきた。

グリーンワークが変えたものは何か

　グリーンワークの活動を、「なりわい空間」「社会的空間」の視点から読み解き、整理してみよう。ポイントは4つある。

　グリーンワークは、人口減少し高齢化する地域を、「なりわい空間」の柱であった農業を再興することで立て直そうとした。第一に、地域の農地を一括して管理することは、先祖からの土地を守るという「土地信仰」を打破する一大転換だったが、所有と耕作を分離することで働き手がなくなった耕地を復活させた。第二、もう一つの大転換は、有限会社の経営管理の仕組みを使って、丼勘定だった戸別農家の経営を改めたことである。「営農活動は経済活動」とし、地域の耕地の一括管理、機械の共有、耕作の分業、有利な作付けへの転換、補助金の活用などで経営を合理化し収益力を強化した。第三が、「地域のために　地域とともに」というスローガンに基づく公益性重視の運営である。利益を出して税金を払うより、利益の出ない地域貢献に取り組む。健全な赤字部門としての農外事業は雇用につながり、域内の経済循環にも寄与する。逆に受託事業でも地主に草刈りの労働負担を求め、当事者として地域維持に巻き込む。利益を追求することが企業活動と思われがちだが、企業が地域内の経済循環の適正化に寄与することもできる。第四は、公益性を重視した活動が「社会的空間」に与えた影響である。自治体や農協や地域の金融機関が担っていた役割だが、時代の流れの中でそれぞれの組織維持が重視され、地域に空白が生まれた。それをビジネスチャンスととらえ、地域の課題を解決する主体となることで地域の「社会的空間」にできた綻びを繕うことになった。こうして、グリーンワー

クの設立を機に、地域は新しい形の農村コミュニティに生まれ変わりつつある。

「グリーンワークは地域を変えた。安心が生まれた」「組織はできたが、この先まだ大きな変化がある」「人口減少で食料需要は減り、条件が不利な中山間地はますます厳しくなる」「田は里山に、里山は山に帰る」という山本友義氏は、グリーンワーク設立以来中心的な役割を果たしてきたが、16年、後進に託して㈱未来サポートさだ社長となった。未来サポートさだは、佐田町内に8つある集落営農組織を束ね、単独では購入できない高額の耕作機械を購入し、農協の加工場を稼働させ、組織に未加入の個人農家をサポートする。「20年後を予測し、今から備えることで地域への衝撃を緩和する」「今後50年は人口減少したとしても、100年後、150年後にはまた人口が増える。それまで何とか凌がないと」という。

条件が不利な地域に住み続けるには覚悟がいる。地域を取り巻く状況は時代の大きな変化にさらされ、絶えざる革新が必要である。一人で立ち向かうのは至難だが、組織をつくり、リーダーの下、環境変化を読み、合理的な考え方（戦略）に基づき、目標に向けて地域の人々が力を結集することで、地域に未来に向けた希望（ヴィジョン）が生まれる。

住み続けようと頑張る地域の人々と、それを支える行政の長年にわたる連携は手本といえる。近年は集落営農組織が広域連携する動きがはじまった。全体最適化を目ざす国の政策と地域の政策は相容れない場合がある。その拮抗を通じて新しいこの国のあり方が作られて行くのではないか。

（関根龍太郎）

【参考文献・出典】
楠本雅弘『進化する集落営農　新しい「社会的協同経営体」と農協の役割』（シリーズ地域の再生7、農文協、2010年刊）
小田切徳美・藤山浩編著『地域再生のフロンティア　中国山地から始まるこの国の新しいかたち』（シリーズ地域の再生15、農文協、2013年刊）

2）自伐型林業による森林再生と生活の糧を得る林業経営

> **課題の構図**
>
> 森林資源を「なりわい空間」に再構築するのは、喫緊の課題である。国土の70％が森林である世界有数の森林国日本の森林経営・運営は、恒常的に低迷を続けている。林業就業者の減少、高齢化による後継者不足から山を管理する人材がいない。国産材の利活用に向けた取り組みは木材価格の低下から経済的に成り立たず、木材自給率は30％を前後する状態となる。森林の荒廃はすなわち、森林を「なりわい空間」としてくらしてきた地域コミュニテイの崩壊を意味する。これがこの事例の最大の課題である。そのような状況下、高知県仁淀川流域の中山間地域で、林業に広範囲な流域住民の参加を引き出す社会システムを掲げるＮＰＯ法人が活動を開始した。危機感を抱いてきた高知県は後を追う型で2013年「高知県産業振興計画」に基づき、『小規模林業推進事業』に取り組み始めた。2015年1月には「高知県小規模林業推進協議会」が設立され、翌2016年3月現在、登録している会員は304名となった。県ではこの協議会の立ち上げを奨励、活動を支援するとともに農林水産分野の地域振興、木材の安定供給をめざし、自伐林家など小規模林業の裾野を広げ、林業の担い手の確保を計画している。

二つの林業形態から派生した構造的歪み

わが国の森林所有構造は、所有面積10ha未満の林家が9割を占めるなど、一般的に小規模・零細である。また、不在村者（森林所有者であって、森林の所在する市町村の区域に居住、または事業所を置く者以外の者）が保有する森林面積の割合は私有林の在村者の約24％と云われる。わが国の林業形態は森林所有者が自ら施業せず、森林組合や民間業者へ委託する『施業委託型林業』と、比較的小規模な森林所有者や地域が限られた森林を自ら永続的に管理・経営し、持続的に収入を得る『自伐型林業』の二つに大別される。

1950年代後半〜1970年代の林業バブル期の拡大造林・「強い林業」施策により皆伐が促進された。集成材・合板などの規格品の大規模流通による木材価格競争に押され、国産無垢材は販路が低迷する状態となる。1990年代、路網整備と集約化、高性能林業機械の導入の国の施策により、大量生産、大量消費の規格品大規模流通の循環のなかに林業が組み込まれていった。

図表 5-1　日本の森林と伐採の様子

更に追い打ちを掛ける型で2009年に発表された国の『森林・林業再生プラン』は「10年後の木材自給率50％」「コンクリートから木の社会へ」を目標に掲げ、林業再生を新成長戦略と位置付けていた。2011年には森林法が大幅に改正され、森林整備計画及び森林施業計画が森林経営計画に変更された。

わが国の過去の林業政策は、地域の担い手である小規模林業家を林業政策の対象外においてきた傾向がある。その結果、小規模林業家が本来の森林づくりを放棄せざるを得ない状況に陥ってしまい、中山間地域の衰退は加速度的に進んでしまったのではないだろうか。

自伐林業をめざす森林ボランテイア「土佐の森・救援隊」の誕生

高知県吾川郡いの町は、2004年吾川郡伊野町と吾北村、土佐郡本川村が合併し誕生した。世帯数は9,772戸、人口25,062人、高齢化率30.6％、である。（2010年度総務省調査）「土佐の森・救援隊」の活動の契機は1995年阪神・淡路大震災後、橋本大二郎高知県知事が森林ボランティア受け入れ団体の結成を呼びかけたことにある。当時の森林局が旧吾川村に森林救援隊を設立、2003年には「土佐の森・救援

隊」というNPO法人へと繋がった。2005年独立行政法人新エネルギー産業開発機構（NEDO）の実験事業の一環として林地残材の収集運搬に取り組み、林地残材の有効活用・自伐林家の育成・地域活性化への寄与、を目標に全国どこでも運用できるかたちにマニュアル化した『土佐の森方式・木の駅プロジェクト』の運動が広まった。地域通貨（モリ券）を使った「C材（註1）で晩酌を！」のシステムは、他人に頼めば採算の合わない林地残材収集運搬も、自分でやればそれなりの収入が得られることを実践の数値で表した。また林業はプロでないと無理との固定観念を覆し、広範囲な流域住民の参加を引き出す社会的なシステムを機能させた。森林整備、木材生産を進めながら、全国各地で研修や「自伐林家養成塾」（註2）を開催、こうした活動を普及させ少しずつ成果をあげてきた。この方式・運動を導入または導入検討中の地域は2012年度で全国56カ所にも及び、新たな林業の担い手が生まれ、森林が活性化・再生すれば若い住民の定着にもつながる。小規模自伐型林業はこれまでの国の林業施策に対して「下からの自立した運動」として再登場したことに重要な意義がある。東日本大震災復興支援の生業創出のキーワードとして、また地域活性化のなりわいづくりの手法としても注目を集めている。地域の課題・困りごとを解決するため住民が自ら考え、実践する。そんな試みが高知県仁淀川沿いの中山間地域から発信され、各地に飛び火し「住民＋ＮＰＯ法人＋自治体」の協働のうえに地域内循環をつくり始めている。広域の合併で住民の声が届きにくくなり、人口減少・過疎・高齢化で地域のコミュニティの崩壊に直面しているからこそ生まれた動きに展開が期待できる。

（註1：建築用材はA材、B材は合板、集成材用、そしてC材は商品価値の少ない端材と分類できる。）

（註2：＜高知県副業型林家育成支援事業＞の副業型自伐林家養成塾第1期は2009年8月開講。尾崎正直高知県知事が土佐の森・救援隊の提案を受け、森林環境税をもとに高知県単独事業として予算化。座学と実習を取り入れた7ヶ月で35日間の研修、初心者が自伐林業に新規参入することが可能。

森林を管理・整備する体制を作り出す若者の参入

土佐の森・救援隊主催の副業型自伐林家養成塾の修了生の中から、若い世代の自

伐林家への参入が始まっている。第3期、4期の修了生の中から、四万十川流域の土佐清水市竜串地域で「シマントモリモリ団」が設立された。2013年、佐田に5haの山を借り、四万十市の地域おこし協力隊と連携し活動を展開。養成塾の講師であった徳島の自伐林家・橋本光治氏に指導を仰ぎ、橋本式林業経営を実践している。これは自伐林業の実践型モデルであり、「身の丈にあった機械化と作業道づくり」「自ら施業して人件費を減らす」「広葉樹を含む混交林の形成」などを目標としている。若者3人はいずれも季節に応じて実家の木工加工業、農家民宿、エコツーリズムのツアーガイドなどを兼業し、経済的リスクを減らし仲間との連携を広げている。

さらに高知県嶺北地区本山町のKさんは元地域おこし協力隊の隊員である。総務省が2009年から始めた地域おこし協力隊制度は、地域に入り込み、技術を習得しながら、地域の課題解決に貢献する。Kさんは2012年パートナーと移住、現在、自伐型林業をメインに耐震改修工事業務、ラフティングガイド、夏場には花火の打ち上げ師、もこなす。移住先の古い民家の広い敷地を利用して鶏を飼い、お茶を栽培、野菜も米も作る。「なりわいとなることをいくつも持つのがここでのくらし方で意思表示をすれば、繋げてくれるネットワークがたくさんある」とKさんは話している。

自治体が自伐型林業を後押しする高知県佐川町の取り組み

佐川町は、人口約13,223人、高知県の中央に位置し仁淀川の中流域。周囲は山林に囲まれ少子高齢化の進行、人口減少とともに一次産業の担い手不足、地域コミュニティを支える人材不足が深刻化している。佐川町は面積の7割に当たる7,000haが山林、5,000haはスギ・ヒノキの人工林だが間伐作業が行き届かない山林が増加しつつあった。

2013年10月、自伐林業推進を公約に掲げた町長が誕生した。塩見和道町長は、2014年度予算として自伐林業関連事業予算3,848万円を確保、町有林におけるモデル構築のため地域おこし協力隊員「キコリンジャー」を5名採用、自伐林業を通して地域振興に取り組む構えをみせた。高知県の最大の資源である森林を活かした地域振興策で雇用拡大を生み出し、移住定住促進に繋げようと自伐林業に注目、自治体政策に取り込む決意である。2015年4月には佐川町産業建設課に自伐林業推進

係を設置、2016年春までに県内外から13人が集まった。更に2023年度までに延べ50人のキコリンジャーを採用の予定。「荒れた山林を持つ所有者」と「町」が管理契約を結び、「自伐林業家」に作業を委託する取り組みも始めた。

中山間地域になりわい空間を再構築する自伐型林業の今後の展開と可能性

　100ha未満の森林を所有する自伐林家の場合、伐採・搬出した木材の販売ルートは大体3通り程有り、①原木市場②産直方式住宅用材③合板工場への直送、である。この販売ルートを複数確保することは林業経営のリスク回避の重要な手段と云える。①は2012年の平均価格は杉で約1万円/M^{3}くらい、単独では「なりわい」として成立しない。そこで②の産直方式「地域の山の木で家をつくる会」の全国規模での展開である。地元の木を使って家を建てようとする設計者を中心に木材生産者・原木流通業者・製材事業者・大工（地域工務店）が参加するネットワークをつくる。伐り旬に伐った木を乾燥し、連携する製材所で挽いてもらう。住宅1棟分の構造材・造作材を必ず年間何棟分か発注する仕組みのネットワークで地域資源をなりわいの成立する資源に換える。スムーズな運営には地域自治体が地域振興の中心的な戦略施策として組み込み、若い後継者の参入と定住を促すことが必須の条件である。材の搬出・販売までの体系システムを確立することによって森林（山）と地域（まち）に新しいなりわいを創造する空間が再構築される。安心して素材を提供し、かつ消費される見込みがあれば地域経済の地産地消は成り立つ。「熊本の山の木で家をつくる会」「東京の山の木で家をつくる会」「奈良をつなぐ家づくりの会」などが既に活動を始め、これを全国各地に繋げて行く地道な努力が必要とされている。手間を掛けて育てた良材を希望する建築関係者は全国に今でも多数、存在する。自伐型林業は今後、地域の住民が安心して住み続けられる「なりわい空間」の積極的な受け皿となることが期待される。

（鈴木久子）

【参考文献・出典】
　佐藤宣子他『林業新時代―自伐がひらく農林家の未来』農文協2014年刊
　中島健造編（著）『New自伐型林業の進め』
　速水　亨　『日本林業を立て直す―速水林業の挑戦』日本経済新聞出版社

3）農業生産を中心とした地域内循環型経済の仕組みづくり

> **課題の構図**
>
> 困りごとの解決のための「社会的空間」の構築は、「なりわい空間」の地域内経済循環の動因となる可能性を高める。わが国は、2000年代に入り、地方都市では、全国に先行して人口減少と高齢化が加速して、住民の生活における様々な困り事を抱える地域が多発してきた。一方、多くの地域では、このような事態に対して、行政の支援を仰ぐだけではなく、地域住民が自分たちの問題として、集まり・協議し、中には、自治的な自主組織を作って、困難に対応する活動をしているところも出てきた。
>
> 東広島市小田地区では、河内町小田地区の時代に、予想された平成の大合併によって新市の僻地となり、小学校の廃校、保育所、診療所が廃止されることを見込んで、合併前2年の2003年に自治組織「共和の郷・おだ」を立ち上げた。更に、小田地区は、自治組織設立後すぐ（2年後）に、「農事組合法人ファーム小田」を立ち上げて活動を開始した。困りごとの解決を、対症療法的に終えるのではなく、将来、補助金に依存することなく、自立的な活動を持続するためには、住み続けるための基本的な原資である、地域全体の所得のかさ上げが重要であるという理念の下、それまで小規模稲作主体であった農業を、農事組合法人により集積された農地で、水稲だけではなく、大豆、小麦、そばのほか各種野菜を多角的に作付けして収益を向上させて、10％を越えていた耕作放棄地もゼロにした。

小さな拠点として、地方自治組織「小さな役場」が生まれた。

小田村は、1950年には、戸数300戸、人口1,484人の米作農家を中心とした山村であったが、1955年に河内村の一部となる。1953年のGATT・ウルグアイラウンドで米の部分輸入が始まると東広島市農協と河内村を含む賀茂郡の8農協が合併した。平成の大合併が進行すると、河内村も東広島市への合併が避けられなくなり、

2 「なりわい空間」づくりの具体的な試み

合併後の小田地区は、小学校の廃校、保育所・診療所の廃止等、東部僻地の孤立した地域になることが予想された。地域の人達は、そのような状況を自らの力で再建しないといけないと考えて、2005年の合併前の2003年に自主組織「共和の郷・おだ」を立ち上げた。2004年に予定通り廃校となった旧小田小学校は、公民館＋診療所として活用され、現在は、小田地域センターとして住民自治協議会の拠点となっている。「小さな役場」と言われる地域自治組織は、地域の持続的な経営に係る次のような活動団体と緊密な連携をしている。「農業委員」「消防団第八方面河内北分団」「小田森づくり実行推進委員会」「小田中山間直接支払制度運営委員会」「小田神楽保存会」「小田史跡調査会」「農地・水保全管理支払交付金」「寄りん采屋協議会（直売所）」「小田地域センター」「各種ボランティア団体」など。又、都市との交流として、「田植え祭り」「サツマイモ植え・掘り・収穫祭り」等のイベントも実施して、社会的空間の充実に向けて活動を開始した。その設立の動因として、機構の一つに「白竜部」があり、この地域では白竜ダム湖がつくられた時に、地域社会の発展に寄与・貢献するために、健康・教養・地域活動として、地域サロン、しめ縄づくりへの参加、老人集会所の開設、登下校の交通安全・見守り、地域センター活動への協力等が行われていた伝統がある。

続いて、農事組合法人が小規模稲作主体の集落営農の実践を始めた

広島県の農業技術者であった吉弘昌昭氏が、郷里である小田地区に2004年に帰郷して、村の回復には、まず、「集う機会」「話し合う組織」を創ることが必要だと考えて、2005年に、小田地区13集落を1法人とする「農事組合法人ファーム・小田（組合理事長吉弘氏）」が発足した。2005年のアンケートによって、5年後には農家の42％、10年後には64％が農業をやめるという結果を受けて、地域が持続するためには、「地域全体の所得のかさあげ」が不可欠であると、「共和の郷・おだ」という社会的空間を基盤として、なりわい空間の再構築に取り掛かった。

その当時、小規模主体で農業所得が少なく、過疎化・高齢化が進んでいた小田地区で、農事組合法人により集積された農地で、農産物の出荷を共同化し、地域資源の高付加価値化による収益を上げ、地域内に還元するために、水稲だけではなく大豆、

小麦、そばの他各種野菜を多角的に作付けすることが始まった。初年度 2006 年の売上総額は約 8,280 万円（その内約 4,410 万円が補助金）、その後、更なる経営の安定化を図るための多角化の一環として米粉パンの製造・販売なども加えて、2013 年には、約 1 億 6,245 万円（その内約 3,050 万円が補助金）になっている。

　事業目論見書では、事業の方針を「小田地区の農地・労働力など農業生産資源を最大限に活用しながら、生産・加工、販売の進行を図る。このため、小田の農地を一つの農業として、効率的かつ安定的な農事経営を行い、併せて組合員の農業生産についての協業を図ることにより、その生産性を向上させ組合員の共同の利益を増進することを目的とする。」としている。農地を一つにするという、農業生産資源の再編成によって、安定的な農業経営を行い、組合員の共同の利益を増進する、即ち所得を向上することを明確に掲げている。同時に、その目標のために、それまでの小田地区での各戸の機械投資額総計 7 億 6,000 万円を法人が所有する 6,000 万円に減らして、不要になった農機具は中古品として農機具販売会社や個人に売却した。法人の従事者は、前歴を問わない時給制とし、就労時間も夫々の都合で選択できるシステムとして、地域外からの就労も促した。

「地域全体の所得のかさあげ」を共有した集落営農・地域づくり体制

　「農事組合法人・おだ」は、設立以来、事業目標として、次のようなことを掲げている。
　a　地産地消による売れる米づくりと生産コストの低減
　b　清流と土づくりを生かした安全・安心なこだわり農産物の生産
　c　地域特産を加工した産品の開発

そして、地域特産物として、2012 年に米粉パンの製造販売を開始「パン＆米夢（パントマイム）」を開店（初年度売上約 2,046 万円）、2 年後に西条市に 2 号店を開設している。設立当初、農家 128 戸（住民 237 戸の 54％）、水田 48ha（耕地面積 127ha の 38％）であったが、2013 年実績では、構成員（出資者）は、154 名で、地域の 95％の人が加入して、103ha の集積面積で営農している。米粉パン工場は、水稲や大豆栽培の余剰労働力を活用したもので、2012 年には、合わせて、味噌造りを始めている。又、地域の女性有志は野菜の直売所「寄りん采屋」を道の駅に設立して、

ファーム・おだで収穫した農作物を直売している。

　このような方針は現在も継承されており、農事組合法人の 2013 年の事業目論見書における将来計画で、米粉パン・味噌・漬物、及び、新しい野菜（苗）の製造・加工と並んで、寄りん采屋・農産物直売所・食堂・加工所との連携、市民農園・JA 直売所・アンテナショップの開設等が挙げられている。

「社会的空間」の再構築と二人三脚の 2 階建ての重層的な活動

　このように、地域ぐるみの活動を展開している農事組合法人の活動は、設立以来、地域自治組織「共和の郷・おだ」の活動と不離一体で実践されている。地域自治組織「共和の郷・おだ」は、「農事組合法人ファーム・おだ、パントマイム（米粉パン工房）」との連携が活動の柱の一つであるが、これらの連携を通じて、農村コミュニティとしての充実した活動（1 階）を確立してきたが、農事組合法人の活動（2 階）と合わせて 2 階建ての重層的な活動となることによって、地縁や人縁による自然発生的な地域コミュニティが、個々の構成員が地域全体の所得のかさ上げによる地域コミュニティの持続という価値観を共有して、自発的に参画する地域経営体を構築したことになる。

　小田地区に於いては、吉村氏というリーダーがいたことが大きいが、「ムラの回復」という理念の下、地域コミュニティの崩壊を予測して、「共和の郷・おだ」を組織化した段階から、「集う機会」「話し合う組織」としての地域コミュニティの自立に向かっての意識は高かったと思われる。従って、地域で住み続けることを基本とした「ムラ」の持続にとって、今まで「なりわい空間」であった農地を再活用するという活動に比較的積極的な住民参加が出来たと考えられる。その後の展開は、小さな成功体験が次のチャレンジを生み、それが更に成功体験を膨らませて行くという好循環を生み出してきたと考えられる。同時に、小田地区の活動は、行政の指導や支援が大きい「社会的空間」の再構築の事例が多い中、地域の自主組織として出発して、行政の支援を受けながらも、自分達で「なりわい空間」を構築してきたことによって、地域コミュニティの持続可能性を高めてきた事例として注目される。

第 5 章　生活の糧とくらしを豊かにする「なりわい空間」

「ファーム・おだ」が生み出した付加価値は、流出していたお金を地域内を循環させている

　農事組合法人の 2014 年決算報告に基づいた、米粉パンの製造・販売（収入約 3,600 万円）の地域内収益及び地域内還元の試算では、ファームの小田地区への支出は全体の 30％ となり、更に、東広島市まで広げると、市内からの原料調達や市内業者への事業発注を増やした分、市内への支出は全体の半分を超えている。米粉原料は 100％ 地域内調達、地域内人件費と合わせて、地域内自給率は約 30％ となる。又、今後、地域の小中学校で給食として提供できるか検討して、更なる地域への利益還元を探っている。

　一方で、地域コミュニティについては、農作業に係わる作業員は、50 歳代が不足しており、パン工房スタッフには 40 歳～ 54 歳が全くいないという状況（2014 年）があり、コミュニティの中堅となる人材の確保の必要性が指摘されている。又、「ファーム・おだ」に耕作権を提供して離農、又は耕作縮小した人たちが、離村しないで郷里に住み続けることができるような、農だけでない、コミュニティ全体の生活環境の構築も求められるであろう。「なりわい空間」が先導して持続可能になった地域コミュニティが、多様な人々が共に生活できる豊かな生活環境を創造して行くことが期待される。

（井上正良）

【参考図書・文献】
東広島市小田地区「共和の郷　おだ」　石見尚氏
自治組織「共和の郷・おだ」と農事組合法人ファーム・おだの概要
（農事組合法人　ファーム・おだ 2014 年）

（2）人を呼び込むための地域活性化

1）「域外需要獲得」と「域内経済循環」の両輪による中心市街地の再生

> **課題の構図**
>
> 「なりわい空間」の構築には、地域資源を新しい視点で利活用していくことが重要である。これまで地域を素通りしていた観光客を新たな地域資源として見出し、中心市街地再生の「域外需要獲得」と「域内経済循環」のエンジンを生み出した取り組みとして、北海道富良野市の試みを紹介する。
>
> 北海道富良野市は、北海道のほぼ中央に位置する人口約2万人の小都市である。テレビドラマ「北の国から」などの影響によって、年間200万人の観光客が訪れる一大観光都市であるが、観光拠点の多くは郊外に立地している。郊外を訪れる観光客を中心市街地へと引き込みながら、いかに中心市街地の再生を進めていくのかが同市にとっての長年の課題であった。このような中で、2007年に中心市街地の核であった総合病院が中心市街地外へ移転することになり、中心市街地の衰退に一層の拍車がかかることが避けられない状況となりつつあった。
>
> 中心市街地の再生が喫緊の政策課題となる中で、こうした状況に危機感を抱いた地元企業や経済界が中心となって、民間主導による中心市街地の再生に向けた取り組みが始動した。

地元企業・経済界が中心となり、中心市街地の再生に着手

富良野市の人口は1960年代までは増加傾向にあったが、70年の国鉄再編や閉鉱を契機として、長らく人口減少が続いてきた。とりわけ、中心市街地の人口減少・高齢化は、富良野市全体の水準を大きく上回るスピードで進行しており、多数の空き地・空き店舗を虫食い状に発生させていた。空き地・空き店舗の発生は、地価下落に拍車をかけ、同市の税収の半額近くを占める固定資産税・都市計画税収にも直

結する。また、中心市街地の衰退と表裏一体で進んでいく郊外化は、資本の域外流失をももたらす。このような長年の課題を抱えていた中で、2007年に中心市街地の核となっていた総合病院が老朽化のため中心市街地外へ移転することが決まり、一層の衰退が避けられない状況となりつつあった。

　無論、こうした衰退傾向の打開を目指して、行政主導による駅前再開発なども行われてきた。しかしながら、中心市街地全体への波及効果を十分に生みだすまでには至らず、地元企業・経済界からは「民間感覚を持った自分たちの手で、この街を再生しなければ」という声が高まっていった。

　こうした声をかたちに変えようと、富良野商工会議所（荒木毅会頭・大北土建工業(株)）のメンバーが中心となって、中心市街地活性化協議会が設立された。同協議会において、その後の中心市街地活性化基本計画のベースとなる「中心市街地活性化基本計画構想（骨子）」が作成された。地元の民間主導による協議会設立・計画作成は、全国的にも極めて珍しい。こうした民間主導によるスピーディな動きもあいまって、翌2008年には、中心市街地活性化基本計画の首相認定を受け、中心市街地の再生に向けた取り組みが開始されることとなった。

域外需要獲得のエンジンとなる「フラノマルシェ」の誕生

　2010年4月、中心市街地外へ移転した総合病院の跡地に、複合商業施設「フラノマルシェ」が開店した。中心市街地活性化基本計画の中核事業として建設された同施設は、観光客をまちなかに引き込む「まちの玄関」と位置づけられ、同市が誇る農畜産物やスイーツを含むスーベニア商品などが一堂に販売されている。こうした

図表 5-2　総合病院跡地を複合商業施設「フラノマルシェ」として整備

小売店に加えて、地元食材を存分に活用した飲食店も軒を連ねるが、あえてテイクアウトを基本とした店舗に限られている。全ての来街者をフラノマルシェが抱え込むのではなく、イートイン希望客を周辺商店街の飲食店へ回遊・波及させる「まちの玄関」としての工夫の一端である。

フラノマルシェの建設・運営は、富良野商工会議所が中心となって設立されたまちづくり会社「ふらのまちづくり(株)」が担っている。地元民間資本によって建設・運営まで一貫して行われていることにより、「観光施設らしい雰囲気」と「普段使いできる雰囲気」が両立され、地元住民による日常利用が売上の2〜3割を占めている。これが非観光シーズンの売り上げの下支えとなり、年間を通じた安定的な経営を後押している。また、民間企業としての強みを活かしてフラノブランドの商品開発にも力を入れることで、地域全体の収益力向上にも寄与している。

図表5-3　連日多くの来店者で賑わうフラノマルシェ

現在、フラノマルシェは同市を代表する観光拠点へと成長を遂げており、同市を訪れる観光客を中心市街地に引き込む「域外需要獲得」のエンジンとして、中心市街地の再生に大きく貢献している。

域内経済循環のエンジンとなるネーブルタウンの誕生

2015年6月、フラノマルシェに隣接する街区に、医・食・住機能を備えた第2弾施設「ネーブルタウン」が完成した。同施設は、フラノマルシェの成功で得た資金・知見をもとに、中心市街地活性化基本計画の第2弾中核事業として、ふらのまちづくり(株)を事業主体とする市街地再開発事業によって整備されたものである。フラノマルシェが主に観光客向けの施設であることに対して、ネーブルタウンには地域住民の日常利用可能な店舗（弁当屋・惣菜屋・花屋・生活雑貨屋など）が一層拡充されるとともに、公共公益施設（クリニック・市立認可保育所・介護付き有料老人ホー

ム・アトリウムなど）や賃貸集合住宅も併設されている。フラノマルシェが「域外需要獲得」のエンジンであることに対して、ネーブルタウンは「域内経済循環」のエンジンと位置づけられよう。

ネーブルタウンのテナント出店者の中には、フラノマルシェによる同市の知名度・ブランド力向上を判断材料として同市での移住・創業を決意した者も多い。「域外需要獲得」のエンジンであるフラノマルシェが、観光客のみならず移住者をも呼び込み、「域内経済循環」のエンジンであるネーブルタウンの原動力になるという波及効果も生まれている。なお、こうした新規創業者に対しては、施設運営者であるふらのまちづくり(株)や富良野商工会議所による経営・金融・商品開発サポートが行われている。すなわち、同施設は移住・創業者向けのインキュベーション拠点としての役割も果たしていると言えよう。

図表 5-4　ネーブルタウンは通年利用可能なアトリウムも有する

また、ネーブルタウンに入居しているクリニック・市立認可保育所・介護付き有料老人ホームには市郊外から移転・集約再編されたものも含まれており、同施設はコンパクトシティの形成にも貢献している。さらに、集合住宅部分は、あえて収益性の低い賃貸方式とすることで、居住者の新陳代謝を促すとともに、将来世代が建替・修繕を行う際の合意形成リスクを軽減する工夫もなされている。

「域外需要獲得」と「域内経済循環」の両輪によるコンパクトなまちづくり

このように、富良野市における中心市街地再生に向けた取り組みは、「域外需要獲得」のエンジンであるフラノマルシェから得られた果実を「域内経済循環」のエンジンとなるネーブルタウンに再投資し、段階的な拡大・拡張を重ねながら、コンパクトなまちづくりにも貢献しているものである。人口2万人の小都市でありながらも、地元企業・経済界を中心とした民間主導による熱心な取組によって、大きな成

果が生まれている。

　両施設（商業部分）への来場者数は毎年右肩上がりに増加を続けており、2017年3月には累計600万人を突破した。これまでの経済波及効果は113億円を超えると報告されており、これは施設整備時の国庫補助額を大幅に上回る。また、100名を超える地元雇用も創出している。

　加えて、これら両施設のみならず、中心市街地全体にも様々な波及効果がもたらされている。フラノマルシェ周辺商店街の公示地価・路線価が上昇に転じた（2014年度・札幌市以外では道内唯一）ほか、中心市街地の交通量・歩行者数も増加に転じている。また、地域ブランドの向上効果も大きく、マルシェ内にとどまらず中心市街地全体への移住・新規創業者も増加している。これにより、2016年には、中心市街地内の「空き店舗」がほぼ解消されるという、「嬉しい空き店舗問題」が生じるまでに至っている。「域外需要獲得」と「域内需要循環」の両輪によって、なりわい空間としての真価を高めながら、富良野市のまちづくりはこれからも続いていく。

（吉次　翼）

【参考文献・出典】
西本伸顕「フラノマルシェの奇跡」（2013年7月）
日本商工会議所「空き地・空き店舗の利活用促進に関する研究会報告書」（2015年12月）
フラノマルシェ事業評価研究会「富良野市中心市街地活性化事業による経済波及効果について」（2016年11月）

2）地域資源を発掘・磨き上げることから観光経済を創出

課題の構図

「なりわい空間」づくりでは、地域資源の再編によって人と仕事の好循環をつくり、持続的な地域内経済循環につなげていくことが重要である。ここでは、長野県小布施町を事例として、観光を通じて人を呼び込むための地域活性化につなげる「なりわい空間」づくりについて紹介する。

小布施町は、長野県北部の長野盆地に位置する、総面積 19.07 ㎢、人口約 1 万人の小さなまちである。江戸時代後期、千曲川の船運と街道を利用した流通が盛んになり、北信濃の経済、文化の中心として栄え、その豪農・豪商たちは、葛飾北斎などの多くの文人墨客を招き、文化的資源や風土が築かれた。明治以降はその賑わいも薄れ、蚕糸生産が盛んになるが工業化により衰退し、小布施栗やりんご、ぶどうなどの果樹を中心とした農業のまちになる。高度成長期に人口が急激に減少し、過疎対策が町政の重要課題となり、北斎ブームによる北斎の作品の流出の危機が訪れる。若者が流出し、かつて栄えた中心部も衰退の一途をたどる過疎化するまちにあって、さらに北斎というこれまでに蓄積されてきた歴史的、文化的資産までも脅かす危機に直面していた。

過疎対策と北斎館の建設から始まる地域づくり

1960 年代の小布施町は過疎化が進む農業のまちで、中心部も閑散としていた。地場産業の栗菓子店は 7 件、幕末から名産の栗の加工・販売を始めた老舗であるが、町場の衰退で小売は難しく、全国の有名旅館やデパートへの卸営業に専念していた。人口は、戦後約 1 万人であったが、高度成長期の 1955 年から急激に減少し、70 年には 9,625 人になった。69 年に就任した市村郁夫町長（小布施堂社長）は過疎対策として土地開発公社による宅地分譲を実施する。宅地開発は、集落景観やコミュニティに配慮し、集落間に 50 ～ 100 戸程度をはめ込む開発で、2 千人程が定住する。次いで、北斎の作品の流出を防ぐために、その開発収益を投じて 76 年に美術館－北

斎館を開館する。北斎の作品を小布施町の宝として保存し、町のシンボルとして新旧住民の融和など町民意識を高め、新しい文化を築く礎にしたいとの思いがあった。北斎館はマスコミにも大きく報道され、北斎館の向かいある竹風堂の栗おこわも評判となり、相乗的に来訪者が増える。これを契機として、栗菓子店は卸売から小売に転換し、地域に拘った「なりわい空間」づくりが展開していく。

地域資源を活かした新たな価値創造～豊かな生活文化創造へ

　観光や交流で人を呼び込み地域を活性化するためには、地域資源を発掘し磨きをかけ、新しい価値を創出し、地域に愛される産品やライフスタイルの創造につなげていくことが重要である。地域に根ざした本物への拘りと目利きが、その質の確保と地域のアイデンティティの創出につながる。

　小布施町で、まず磨きをかけた地域資源は「北斎」と幕府献上品であった名産「小布施栗」である。流出の危機にあった北斎の作品を町の宝として北斎館の開館により保存・公開し、観光客の増加につなげ、栗菓子店が町場での店舗販売に転換し、「栗」のまちをアピールする。そこには市村市長と老舗栗菓子店の目利きがあり、逸品を生む老舗に裏打ちされた本物志向があった。さらに、行政は観光開発を進めるべく高井鴻山の生家を取得し、その記念館と道路拡幅整備などを進めようとするが、地権者であった小布施堂社長の市村氏は北斎館との有機的な結び付きや景観に配慮した空間づくりの必要性を訴え、行政、住民、事業者の協働－小布施方式による「町並み修景事業」が1982年から開始する。市村氏と建築家宮本忠長氏による地域の空間特性への拘りが「修景」という空間形成手法を生み、建築界で高く評価され、「景観」のまちとして認識を高めた。その手法は、酒蔵倉庫や土蔵を和食処やカフェなどへ転換し、さらに新たな魅力を創出していく。また、同時期に、「栗と北斎と花のまち」を目指して、「花」の地域づくりを開始する。修景事業などで高まった住民意識を身近な活動につなげるため、花づくりを行政が主導する。町内の全２８自治会に花づくり委員会が組織され、欧米の視察などを通じて、やがて公共空間の花植えボランティアや2000年から始まるオープンガーデンに広がる。オープンガーデンは訪れる人をもてなす空間演出として、個人住宅の庭を公開し鑑賞してもらう試み

で、現在約 130 軒が参加している。

　市村市長や老舗栗菓子店の目利きと本物志向が「北斎」「栗」に磨きをかけ、「景観」という新たな資産を生み、人を呼び込む消費の場に転換し、さらに住民ももてなしを楽しむ空間を育み、豊かな生活文化を創造している。

地域住民を巻き込むムーブメントと仕掛けをつくる

　地域資源に磨きをかけ、新たな価値や豊かな生活文化の創造につなげるためには、住民の協力は欠かせない。住民による日常のきめ細やかな地域空間づくりがその質とアイデンティティを育み、更なる魅力の創出につながる。地域づくりの担い手は様々であるが、一般に行政の主導的な役割が期待される。地域の住民や事業者に活動を動機づけ、その萌芽を育み、将来の地域の姿を共有しながら、実現のための仕掛けづくりが必要である。

　小布施町では、行政による北斎館の建設を契機に全国から注目され、それに伴う観光客の増加が、栗菓子店の小布施に拘った商売を動機づけ、さらに小布施堂主導で独自の景観に拘った町並み修景事業につながった。町並み修景事業は、住民と事業者、行政の協働で 100 回以上も協議を重ねて実体化させた。行政は住民の主体的な地域づくりの後方支援に徹しながら、公共施設のデザインに配慮するとともに、1988 年に「環境デザイン協力基準」、1990 年に「うるおいのある美しいまちづくり条例」を制定し、住まいづくりや広告物設置などのマニュアルを整える。修景事業に基づく空間づくりの基準、ルールなどを条例やマニュアルでわかりやすく示すことで、住民の自覚にもつながった。この修景事業による実体化とわかりやすいルール化、そして北斎、栗、景観により全国から注目されることで、住民意識が高まり、その後の花づくりなどに定着していく。そして、この地域づくりは、住民と事業者、行政、さらに近年では大学なども加わり、発展的に展開している。

魅力ある「もてなし」「空間」「時間」のデザインとマネジメント

　人を呼び込む地域の魅力を創出するためには、魅力あるもてなし・サービスと空間を整え、顧客が満足感や高揚感を得られるような時間を提供することが重要であ

2 「なりわい空間」づくりの具体的な試み

る。そして、その集積を高め、個々の取組みが相乗効果を生み出すように一体的に運営管理していく必要がある。

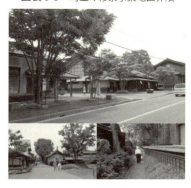

図表 5-5　町並み修景事業地区界隈

小布施町では、町並み修景事業にあわせて、栗菓子店が老舗の加工などの蓄積を生かして上質の栗菓子などを提供し、もてなしのサービスを充実させていく。町並み修景事業では、高井鴻山記念館の整備とともに既存の土蔵や建物を曳家で再配置し、広場や栗の木煉瓦の「栗の小路」を整え、回遊性を確保し、独自の質の高いなりわい空間を創出した。その景観づくりのルールに基づき、街並み整備を進め、酒蔵や土蔵を活かしながら小布施堂がかかわる飲食店などの集積を高め、地元素材と食文化に拘った「味わい空間」として小布施町の顔を形成している。周辺には栗を素材とした和菓子・飲食などの出店が進み、老舗菓子店による「日本明かり博物館」「栗の木美術館」などが整い、さらに民間の小規模美術館・博物館の開館が進み、景観に配慮した文化的な界隈、「なりわい空間」が形成されている。また、自治会を通じて全町に広がった花づくりに加え、フローラルガーデンおぶせの開園やおぶせフラワーセンターの整備による花の産地化を進め、オープンガーデンを実施し、もてなし空間と来訪者との交流を育んでいる。そして、こうした地域の創造的活動を先導し、マネジメントする組織として、1993年に第三セクター(株)ア・ラ・小布施を設立する。町の出資比率は4％で、残りは民間出資である。単なる観光振興に止まらず、住民が小布施に住んで良かったと思える成熟した生活文化を持つまちをめざして、観光情報を提供するガイドセンターの運営や土蔵を改造した宿泊施設、喫茶店の運営、特産品の企画・販売、イベント等の企画など、多岐にわたる事業を実施している。

観光から地域産業のトータルデザイン、地域ブランド化による「まちぐるみなりわい空間」の構築

地域資源をその地域で加工し、提供する仕組みを整えることで、効果的に地域経

第5章　生活の糧とくらしを豊かにする「なりわい空間」

済の発展につなげることができる。観光で誘客を増やすだけではなく、農業や漁業、製造業、商業などの産業振興と連動させ、地域内経済循環を促し、地域ブランドの創出や地域産業の活性化をめざすことが重要である。

　小布施町では、北斎館の開館を契機に約5万人の観光客が訪れるようになり、栗菓子店は店頭販売を開始した。町並み修景事業に象徴される「修景」の空間創出とともに、栗の名産地として加工と販売、飲食の上質なサービスを拡大し、オープンガーデンなどのもてなし空間演出とも相まって、地産地消による地域に拘った新たななりわいを創出させた。北斎や栗、景観、花の地域資源を活かした地域づくりにより、年間観光客は110万人、観光による経済波及効果は105億円となっている。

　そして、近年では、この観光客の増加を踏まえ、新たな農産物ブランドを強化すべく財団法人小布施町振興公社を設立し、農業と観光を連携させた六次産業化を進めている。6次産業センターを設置し、りんごや栗、ぶどう等の地元農産物の直販を行うとともに、食品加工による商品開発を実施している。振興公社ブランド「小布施屋」による販売戦略を進め、地元の食材などによる食育の発信の場として「小布施花屋」を開店させ、民間活力による良質な農村レストランなどが周辺部にも広がるなど、小布施ブランドの構築に向けた試みが展開されている。

図表5-6　振興公社ブランド「小布施屋」

（田所　寛）

【参考文献・出典】
小布施町ホームページ
全国町村会ホームページ「小布施のまちづくりと自立（自律）への取り組み」
「地域へのこだわりがブランドに」開発こうほう 2005年3月号
井上正良他1名「人を呼び込むまちづくり」ぎょうせい 2013年4月

（3）遊休資産を活用したビジネス

課題の構図

空き家、空き地の存在は、地域空間の劣化を際立たせるが、利活用の方法によっては、新たな「なりわい空間」を生み出す資源となる。広島県尾道市は、瀬戸内海に面し、古くから海運と鉄道のまちとして発展してきた。近年、しまなみ海道開通によって四国今治市と陸路で結ばれ、2015年3月には中国横断自動車道が全線開通し「瀬戸内の十字路」として更なる発展が期待されている。一方、地形条件から「坂の街」とも言われ、旧市街地は北側の山と南側の海に挟まれ、平地が少なく山肌に住宅や寺が密集し、車の入らない斜面地や路地が形成されており、戦災に遭わなかったことから古い市街地都市構造を引き継ぎつつ独特の魅力的な空間づくりが進められている。そのため「文学の街」、「映画の街」とも言われてる。

しかし近年、人口の減少、少子・高齢化が急速に進むとともに、中心商店街の衰退、斜面地の古い住宅地をはじめとした地区での空き家化が進んだ。こうした中で、街なかにある歴史的・文化的資源としての空き家や街並みを活かすとともに、港湾周辺部での再整備等により、立地性を活かした交流・観光拠点づくりなどのチャレンジにより個性的な「なりわい空間」づくりが進められている。

空き家をはじめとした地域資源を活かした活性化への取り組みの必要性

人口の減少傾向と相まって空き家が増加し、かつ古い市街地でもあり、高い空き家率を示すとともに、「腐朽・破損あり住宅」の率も高く、単純な空き家対策では対応が難しい状況であった。一方、市街地には歴史的な文化財等が市街地に点在し、尾道市の豊かな個性と表情を創り出している。そこで市は、空き家対策を幅広い視点から総合計画に位置づけ取り組むことになる。「景観形成事業」や「歴史的風致維持向上事業」、併せて「空き家バンク制度要綱」を定め、斜面市街地区域における空き家の有効活用を通し、景観の保全や市民と来訪者等との交流拡大、定住促進によ

第5章　生活の糧とくらしを豊かにする「なりわい空間」

る地域の活性化を図るための空き家バンクを制度化（2009年10月）し、空き家の登録、登録情報の公開、利用希望者の申込み等を進めてきた。

図表 5-7　総人口と総住宅数・空き家率

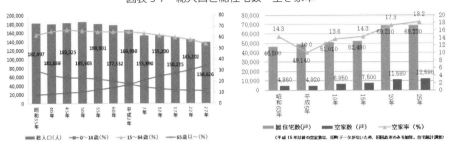

また、人口の減少などに合わせて地域経済の縮小化も進む。そのため、流出傾向にある若い世代に対して経済基盤を安定化させる取り組みが求められ、地場産業の強化とともに創業支援などによる産業開発が求められていた。特に、尾道は全国レベルの観光関連のポテンシャルを有しており、瀬戸内の十字路としての交通優位性を活かした交流人口の拡大により、賑わいの創出、雇用の誘発、新たな産業の創出などの経済効果をもたらし、地域の活性化に繋がっていくものと考えられた。

空き家対策から「なりわい空間」づくりへ〜 NPO法人尾道空き家再生プロジェクトの活動

斜面市街地を中心とした地域には歴史的建造物が多く存在し、老朽化した空き家等の対策は、尾道の顔として、さらに観光振興上の大きな課題であった。そこで、NPO法人尾道空き家再生プロジェクト（代表理事：豊田雅子氏、08年1月設立）では、脱空き家化と空き家活用によるコミュニティの再構築に向け、移住希望者へのサポート事業を行った。更に、空き家バンク事業を市より受託し、空き家の実態把握や希望移住者のニーズ等を実施するとともに、尾道建築塾（「たてもの探訪編」と「再生現場編」）や空き家再生チャリティイベント（費用の捻出のため再生物件で様々なイベントを開催）、まちづくり発表会などを行い、旧市街地への定住を促進し、コミュ

2 「なりわい空間」づくりの具体的な試み

ニティや景観を引き継ぎながら活性化に努めている。

実際、2012年にオープンしたゲストハウス「あなごのねどこ」は、奥行きの深い尾道の町家を特産品の「あなご」にちなんで命名したもので、旅行客や地元の人たちとの出会いや交流の場としてリーズナブルに滞在できるシステムを持った宿として話題となっている。商店街や住宅地の空き家が再利用され、人が集まり・交流する、あるいは滞在・定住することによって地域が活性化し、これまでにない形態での商業・サービス業が成立しつつある。例えば、ゲストハウス「みはらし亭」や空き家の短期賃貸、流入人口を踏まえた帆布グッズ店や飲食店など、なりわい空間として広がりつつある。

図表 5-8　あなごのねどこ・みはらし亭

豊かな自然や歴史・文化等、地域の可能性を信じ、活かして事業創造と雇用を生み出す活動～ディスカバーリンクせとうち

12年6月に設立された「ディスカバーリンクせとうち」（代表：出原昌直氏）は、地元のそれぞれの業界で仕事をしているメンバーが集まり立ち上げた会社である。会社設立の根底には、地域に対する危機感があった。広島県下の重厚長大、労働集約型産業が衰退する中で、「これから先、私たちは地元でどうやって仕事をしていくのか、私たちの子供の世代にはどの様な将来が待っているのか、今、私たちの世代がどういう行動をしなければいけないのか」という問であった。一方で、地元の瀬戸内という豊かな自然や恵まれた場所だからできる新しい事業と雇用を生み出すことができないかと設立された会社だ。事業としては、ONOMICHI U2（オノミチユー

ツー)、せとうち湊のやど、ONOMICHI SHARE（オノミチ シェア）、鞆 肥後屋、尾道デニムプロジェクト、伝統産業プロジェクト、尾道自由大学など、いずれも地域の魅力を再構成し高めながら、事業化するという取り組みである。

図表 5-9 「ディスカバーリンクせとうち」の事業

ONOMICHI U2

せとうち湊のやど

ONOMICHI SHARE

鞆 肥後屋

尾道デニムプロジェクト

伝統産業プロジェクト

特に、「ONOMICHI U2」は、尾道の立地性や環境を活かした事業で「しまなみ海道をサイクリストの聖地に」を目標に、サイクリングロードの本州側起点として広島県の海運倉庫「県営上屋2号」をサイクリストに必要なサービス・施設が整った複合施設として再生（2014年3月）させたものである。ホテルやサイクルショップ、レストラン、カフェやライフスタイルショップがあり、瀬戸内の魅力、サイクリストに向けた情報やサービスを提案、発信している。この施設が整備されたことにより、尾道駅西側ベイエリアに新たな賑わいを創出した。また「せとうち湊のやど」は、せとうちの伝統や魅力を肌で感じる空間として、尾道の歴史ある建物を気鋭の建築家より再生したもので、くらすように宿泊、滞在できる空間として再利用されている。さらに「ONOMICHI SHARE」は、北前船が入港していた浜に、尾道のくらしや文化を体感しながら働くことができる新しいタイプのシェアオフィスで、市外、県外の利用者を期待したサービスも用意されている。そして「尾道デニムプロジェクト」。世界でも有数の備後デニムを、福山出身のデニムデザイナーと連携し、尾道で働く

方たちが1年間ワークパンツとして使用したものを本物のＵＳＥＤデニムとして仕上げ、コンセプトショップで「尾道デニム」として販売している。

　これらの取り組みは、まさに地域の歴史や文化、自然環境や風土、さらに地域を取巻く交通環境や観光動向の変化等を捉え再構成し、新しい事業を創出するなど、新しい魅力づくりを通して地域の活性化、雇用の創出に繋げているものである。

点在する地域資源の多様な活用による尾道らしさづくりと「なりわい空間」づくり
　尾道市には、自然的、歴史的、文化的資源が点在している。そうした地域資源を再活用しているものが、市内には多く点在している。それは必ずしも「なりわい空間」としてだけではなく、交流・学びの空間であり尾道とのふれあいの空間である。それらは総じて「風光明媚な尾道水道のまち」、「暮らしやすいまち」、あるいは「坂の街」、「文学の街」、「映画の街」、さらには「瀬戸内の十字路のまち」、「サイクリストのまち」づくりに繋がっている。その原点には、尾道の風土を受け継ぎ、新しく繋ぐという視点であり、その活動の中で起業され、事業が創造されている。上記2つはそのような試みであり、それぞれが地域からはじまり、根差したもので、尾道、せとうちへの愛着とそこでくらすという思いを感じ取ることができる。

（増田　勝）

【参考文献・出典】
「ディスカバーリンク　せとうち」HP/「NPO法人尾道空き家再生プロジェクト」HP
　尾道市資料：尾道市空家等対策計画、HP

第6章

地域空間の最適化をめざした「物理的空間」

●第6章の構図

　人口の減少と都市・地域の縮小化のなかで、豊かな「物理的空間」づくりをめざすために、「地域の土地資源の総合的な利活用」、「住み続けるための地域交通インフラの確保と住空間の再生」という戦略的、重点的視点を明らかにした。その視点を踏まえた上で、最適化への7つの取り組みの方向をあげ、その方向性ごとに、分野別の「物理的空間」づくりのあり方を全国での先進的取り組みをもとにしながら整理している。

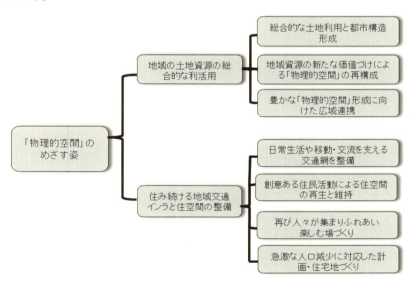

第 6 章　地域空間の最適化をめざした「物理的空間」

1　「物理的空間」のめざす姿

（1）「物理的空間」づくりの具体的展開

　「物理的空間」は、第 2 章 3 の「（3）物理的空間」で記述したように、地域の生活やくらし、活動（＝住まう・働く・憩う・学習・交流等の行為）、なりわい、経済活動を支える社会的装置により構成され、自然環境を含めた総体を「物理的空間」と呼んでいる。

　そして、「物理的空間」は、人の活動や経済活動が前提にあるので、「社会的空間」と「なりわい空間」との一体的な関係にある。また、この「物理的空間」、特に、社会インフラとサービス機能は、地域の自然的、歴史的条件を基本に、効率性を重視し、人口規模・密度を踏まえた適正配置を前提に、生活道路から高規格道路、交通・通信システム、上下水道、電気・ガスなどが整備、ネットワーク化されてきた。

　しかし今、こうした整備のあり方が、人口の減少と少子化・高齢化の中で、また市街地の空洞化や外延化が進む中で、どう対応していくべきかの再考が求められている。まさに、それぞれの場所で、それぞれが住み続ける「物理的空間」をどう創っていくのかという問いへの対応である。ここでは、「物理的空間」づくりに向けた取り組みについての基本的な考え方について述べる。

　尚、本章での「物理的空間」とは、特に地域レベルの物的環境～移動・住む・ふれあい空間を中心にするものとし、広く都市全体に関わる都市構造上の取り組みについては、「第 7 章 自治体経営の未来に責任を持つ 2 つの戦略デザイン」に譲るものとする。

1 「物理的空間」のめざす姿

「物理的空間」づくりへの挑戦～縮小の連鎖を断ち切る物理的空間づくりへ

　地域における人口減少や高齢化、少子化は、生活関連サービスの縮小、公共施設の余剰化、地域公共交通の縮小・撤退等の「生活利便性の低下」をまねき、さらに地域の担い手不足を引き起こすとともに地域における助け合い、共同事業やイベント等の諸活動を脆弱化させ、地域コミュニティの存続さえも危ぶまれる結果をまねく。さらに、空き地・空き家の増加、教育施設などの統廃合をまねき、「地域の魅力を低下」させ縮小化の傾向を一層強めていくと予想される。まさに、地域人口の減少が、地域の負の連鎖、縮小化への連鎖を生み出すことになる。

　こうした、負の連鎖による弱体化、縮小傾向にある地域社会を、住み続け、そして魅力ある「物理的空間」として行くためには、新しい視点と知恵、対応策を地域、市町村ごとに、吟味、確認し、地域における協働事業などを通して粘り強く進めて行くことが求められている。

　特に、「都市計画」の面では、右肩上がりの時代の現在の都市計画制度は、人口減

図表6-1　縮小が連鎖する「物理的空間」

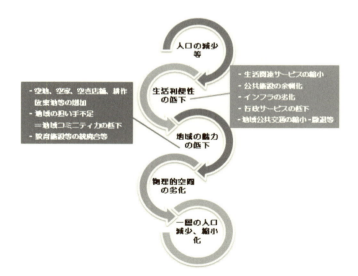

少時代に入り十分に役割を果たせずにいるのも事実であるが、各地では現行の諸制度を活用しつつ、自前の視点で魅力的な「物理的空間」づくりに向けての多様な取り組みも行われている。地域に住み続けるために自ら進める移動・交流を支える交通環境の整備や魅力ある住空間の再生・維持、さらに地域で再び人々が集まり、ふれあいを楽しむ場づくりや魅力的な自然や歴史的景観を活かしたまちづくりなどである。

　今、多くの都市・地域は縮小・成熟の時代に入りつつあり「手本のない時代」である。だからこそ、人々が安全で安心してくらし続けられる環境＝「物理的空間」を、それぞれの地域にあった方法で、自ら、あるいは協働で創り、持続させていくことが、仕組みづくりとともに強く求められている。それは、地域固有の資源を探り活かしつつ魅力を自らが創り出すという「地域固有の実践」である。こうしたプロセスは、地域に愛着と誇りを持った人々、即ち、縮小下での新しい「物理的空間」づくりの価値観とその実践者を継続的に生み出すことにもなり、地域形成の主体としての住民の立場を自覚的なものとし、豊かな地域コミュニティづくり、「社会的空間」づくりへと繋がるものでもある。

「物理的空間」づくりの戦略
　実際に実施されている活動の内容やプログラムは、地域に応じて様々であるが、「物理的空間」づくりの戦略として、次のような点が挙げられる。
①地域の土地資源の見直しや再編によって総合的な土地の利用と活用を進める
各地域における市街地の現状や自然・歴史・文化的資源等の実態を踏まえ、「物理的空間」の現状と劣化の状況を総合的に検証すると共に、持続性のある、住み続けられる「物理的空間」の形成に向けて横断的に取り組む。

　具体的には、地域の現状をもとに、市街地・農山村も含めた総合的な土地利用と、地域資源の再生・利用による「物理的空間」の維持、再生を検討・実施し、その上で、地域を越えた広域での連携による総合的な土地の利活用の推進を検討、調整、実施する。さらに「社会的空間」、「なりわい空間」をも踏まえた、住み続ける基盤としての総合的な土地利用の推進などの取り組みを強めることは重要な視点である。

②住み続けるための地域交通インフラの確保と住空間を整備する

　地域の人口減少等を発端として始まる負の連鎖に対して、地域に住み続ける基礎となる「住み続けるための地域交通インフラの確保と住空間の再生」に取り組むことは「物理的空間」づくりの第一歩として重要である。

　具体的には、地域での日常活動・交流のための交通インフラの確保に向けた取り組み、さらに地域の変化に対応した居住環境や人々が集まりふれあい、楽しむ場としての空間の再生など、住民、企業、団体、行政の協働・協創による地域づくりを「社会的空間」、「なりわい空間」づくりと連携して進めることが重要である。

（2）「物理的空間」づくりのめざす姿

　私たちを取り巻く都市、地域は、長期的に人口が減少し高齢化が進む。少子化傾向もすぐには止まらない。そのことを前提にした上で、地域に住み続ける、あるいは住み続けなければならないからには、地域を安全、安心で、健康で楽しく住み続けることができるようにすることが大切である。そのために、地域固有の諸問題に創造的に取り組むことからはじめる。それは、住民、地域、団体、行政、それぞれがまず自立的に、そして外部の知恵と力も取り入れながら協働で取り組むなど、身近なところから拡がりを持った取り組みを進めることが重要である。その結果として、「縮小の時代」に対応した新たな「物理的空間」の最適化へと繋がる。ここでは、そうした地域での実践的な取り組みを踏まえて、具体的な展開方向について総括的に整理し、本章の「2．物理的空間づくりの具体的な試み」に繋げることとする。

地域の土地資源の総合的な利活用を進める

　日本の国土は、総面積3,780万ha（2014年）で、森林面積2,506万ha、うち41％が人工林である。また、農地は452万haで12％、既成市街地（人口集中地区15年）は127万ha、3.4％となっており、地形条件も含め森林、農地面積が多く、全体の約80％強が非都市的土地利用となっている。

第 6 章　地域空間の最適化をめざした「物理的空間」

図表 6-2　国土利用の状況（面積：ha、構成比：%）

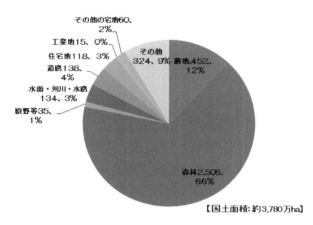

出典：国土交通省 2014 年

　一方、都市的土地利用の状況を都市計画区域の現状からみると、区域面積は 1,019 万 ha で国土の約 27％となっており、そこに約 95％の人口が住み都市活動が営まれている。因みに、都市計画区域人口に対する人口集中地区人口は約 79％となっており人口集積度は高いが、面積比が 12.5％で大都市圏への人口集中等の偏在性を踏まえると、大都市圏以外の地方部における都市計画区域内の低密度地域や周辺部地域も含めた総合的な土地利用についての検討が必要である。

図表 6-3　都市計画区域、市街化・調整区域、人口集中地区面積等

総人口 (2015.1.1)	都市計画区域			市街化区域及び市街化調整区域			
				市街化区域		市街化調整区域	
	区域数	面積	現在人口	面積	現在人口	面積	現在人口
千人		ha	千人	ha	千人	ha	千人
128,226.5	1,062	10,191,119	120,103.2	1,448,850	88,515.5	3,816,221	10,946.6

人口集中地区（2010年）		
面積	人口	地区人口/総人口
ha	千人	%
1,270,278	94,577.1	78.7

出典：国土交通省 2015 年

1　「物理的空間」のめざす姿

　こうした状況の中で、さまざまな動きが顕在化している。都市部においては、三大都市圏を中心に地方部から都市部への大規模な人口流入が、高度経済成長、人口の安定的な増加傾向と相まって進み、市街地周辺部において住宅地を中心としたスプロール市街地が急速に拡大した。それは当然のこととして、それまでの農山村的土地利用から都市的土地利用への転換を意味し、それまでの歴史的・文化的環境の変化と新しい地域社会の形成に対応した生活環境整備や道路交通網の整備、そして教育・文化施設の整備などを含めた市街地整備などが強く求められ、適宜、取り組まれてきた。加えて、中心市街地の衰退、さらに市街地部にとどまらない地域での空き地・空き家の増加や産業構造の転換に伴う空洞化などが進み、その対応が求められるようになった。また周辺部の農山村地域においては、農家戸数の減少や農家1戸当たりの規模は拡大しつつも、全体として農地面積や作付面積の減少、担い手の高齢化などが進んだ。また森林地域においては、森林資源は量的に充実し利用可能な概ね50年生以上の森林が年々増加しつつも木材需要の減少、労働力不足や林業経営の悪化から間伐などの管理が十分に行われていない森林も増加するなど森林資源の維持、管理が課題となっている。

　このような国土利用全般から見た「物理的空間」の概要と状況を踏まえた時、地域資源としての土地〜市街地、農地、森林などの状況を見直しつつ、持続性ある、住み続けられる「物理的空間」の形成に向けた総合的で横断的な取り組みが、具体的に求められている。

　そのため、農地、森林などをはじめとした土地資源について、共生の視点を有しつつ保全、利活用を進めるとともに、自然的・歴史的景観資源や空き地、空き家などへの新たな価値づけなどにより「物理的空間」を再構成する。併せて、防災性・安全性に配慮しつつ住み続ける前提としての地域の「なりわい空間」づくり、「地域コミュニティづくり＝社会的空間づくり」と連動し、配慮した適正な土地利用や道路・交通ネットワークの形成を総合的に進める。加えて、こうした取り組みを地域の参加を軸に個別、創造的に進めつつ、地域から市町村レベル、そして広域レベルへと拡げ、繋がる総合的・一体的な土地利用の構想・計画づくりや、それを支える行政部局間、さらには各行政間の連携化を図る。そのためにも、地域、行政、民間、さらに外部の

第6章　地域空間の最適化をめざした「物理的空間」

知恵と力を活用し、多用な協働、協創の繋がり、仕組みづくりを進めるなど、魅力的な「物理的空間」づくりに向けて以下のような取り組みをそれぞれの都市、地域において具体的に進めることが重要である。

１）総合的な土地利用の推進と都市構造を形成する

　地域の土地利用は、市街地部においては拡散化と空洞化が並行して表れ、衰退と空間の魅力の低下が叫ばれて久しい。実際、土地利用はその土地の自然的条件や歴史的・文化的条件、社会的条件に左右され規定される。今、都市や地域などの物理的環境は、車社会の進展やそれに伴う流通システムの変化、そしてライフスタイルの変化、加えて人口減少などにより、大きく変化してきている。

　例えば、大規模店の郊外立地や空洞化が進む既成市街地の発生、一方で、産業構造の変化に伴う大規模空き地への住宅・商業などの大規模複合施設の立地など。さらに、市街地周辺部での、未利用農地や管理不充分な林地の発生と高齢化などに伴う過疎化や限界集落化など、検討と対応が求められる土地利用上、都市構造上の動きが顕在化している。

　そのため、自然的・歴史的・地理的条件を踏まえた都市・地域構造のあり方を再考しつつ、地域産業や地域コミュニティの振興と一体となりながら、市街地・農山村部も含めたキメの細かい土地利用を計画的に進めることが求められている。

　尚、本項については、第7章の「2　都市の戦略デザインづくりの具体的な試み」において、自治体における実践事例を通して論点と対応策を提起している。

２）地域資源の新たな価値づけにより「物理的空間」を再構成する

　地域における人口減少や高齢化、産業構造の変化に伴い、地域の自然的環境の維持は、特に中山間地域において厳しい状況におかれている。管理が行き届かない森林資源、放置された農地、住宅の荒廃や空き家の増加、あるいは農業生産や生活にかかわる共同作業や年中行事の実施困難による地域の伝統的生活文化の衰退などの集落機能の低下、さらには災害に強い国土を形成する上での森林や農地などの適切な維持・管理機能の喪失などの諸問題が発生している。

こうした中で、各地ではさまざまな取り組みがなされている。「人」も含めた地域資源を活用する活動や仕組みづくりを通して試行錯誤を繰り返しながら、自らが問題を解決していく力をつけ、特産品開発、市場開拓などを行っている。あるいは、地域を何とかしたいと思っている人々の繋がりと活動により地域振興の方向と協働事業を見つけ出したりしている。

　地域の資源をどのように活かすのか。即ち、地域の自然資源としての森林や河川等の再生利用、地域の歴史性や生活文化、そして空き家を含めた地域の歴史的建築物などの活用、さらに地域ならではの特産品づくりなど地域のなりわいづくりも含めた取り組みなど、地域資源を見つめ直し、新たな価値づけを行うことにより「物理的空間」を再構成するなど、特に中山間地域を中心に広く行われており、今後とも幅広い創造的な取り組みが期待される。

　実際、森林資源に着目し、森林バイオマス（熱）エネルギーの活用による生活環境の最適化や地域の歴史的建物などの立地を踏まえた空き家再生事業による景観形成と住環境の向上などの一体的な取り組みによる市街地空間づくりを進めるなど、地域資源の新しい価値づけによる住み続ける場づくり、「物理的空間」づくりが取り組まれている。

3）豊かな「物理的空間」形成に向けての広域連携を進める

　身の回りの環境からはじまり、地域、そして市域へと広がる「物理的空間」は、多くの主体〜市町村、都道府県、国、さらには個人、民間企業、団体などとの関りの中で創られ、維持されている。またそうした中での空間整備の要求は、それぞれ個別で重複的、合理性を欠くものとなりがちである。市町村単位でそれぞれ整備される文化・スポーツ施設など、より広域的視点での検討・調整され、整備が望まれる公共的施設は枚挙にいとまがないし、言われて久しい。

　人口減少、縮小社会において、こうした公共的施設、大規模土地利用や開発事業の広域的な調整、あるいは移動権を支える交通ネットワークの広域調整、広域的な施設利用や交流を支える情報ネットワークなどの広域連携が、防災・安全も含めて求められるし、そのための行政間、個人・民間・団体・行政間などのシステムづく

第 6 章　地域空間の最適化をめざした「物理的空間」

りが必要である。

　実際、制度上の問題もありその実行を難しくしているが、住民生活上の流動性の高まりや情報交流の広域化の流れの中で、広域での分かち合い、協働の取り組みが見受けられる。その試みについては、第 7 章の「4　広域の戦略デザインづくりの具体的な試み」において整理する。

住み続けるための地域交通インフラの確保と住空間を整備する

　2015 年の国勢調査によれば、我が国の人口は 1 億 2,709 万 5 千人で 10 年と比べると、96 万 3 千人減少（0.8％減）している。65 歳以上人口は 26.6％（3,346 万 5 千人）となり、10 年の 23.0％から上昇し調査開始以来最高の割合となった。さらに、75 歳以上人口は、1,612 万 6 千人（12.8％）、80 歳以上人口が 984 万 9 千人（7.7％）で、80 歳以上人口が 1 千万人に及び、10 年国勢調査の 820 万人に対して約 20％の増加となっている。

　また、高齢者夫婦世帯（夫 65 歳以上・妻 60 歳以上の夫婦 1 組のみ一般世帯）の動向を一般世帯との比較で見ると、2010 年で 10.7％、15 年で 11.4％と増加傾向にある。さらに、65 歳以の高齢者単身世帯も、10 年では 9.2％、15 年で 11.1％と増加傾向にある。そして、高齢化の動きは、人口規模の小さい自治体で急速に進んでいる。一方で、人口規模と将来推計による高齢者の増加率をみると、人口規模が大きい自治体ほど高くなる傾向があると予想されるなど、全体として高齢化が進むがスピードは地域によって異なり、かつ高齢化率が上がることと高齢者数が増えることが地域によって必ずしも一致しない。高齢化の実情に応じた対応が求められている。

　さらに、国立社会保障・人口問題研究所の、2015 年国勢調査の確定を踏まえた新たな全国人口推計（日本の将来推計人口：出生中位・死亡中位推計）によると、人口は、50 年の 1 億 1,923 千人を境に、1 億人を割り 55 年には 97,441 千人になりその後も減少が見込まれている。尚、55 年の人口構成は、年少人口が 10.2％、生産年齢人口は 51.6％、高齢人口は 38.0％となり、今後とも高齢化が進むと予想され、46 年で、実数は減少に転じるものの、総人口の減少もあり構成比は一貫して増加する。この

1 「物理的空間」のめざす姿

ような人口の減少と高齢化、さらには高齢者夫婦・単身世帯の増加は、地域における生活と交流を支える多方面にわたる支援の必要性を高めることになる。

図表6-4　日本の将来推計人口（出生・死亡中位推計）

年　次	人　口（千人）				割　合（％）		
	総数	0～14歳	15～64歳	65歳以上	0～14歳	15～64歳	65歳以上
昭和15（1940）	73,075	26,369	43,252	3,454	36.1	59.2	4.7
20（1945）	71,998	26,477	41,821	3,700	36.8	58.1	5.1
25（1950）	84,115	29,786	50,168	4,155	35.4	59.6	4.9
30（1955）	90,077	30,123	55,167	4,786	33.5	61.3	5.3
35（1960）	94,302	28,434	60,469	5,398	30.2	64.1	5.7
40（1965）	99,209	25,529	67,444	6,236	25.7	68.0	6.3
45（1970）	104,665	25,153	72,119	7,393	24.0	68.9	7.1
50（1975）	111,940	27,221	75,807	8,865	24.2	67.7	7.9
55（1980）	117,060	27,507	78,835	10,647	23.5	67.4	9.1
60（1985）	121,049	26,033	82,508	12,468	21.5	68.2	10.3
平成 2（1990）	123,611	22,486	85,904	14,895	18.2	69.7	12.1
7（1995）	125,570	20,014	87,165	18,261	16.0	69.5	14.6
12（2000）	126,926	18,472	86,220	22,005	14.6	67.9	17.3
17（2005）	127,768	17,521	84,092	25,672	13.7	65.8	20.1
22（2010）	128,057	16,803	81,032	29,246	13.2	63.8	23.0
27（2015）	127,095	15,945	77,282	33,868	12.5	60.8	26.6
32（2020）	125,325	15,075	74,058	36,192	12.0	59.1	28.9
37（2025）	122,544	14,073	71,701	36,771	11.5	58.5	30.0
42（2030）	119,125	13,212	68,754	37,160	11.1	57.7	31.2
47（2035）	115,216	12,457	64,942	37,817	10.8	56.4	32.8
52（2040）	110,919	11,936	59,777	39,206	10.8	53.9	35.3
57（2045）	106,421	11,384	55,845	39,192	10.7	52.5	36.8
62（2050）	101,923	10,767	52,750	38,406	10.6	51.8	37.7
67（2055）	97,441	10,123	50,276	37,042	10.4	51.6	38.0
72（2060）	92,840	9,508	47,928	35,403	10.2	51.6	38.1
77（2065）	88,077	8,975	45,291	33,810	10.2	51.4	38.4

出典：国立社会保障・人口問題研究所 2017 年

　地域における人口の減少や高齢化などに起因して「生活利便性の低下」、さらに「地域の魅力の低下」をまねき、「物理的空間の劣化」へと進み、そして一層の人口減少等をまねくという「負の連鎖」に対して、住み続ける地域づくりに向けて、特に、以下のような取り組みが求められる。

　また、取り組むにあたっては、地域の住民、企業、団体、行政等の協働による地域づくりや「地域コミュニティづくり＝社会的空間づくり」、「なりわい空間づくり」との連携を意識し強化することが大切である。

第6章　地域空間の最適化をめざした「物理的空間」

1）日常生活や移動・交流を支える交通網を整備する

　地域における人口減少の動きは、生活関連サービスの縮小や地域の公共交通の撤退、縮小をまねくことになる。その結果、地域に住み続ける人々、特に自らの交通手段を持ちえない人々は、日常生活における諸活動が一層不自由なものになり、生活上の不便性を越えて地域の魅力の低下へとつながり、さらなる人口減少へと連鎖する。そうした連鎖を断ち切るためにも、地域での移動や交流を支える足の確保（コミュニティバス他）、地域間を結び都市・地域の骨格となる交通・道路網、情報網の整備と都市間交流を促進する各種ネットワークづくり、移動や交通手段選択の自由、交通に関する情報へのアクセス権などの「移動権」の確立とそれに支えられた地域交通問題の協働による取り組みによって、住み続ける「物理的空間」づくりの基礎となる「移動・交流」を容易にし、快適で豊かな地域生活を実現していく必要がある。

　実際、交通不便地域は過疎地だけではない。大都市圏においてもバスやタクシーなどの交通困難な地域が存在している。そうした交通不便地域の人々が立ち上がり、その解決に向けて取り組んでいる地域、自治体の実験的な取り組みや、さらに歴史的・地理的特性を踏まえた地域交流維持のためのコミュニティバスの運行と地域内・地域間の交流を育む「移動権」に支えられた地域、事業者、行政による取り組みなど、地域自らが立ち上がり、そして協働による取り組みにより住み続ける「物理的空間」を具体的に一つ一つ創り上げている。

2）地域性を踏まえた創意ある活動により住空間を再構築し維持する

　昭和30年代から40年代にかけて、都市部とその縁辺部では人口の急激な増加に合わせて、住宅団地、住宅地の整備供給が行われた。また、そうした人口急増と転入に充分対応できずに住環境上の問題を有した住宅地や密集市街地が形成されてきた。こうして急ぎ整備された住宅団地、住宅地の多くは、同一世代層の入居が想定されていたため、その後、一気に高齢化や家族構成の変化が進み空き地、空き家が目立つようになる。また、これらの住宅団地、住宅地は、建設後40〜50年、古いものではそれ以上のものがあり、一様に更新、建替えの時期にきている。併せて、

同一世代層、同一職種層が集合した住宅団地などは、地域コミュニティ形成の難しさもあり、かつ高齢世帯化、単身高齢世帯化もあり、更新、建替えを難しくしているなどの状況が挙げられている。一方、古い形態で密集化した市街地においても、家族構成や就労の変化なども加わり更新や建替えの時期を迎えている。地域の歴史性や文化性を踏まえ、地域に住む人々が地域ならではの知恵と連携による意欲的で継続的な取り組みが益々求められている。

　実際、住宅密集の改善と基盤整備の必要性が高い地区での、単なる建替えではない、地域の歴史や生活文化を踏まえ、住民参加による計画づくりと合意形成、そのプロセスに合わせたコミュニティ再生活動や管理・運営のための仕組みづくりなどの住環境の再構築に努め、住み続ける場としての魅力ある市街地、住空間の再生と維持への取り組みが行われている。

3）再び人々が集まりふれあい、楽しむ場づくりを進める

　大規模小売店舗の出店にあたり地元小売業者との商業調整を行ってきた「大規模小売店舗における小売業の事業活動の調整に関する法律」（大店法）が規制緩和の一環として 2000 年に廃止され、1998～2000 年にいわゆる「まちづくり三法」が制定された。三法施行後、様々な対策が講じられてきたが、中心市街地は居住人口の減少、公共公益施設の移転や郊外大型店の立地などによる空洞化、衰退が進んでいる。これは、車社会の到来に伴う生活スタイルの変化に起因するところもあり、こうした動きに対応できなかった中心市街地は空洞化せざるを得ないという現状で、車への依存度が高い地方都市ほど深刻な状況となっている。これに対し、中心部の人口密度が比較的高く、公共公益施設が集中立地した都市構造のまちで、また、公共交通ネットワークが機能し、中心市街地の交通結節点となっている地域や各種都市機能へ徒歩や公共交通機関でアクセスしやすい、歩いてくらせるまちなどで活性化している事例もみられる。さらに、道路、河川といった公共空間を活用した交流・ふれあい事業や空きビルや空き地の活用・リニューアルによる街なか活性化事業、そして、まちづくり会社などの新たな担い手による地域づくり活動など、外部の知恵や力もうまく取り込みながら厳しい環境の中でも着実に、一歩一歩、状況を好転させてい

る地域もある。

　このように、停滞した街なかで「再び人々が集まりふれあい、楽しむ場」づくりを進める地域主体の活動が、各地で行われ始めているし、今、強く求められている。その時の「物理的空間」づくりの視点として、住民交流や教育・福祉、観光等の幅広い視点から何ができるか、街なか、空き店舗などを外部の知恵や力をも活かしながら見直すこと。さらに、地域の支持や参加を得ながら、楽しみ参加できるプロセスを持ち、より発展、深化させる時間軸、例えば暫定利用から開発事業へのステップを意識した活動・事業を起こす、あるいは新しい機能の誘致に繋げるなど、活力ある創造的空間づくりへの継続的な活動を一連の過程として考えることが大切である。

　実際、外部人材の登用も含め、衰退した中心市街地の商業空間を「商い」の場を超えて、地域住民が集い、活動し、発信する創造空間へと再生するなど、意欲的に取り組まれている事例がある。

4）急激な人口減少に対応した計画と住宅地づくり

　日本は、人口減少時代に入った。そしてこの傾向は、当面、地方の中核都市や大都市圏への人口移動と地方の過疎化という動きを伴って進み、地方中小都市などでの産業振興、活性化が強く求められ、さまざまな地域整備、振興策が検討・実施されている。しかし、厳しい状況が続いている。特に、中山間地をはじめとした過疎地域などの条件不利地域では、集落の維持そのものが危ぶまれている。

　旧来の各種地域振興政策に対する評価や反省が多々言われ、かつ地方創生が叫ばれているが、持続可能な、住み続ける地域社会づくりに向けてもう一度、足元から見直し、自ら住み続ける地域づくりに取り組むことが求められている。

　住み続ける場としての「物理的空間」づくりの面では、地域産業の衰退と急激な人口減少によって地域の持続可能性が急激に低下する中で、まずもって「人口減少」をしっかりと受け止め、それに対応したインフラ整備と拡大、分散した市街地や住宅地の時間軸と住民意向を踏まえた整備・移転の検討、さらに、それら検討に合わせた地域の整備構想・計画の策定に向けた住民、行政などによる協働のプロセスを持ち、共に実践していくことが大切である。また、地域の「なりわい空間」や「社会的空間」

づくりとの一体的な取り組みの必要性は言うまでもない。

　実際、北海道夕張市では、急激な人口減少に伴い点在する炭鉱住宅を中心とした住宅地で、サービス施設の撤退やコミュニティの衰退により「住みたくても住めない」という状態になっており、さらなる人口減少を誘発している。そうした中で、人口減少をしっかりと踏まえた計画づくりと古い住宅・住宅地からの移転や集約化など、人口、産業などが激変するまちでの地域づくりを粘り強く計画的に進めている。

（増田　勝）

【参考文献・出典】
　国土交通省「国土交通白書」（平成 26・27・28 年度）
　一般財団法人日本統計協会「統計でみる日本 2017」

2　「物理的空間」づくりの具体的な試み

（1）交流を支える移動権とモビリティ

1）交通不便地を地域主体の力で解決

> **課題の構図**
>
> 　交通が不便なのは過疎地だけではない。大都市圏においてもバスやタクシーなどの交通困難な地域が存在し、共通の課題となっている。
>
> 　横浜市郊外部では1960年代頃から住宅地開発が進み人口が急増した。最近では2010年代以降も人口は緩やかに増え続けているがこの傾向は2020年頃にはピークを迎え、以後減少に向かうと予想されている。これらの住宅地は鉄道駅から離れたバス交通に依存するところが多く、若年層の多くは転出し、高齢者人口が増加、今後住宅地の人口も世帯数も減っていくとされている。郊外部は丘陵や台地に立地しているため高低差が大きく、急な坂道が多い。そのため最寄り駅やバス停からは上り下りしなければならない。バスの利用者が減ったことなどから、路線廃止や運行回数の減少など移動手段の確保はますます難しくなっている。
>
> 　横浜市はこのような課題を目の前にして、それぞれの地域にふさわしい交通手段を確保するため、地域住民を主体とする、現実的で持続性の高い事業を立ち上げた（横浜市「地域交通サポート事業」）。
>
> 　一方、地元住民の有志が独自の地域交通を実現し、横浜市の「地域交通サポート事業」に依らずにコミュニティバス（「菊名おでかけバス」港北区南部）を実現している地域がある。

2 「物理的空間」づくりの具体的な試み

行政による「持続可能な地域公共交通の実現」に向けた実験的取組み

　横浜市は 2003 年 2 月から 07 年 3 月にかけて西区の交通不便地域を対象に「お出かけサポートバス事業」を立ち上げ実証実験を行ったが利用者が目標に届かず、補助金による事業は難しいと判断し、事業を終了した。

　この失敗をふまえ、ひきつづき検討されたのが"新しい交通政策への提言"と題した「地域交通サポート事業」（07 年 3 月）である。持続可能な地域公共交通を実現するためには地域の人々の力が大切だと考え、今度の事業では地域住民を主体とし、横浜市は背後からの支援にまわる。そして以下のように、地域住民、横浜市、運行事業者の三者が互いに緊密な関係を保ちつつ、それぞれの役割を担うこととした。

　地域住民は、沿道住民の理解と合意を得るために活動し、採算の確保に向けて多くの人が継続的に利用するよう呼びかけ、賛同者を増やすために地域の人々に情報を提供するなど、積極的な啓発活動を行う。

　横浜市は、地域の活動状況に応じて市の職員を派遣する。現地調査や需要の分析を行い必要な情報の提供、助言・調整・相談に応じる。具体的な運行ルートや車両タイプの検討、利用動向の予測、運行計画の提案など、地域住民だけではできない面をサポートする。行政は車両費や運行経費など財政上の支援は行わないが、知恵の面で支援する。

　実際の運行を担当する交通事業者は、地域の求めに沿った交通手段を提案し、採算性を検証しながら実際の運行に至るまでの役割を担う。

コミュニティバスの本格運行を「地域交通サポート事業」により実現

　泉区下和泉地区では、1999 年横浜市営地下鉄が延伸したのと同時に神奈川中央交通 (通称神奈中) の直通バスが廃止され、バスの本数も激減した。さらに高齢化が進んで、バス停までの歩行困難者が目立ちはじめた。このような状況を背景に自治会内に特別対策委員会が設置されて活動が始まり（富士見が丘連合自治会）、2002 年自主運営によるミニバスの運行を開始した。「E バス」（E は easy と「いいバス」の意から）と名づけられ、翌年の 03 年には自治会、横浜市、泉区、バス事業者とによ

る「下和泉住宅街づくり検討会」が発足した。

検討会をきっかけとして地域交通の問題だけでなく、住みよいまちにしたいという声が住民から多く上がり、いくつかの団体が誕生した。大災害時の自主活動「自衛防災隊」、自家用車による送迎ボランティア（外出支援）「あやめ会」、環境美化運動「さんさん倶楽部」、日常生活支援団体「福祉の会」などである（ともに04年）。

図表6-5　横浜市「地域からの、Eバスのお知らせ」（2014年3月）車両イメージより

2012年、地域の交通手段検討のための地域組織として設立した下和泉地区交通対策委員会は「地域交通サポート事業」に登録され、運行時間帯拡大と自主運行を路線バスに切り替えることをめざし活動をつづけた。そして16年、「Eバス」は地域の人々の努力が実り、ついに本格運行が開始されることになった。

交通不便地域に共通の課題と行政の支援

高齢者だけでなく、障害を持つ人、小さな子ども連れの親にとって路線バスなど地域の公共交通は、日常の生活に欠かせない移動手段である。しかし現実には利用者が少なくなると、採算上の理由から路線廃止や運行回数を減らさざるをえず、公営であれば赤字の補填にも限界があり運行の継続は難しくなる。

このような状況を背景として立ち上げられた「地域交通サポート事業」には2017年3月現在、市内の25地区が登録し、すでに前掲の「Eバス」を含め12の地区で本格運行が実現している。1つの地区は実証運行中で、

図表6-6　横浜市協議事項「Eバス」の本格運行について より

2 「物理的空間」づくりの具体的な試み

本格運行に向けた取組みが進んでいる。一方、登録はしたものの検討中であったり、活動を休止している地区もある。理由としては、要望が多岐にわたり運行計画が立たない、地域交通への意思が統一できない、そのため採算の確保が難しいなどがあげられている。今後これらの地区での活動の再開を期待したい。

横浜市の"新しい交通政策への提言"では、活動にあたって次のような姿勢(心構え)が大事であると考えられている。地域公共交通の実現には、単なる要望ではなく住民自らが提案すること、本当に必要なことは何かを住民自身が検証すること、意見交換の場をつくり議論を繰り返すこと、持続できる地域公共交通を育てるために住民皆が当事者になること、乗りたくなるバスになるよう工夫すること、(住民だけでは限界があるため)行政は地域コーディネーターとして調整の役目を発揮すること、これまでの公共交通への価値観を転換し行政による赤字補填ではなく「社会的投資」という意識をもつこと、などである。

地元住民有志によるコミュニティバス運行の実現

JR横浜線と東急東横線との結節駅である「菊名駅」、東横線の「大倉山駅」と「妙蓮寺駅」、さらに横浜線と市営地下鉄の「新横浜駅」が位置する港北区南部は、交通の便が一見よさそうに思える地域だが「菊名駅」の西口を出るとすぐに急な坂があり、路線バスも通らない交通不便なところである。道路幅も狭く、以前から地域交通としての外出支援が課題であった。このような状況に問題意識を感じていた地元の有志が集まり、「港北区南部コミュニティバス実現をめざす市民の会」(略称「コミバス市民の会」を立ち上げた。

図表6-7 「菊名おでかけバス」のパンフレット

2004年以降どのような形で

運行するかなど、さまざまな模索と試行錯誤が続いた。NPO 法人神奈川福祉移動サービスネットワークの協力・助言も得て、コミュニティバス「菊名おでかけバス」の試験運行が実現した。中心となったのは自治会役員やボランティアなどで、自ら運転と添乗を行った。また地域の NPO 団体や学習会の講師なども運行管理その他の活動に関わってくれることになった。

図表 6-8　菊名駅西口の電柱に掲示された「バス停」案内と時刻表

車両の確保は大きな課題だったが、ガソリン代は実費程度ということで港北区内の生協、フリースクール、社会福祉法人や自動車学校などの協力を得ることができた。11 年 1 月定期運行を開始。14 年 9 月から週 1 回 (火曜日) 1 日 6 便を運行、車両は住民有志による個人のワゴン車が使われている。

「菊名おでかけバス」は、「コミバス市民の会」の会員を対象とした会員制で、会費と協賛金で運行費用をまかなってきたが、敬老会やイベント時の臨時運行などに協力したことなどが評価され、港北区の社会福祉協議会から年間 25 万円の補助金を受けることができるようになった。約 50 名の会員からの年会費 40 万円とこの補助金を合わせ、ガソリン代その他の経費をまかなっている。

「菊名おでかけバス」はすべて手づくりのコミュニティバスで、運転も管理も地域のボランティアが担い、行政やバス事業者は全くかかわっていない。地元住民による運行ということで、地域の新たなネットワークも広がり、高齢者だけでなく乳幼児など子供を連れた若い人の利用も目立ち始めている。すでに地域のくらしの足として定着し、折々のイベントなどの PR 活動を通じてさまざまな形で知られるようになり、他の都市からの注目も集めている。

行政が支援する「地域交通サポート事業」は、「交通空白地帯」の地域で、交通事業者の運行を前提としているため、「菊名おでかけバス」は事業の対象にはならない。しかし港北区南部のように「鉄道駅から近く交通が便利そうなエリア」であっても、

道幅が狭い、急な坂が多いなど「交通困難」な地域は、都市の大小や過疎の有無にかかわらず少なくないだろう。「菊名お出かけバス」は交通不便・交通困難な地域にとって、手製のコミュニティバスとしての先進的モデルであるといえる。

(後藤眞理子)

【参考文献、出典】
「横浜市における持続可能な地域公共交通の実現に向けた取り組み」山形珠美(国土交通省国土技術研究会論文集（2014）
「市民がつくる地域交通」清水弘子（コミュニティ政策学会特集論文「コミュニティで公共交通を創出する」（2011.3）
「新横浜新聞」（しんよこ新聞）（2016.12.11）

2）交流を支える移動権を前提にした地域交通システム

> 課題の構図
>
> 地域に住み続けるために、生活や移動を支える交通システムは、交流を支える「移動権」として重要な役割を担っている。ここでは、氷見市を事例として、「生活の足」を住民が主体となって確保する試みを紹介する。地方の公共交通の課題は、幹線と枝線を中心とするバス輸送人員の減少に歯止めがかからず、バス路線の廃止・減便が相次ぎ、毎年2千kmが完全廃止になっている。
>
> 氷見は人口49,500人で、7つの流域山間部と海に面した市街地、21地区から市域が構成されている。一方、市域面積の約3％の市街地に約42％の住民が居住、残りの約97％の山間部区域に約58％の住民が居住し、市街地に立地する消費・医療・公共サービスなどを通じた交流が醸成されてきた。1990年代までは、7つの流域山間部から市街地を経由し、高岡方面に向かう路線バス、国道160号線の石川県境の海岸沿いから市街地を経由し、高岡方面に向かう何系統かの路線バスが運行され、住民の生活・くらしや通勤・通学を支えてきた。人口減少、高齢化の波が流域山間部に押し寄せ、人口密度低下が移動エネルギーの効率を悪化させてきた。2000年頃から流域山間部の路線バスを中心に、次々、廃止や撤退に追い込まれ、地域の持続性の危機に直面し、地域課題の解決をするために、住民が立ち上がり「生活の足」を自らが経営する「私たちのバス」が誕生した。

バス路線の廃止にともないどのような困りごとが生じたか

氷見市八代地区では、2000年3月末の、小中学校の廃校に伴い、同地区を運行していた民間バス路線が廃止となった。その代替えとして同年4月から、スクールバスと路線バスを兼ねた市営バス（民間バス事業者へ委託）による一日6往復の運行がはじまった。しかしながら、氷見市は乗降客の低迷とスクールバス利用者の激減により、2005年度をもって市営でのバス路線の維持を断念した。

八代地区は、余川の上流の山間部に位置し、人口は634人、高齢率55.5％と市内で最も高齢化が進み、人口減少が著しい地区である。人口密度の低下は民間サービスの食糧品・鮮魚店・雑貨店などを閉店に追い込み、路線バスの廃止は、消費難民、医療難民を生み出し、地域の生活やくらしの持続性を困難にする問題が惹起された。高齢者は平均80歳近くなると大半が運転免許を返納し、マイカーを持たない高齢者世帯が増加し、移動が困難となり、引きこもりがちになる。「生活の足」の確保ができなくなると、市街地との交流や地域内の交流にも支障をきたす危機感が地域に充

図表6-9　7つの流域山間部と市街地

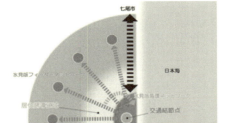

図表6-10　21地区の位置図

出展：氷見市都市空間戦略

満していた。

課題解決のためにどのようなアクションを起こしたか

　八代地区では、交通難民問題を地域で解決するため、地域の総意により2005年8月にNPO法人を設立し、同年10月に念願のコミュニティバス（公共交通空白地有償運送事業）の運行が開始された。コミュニティバスの特徴は、「運賃制」でなく「年会費制」のシステムを採用し、地区内の住むエリアに応じて、2万円、1万5千円、5千円の三段階の年会費とNPO会費5千円を納付することにより、毎日何回でもバ

ス利用できる仕組みになっている。この方式が経営を安定させ、地域で支える「私たちのバス」意識を醸成してきた。

　地域在住者でもある運転手は、単なる運転業務だけでなく高齢者の見守り役、安否確認を兼ねることで地域社会に溶け込んだ存在になっている。利用者は年会費を払えば、運賃を気にすることなく、どこからでも乗れるシステムが、高齢者の自主的な外出機会を増加させ、目的がなくても高齢者などが定期的に乗車し、バスの中で茶飲み話しや談話ができるサロンバスと化し、車内が高齢者同士の交流・情報の場にもなっている。また、コミュニティバスは既成市街地の地元のスーパーに停車し、買い物終了後、店側が用意した談話室（空き店舗の活用）で、帰りのバスが迎えに来る間、飲食や談話の空間として住民が活用している。これも、バスを経営している地域NPO組織と企業との創意工夫の一つといえる。

　八代地区の「私たちのコミュニティバス」方式は、その後同様の課題を抱える、灘浦、碁石、久目地区に普及していった。重要なことは、同様の問題を抱える他地区住民が、八代のリーダーからノウハウを学び、困りごとを地域間で連携して解決していく気運が芽生えたことである。

住民が主体となって「生活の足」を確保

　氷見市では「二重コンパクト」の都市構造に基づき、山間部と市街地の交流とつながりを生み出すための都市空間戦略を明らかにした。そして、地域内・地域間の交流を醸成し、持続可能な地域の実現を目指すためには、「すべての住民が、自由な移動によって、交流を育む移動権の発想」を共有した上で、住民・事業者と行政が協働、連携のもとに役割を分担する地域交通システムを再構築することとした。

　期待される効果として、民間バスと比較すると乗客一人当たりの補助金コストが低く押さえられる。地域の持続性を維持する「物理的空間」の根幹である移動機能の維持。人と人とのつながりのネットワーク形成や社会関係資本の蓄積、自由に市街地の医療、消費、公共サービスの享受が可能となり外出機会が向上したことが挙げられる。

　今までは、バス路線運行の廃止が示された時点で、今後の対応策を考えてきた方

法を改め、公共交通体系が当面維持されている間に、将来起こりうる事象を踏まえ、交流を育む移動権の発想にもとづき、住民・事業者と行政が役割を確認し、ロードマップに沿って、めざす方向に舵を切る必要があった。

その地域交通施策計画の根幹に据えるシステムとして、「八代方式」を位置づけ、地域づくり協議会による生活サポート拠点形成、地域経営共同体としての地域コミュニティバス経営を位置づけた。そしてめざす方向として流域山間部と市街地を結ぶフィーダー(支線の役割)路線の運営と地域内の交流を育むデマンドシステムも視野に入れた、公共交通空白地域の課題解決を、地域と事業者、行政とが協働、連携して進めていく方針を打ちだした。

地域と多様な主体との連携による地域交通計画

すべての住民が、自由な移動によって、「交流を育む交流権を有する」ことを前提に、地域・事業者・行政との協働、連携や役割分担に基づき、交流を醸成する有機的な地域交通ネットワークシステムの原則を、次のように定めた。

①地域と交通事業者と行政による役割分担を基本に、多様な交通主体との連携による幹線交通、山間部フィーダー交通、市街地循環交通、公共交通空白地域支援システムからなる有機的なネットワークを構築する。②生活サポート拠点による交流や活動、拠点へのアクセスを向上させる地域内デマンドシステムの検討。③八代・碁石・灘浦地区で運行されているコミュニティバス経営組織体の理念を継承した、フィーダー交通を組み込んだ交通施策体系の確立。④地域の持続可能性を念頭に置いた、セーフティネットとしての交流を育む移動権の尊重。流域山間部の交通問題は、単なるバス輸送の問題ではなく、相互扶助力の低下問題であることを踏まえ、地域の見守り、高齢者の外出支援と移動システムを統合した、包括的な交流システムと新たな雇用の創出。⑤小中学校のスクールバスを地域モビリティのひとつとして交流を支える視点から、コミュニティバスを含め検討。⑥地域住民、バス事業者と行政との役割分担で成り立つ仕組みと協議の場を構築。⑦氷見市地域交通モデルの構築に向け、行政内部の組織が政策一元化を図ることで、モビリティ問題を解決。併せて、地域コミュニティバスを支援する助成制度の充実を図る。

第6章　地域空間の最適化をめざした「物理的空間」

　このような住民が参画する地域交通の仕組を前提に、交流を育む移動権の発想をもとに地域交通問題を事業者だけの問題と捉えず、地域・事業者と行政が役割分担の上、協働して取り組む課題であることを示唆している。計画に基づき、2016年10月に、久目地区による地域コミュニティバスの運行がはじまった。余川谷地区では碁石地区の下に余川流域の余川、稲積地区が運営協議会に参画し、地域コミュニティバス利用者の充実が図られた。共助に公助を差し込むことで地域の「生活の足」を確保する地域づくり活動は、分権時代に相応しい住民主体による新しい公共の担い手の一つといえる。

住民が支える公共交通利用推進の仕組み

　高齢化と人口減少の加速を考えると、自治体のみで「生活の足」を守ることは困難といえる。特に地域交通の問題はマイカーによる移動が中心の状況では、住民は公共交通機関を利用しない。地方でよく見かける「空気を運ぶバス」と揶揄され、行政の財政負担のみが増加し、公共交通利用の増加に結びつかない。住民は生活の足が消え、運転免許を返上して自らがマイカーで移動できなくなってはじめて問題の重要性に気づく。このような悪循環を改善するために、住民が中心となり多様な主体を巻き込んだ公共交通利用促進運動を展開していく必要がある。公共交通を利用推進するため、様々な取り組みを促進する市民会議を設置して、高齢者、学生などのマイカーから公共交通へのシフトの推進、交流を育むための移動権の社会的認知を図る必要がある。

　公共交通の持続性を可能とするため、コミュニティバスの運営、経営上の諸課題を共有し、解決するめのNPOバス連絡協議会の設置。地域における多様な交通システムを検討する地域交通検討部会を地域公共交通会議の下に設置するなど、交流と活動に応じた、生活に必要なバスなどの旅客輸送利用者の確保を総合的に推進する仕組みづくりが必要となる。

（長瀬光市）

【参考文献・出展】
　氷見市都市計画「地域交通政策方針」（2016年6月）

（2）エネルギーの地産地消による生活環境の最適化

> **課題の構図**
>
> 　人口減少や高齢化、産業構造の変化に伴い、地域の自然的環境、地域コミュニティなどは厳しい状況に置かれている。こうした中で、地域の森林資源などの新たな価値づけにより、環境未来型の「物理的空間」へと再構成し、ひいては新しいくらしや働き方、価値観を醸成する取り組みとして、行政区域の9割近くを占める主要な「物理的空間」である森林資源をふまえ、活かした下川町の事例を紹介する。
>
> 　下川町の歴史は、1901（明治34）年、岐阜からの入植者による開拓から始まる。戦後、農林業に加えて、金山・銅山を有する鉱業の町として発達し、1960年の最盛期には、人口1万5千人を超えた。しかしこの時をピークに、木材輸入の自由化による林業の衰退、1983年に銅山、その3年後に金山が休山（その後閉鎖）して、1990年代には人口が5,000人を割り、現在も減少しつつある。しかしながら、そのようなまちが、最近、流入人口が流出人口を上回る社会増や「バイオマス産業を軸とした環境にやさしく災害に強いまちづくり」で注目を浴びている。この事例からは、地域空間が快適な日常生活を営むことができる空間として、また、「なりわい空間」をもたらす原資、さらに日常生活を支える絆や仕組みを形成する「社会的空間」として、地域住民の生活と不離一体となったダイナミックな相互関係が見えてくる。まさに地域資源を再構成し生活と生活環境を最適化するという構図が読み取れる。

森林が最大かつ最高の資源、森林の活用なくして下川が生き残る道はない

　行政を始め、地域の指導的な立場にある人々の「下川には、森林資源しかない、これを活用するしか生き残る道は無い」という思いは一貫してきた。

　1953年には、その2年前に制定された国有林野整備臨時措置法に基づいて、国有

林1,221haを買い受け、本格的な町有林経営をスタートさせた。毎年50haを伐採し、50haを植林するという「循環型森林経営」である。現在、その60年のサイクルは2期目に入っている。更に、1981年には湿雪被害が林業に大きな被害を与えたが、これが後に、森林資源を余すところなく使い切る「木材加工のゼロエミッション」を生みだすきっかけとなる。湿った雪の重みでカラマツの木が折れたり、倒れたりという被害が出たが、傷ついたカラマツを何とか商品にしたいという思いが、様々な苦労を乗り越えて、「炭にして売る」ことに結びついた。バーベキュー用に売り出したコンロと一体となったアイディア商品のヒットもあった。下川町森林組合前組合長の山下邦弘氏は、「地域の資源をなんとか活かしたいという強い気持ちとこだわりがあった」と語っている。その後、下川町森林組合は、炭を作る時に出る木酢液をはじめ、トドマツから抽出するアロマオイルまで、多くの商品を開発して、全国的なモデルとなる「ゼロエミッション」を実現した。

このような、基本理念は、2002年の「カーボン・オフセット」プロジェクトにも及ぶ。森林が吸収した分に見合うCO_2の排出権は所有者に帰属する、下川町の町有林の排出権は下川町のものだという考えに立ち、プロジェクトを立ち上げて、大きな議論を呼ぶ。その後、林業が盛んな足寄町、滝上町、美幌町に声を掛けて具体化の議論を進め、国による「オフセットクレジット（j－VER)」を導入し、2009年には4町連携の取り組みがj－VER制度森林管理プロジェクトの第1号に登録された。クレジット販売による収入は、4町で累計1億4千万円(2014年)になっている。

森林バイオマスエネルギー（熱）を公共的施設の熱源に利用する

森林資源と共に生きるという理念は、自立への意志を醸成し、平成大合併の渦中でも「合併するも地獄、しないも地獄、だったら自立ではい上がる可能性が残されている方を選ぼうよ（安斎町長）」（2004年）と合併しないことを決めたことにもつながっていく。

1998年の「下川クラスター研究会」で始まった木材利用計画は、2004年の「五味温泉バイオマスボイラ導入」によって具体化する。その後、以下のような施設でバイオマスボイラ、ペレットボイラの利用がなされている。

2004 年：　五味温泉バイオマスボイラ導入
2005 年：　幼児センターバイオマスボイラ導入
2007 年：　育苗施設バイオマスボイラ導入
2009 年：　木質原料製造施設整備
　　　：　役場周辺バイオマスボイラ導入
　　　：　エコハウス（ペレットボイラ導入）
2010 年：　高齢者複合施設バイオマスボイラ導入
　　　：　町営住宅（ペレットボイラ導入）
2012 年：　一の橋バイオビレッジバイオマスボイラ導入
2013 年：　小学校・病院バイオマスボイラ導入
2014 年：　中学校バイオマスボイラ導入
　　　：　役場ボイラから町営住宅への熱供給

　2014 年度現在、町内のエネルギー自給率は 28％となり、全公共施設における熱需要量の約 60％を森林バイオマスで賄っている。中でも、上記の役場ボイラから町営住宅（定住促進住宅―木造平屋建 2 棟 8 戸）への熱供給は、役場・消防・公民館・図書室・児童室・総合福祉センターへ熱供給している地域熱供給施設から接続している。又、住民センター（郵便局、警察官立ち寄り所、住民の共有スペース）・集住化住宅・地域食堂・コミュニティセンター・栽培用ハウス・障害者支援施設で構成する、一の橋バイオビレッジの地域熱供給施設は、新たにできた誘致企業貸付試験研究施設にも熱供給している。この 2 件の民間施設への熱導管事業費約 3,300 万円のうち約 1,700 万円を、民生部門（業務・家庭）の CO_2 削減への支援として、町が補助金を出している。

　このような町民の日常生活を支える「物理的空間」での利用は、地産・地消のバイオマスエネルギーを町民に身近なものと感じさせる。更に、行政では、エネルギー自給による燃料経費削減（1,420 万円・2014 年度）を見える化するために、2013 年度より、ボイラー更新費用を除いた経済効果を「子育て支援事業費用」にあてている。中学生までの医療費無料化、育児用品等費用や不妊治療費などへの助成金を導入。そして、このような個別の「物理的空間」を総合化して、「森林共生低炭素社

会の創造」という理念（下川町まち・ひと・しごと創生総合戦略）で「バイオマス総合産業を軸とした環境にやさしく災害に強いエネルギー自給型の地域づくり」を戦略的に進めることをめざしている。

エネルギーの完全自給を目指して環境未来都市を実現する

下川町の経済構造（2016年）は、域内の生産額が215億円、地域外との貿易収支（地際収支）は52億円の貿易赤字（移入超過）。林産業や農業は黒字だが、石油や電力などのエネルギー購入による赤字が大きい。再生可能エネルギーを増やすことが地域内経済循環を通した成長戦略からも重要だと考えられている。「下川町まち・ひと・しごと創生総合戦略」では、「森林総合産業の構築（森林バイオマスによるエネルギー自給）」によって、域内総生産額を年間28億円増やすとともに、100人の雇用増という目標を立てている。

下川町は、産業、エネルギーからくらし、文化に至るまで、森林の価値を見直し、最大限に生かしながら、地域社会の再生に挑戦している。そんな町に魅力や自己実現の可能性を感じて、「物質的な豊かさよりも精神的な充足を求める」若者が全国からやってくる。そして、そのような持続的な取り組みの原動力となっているのは、明治時代から育ててきた行政区域の88％を占める山林と、そこから得られるエネルギーを様々な形で活用して町民の日常生活を支えている住宅や施設などが構成する、心の豊かさを感じさせる「物理的空間」である。下川町の環境未来都市推進本部長の春日隆司氏は「成功を測る尺度は、住民の満足度、それが地域に活力をもたらすのだと思います。そのための条件や基盤を整備するのが行政の役割で、下川町では現在、独自の『豊かさ指標』の開発に取り組んでいます。最終的には、この小さなコミュニティのモデルを『世界に誇れる下川』にしたいですね」と語る。

「物理的空間」は、新しいくらし方や働き方、価値観を醸成する

町役場等がある中心地から10km程郊外に、2013年に「一の橋バイオビレッジ」が誕生した。人口140人、高齢化率50％を超える地区で、超高齢化への対応とエネルギー自給、そして集落再生を同時に実現する「自立型コミュニティ」のモデルづ

くりである。集住化住宅は、2室の宿泊室と同じ棟の2室に加えて、22戸の共同住宅がある。それぞれの住戸が長い外廊下で繋がり、中庭を共有しており、となり近所とのコミュニケーションがとりやすいとともに、高齢者のための見守りも容易だ。集住化住宅の周辺には、販売用の椎茸の栽培や、製薬メーカーとの連携による薬用植物の栽培のためのビニールハウス、地域おこし協力隊が中心となって経営する直営店や食堂を備えた「駅カフェ」があり、それらが、地域熱供給施設から熱供給を受けている。

　下川町では、住宅の新築や改築に於いて、地域材の利用や環境負荷を低減する機器導入の費用の一部を助成する制度を設けているが、「下川町らしい住宅」のモデルが「エコハウス美桑（みくわ）」である。木質バイオマスペレットを利用したストーブやボイラー、地中熱を利用した床暖房など、次世代環境技術を取り入れて、ゼロカーボン（CO_2排出ゼロ）住宅となっている。

　下川町は、このような環境未来型の「物理的空間」を基盤として、「だれもが暮らしたいまち」づくりを進め、森林環境教育や森林体験プログラムの提供などの活動もしている。NFO法人「森の生活」の麻生翼代表は「かって、身近にあった森のあるくらしが再び広がって行くことで、森も良くなるし、人のくらしも心豊かになる。そんなことを念頭に置いて活動しています」と語る。麻生氏本人も、名古屋からの移住者だが、下川町は、「鉱山開発」などの歴史もあって、外部の人材や知恵を受け入れたり、新しいことに挑戦することに対して、自由で開放的な風土が根付いているのか、「自分を試したい」「やりがいのある仕事に就きたい」という若者が全国から集まってくる。森林組合には、現在でも、十数人の求職者（移住希望者）が順番待ちしている。

（井上正良）

【参考文献・図書】
下川町バイオマス産業都市構想　北海道下川町 2013 年
森林を造り、未来を創る　北海道下川町 2012 年
エネルギー自立と地域づくり　北海道下川町未来都市推進課 2014 年

（3）住み続けるための住環境・社会インフラの再生

１）景観資源の再発見と空き家再生による社会インフラの整備

> **課題の構図**
>
> 　人口減少・高齢化などにより担い手不足、経済的疲弊による地域社会や環境、ひいては地域の「物理的空間」の維持、管理が困難になってきている。改めて地域の資源を見直し、新たな価値づけを行い、「物理的空間」を再生するという取り組みが求められている。ここでは、兵庫県篠山市における空き家再生事業による景観形成と住環境の向上への取り組みについて採り上げ、地域資源の新たな価値づけを通しての「物理的空間」の再構築について紹介する。
>
> 　人口減少、高齢化や地域経済的な疲弊が進む中、全国に先駆けて1999年、平成の市町村合併を施行し、篠山市が誕生した。しかし、合併特例債を期待して多くの施設整備を行い、結果、財政赤字が拡大し、今後の都市・地域づくりのあり方が大きな課題となっていた。そこで、地域事業会社が中心となり城下町エリアや農村集落の景観や空き家を活かす新事業を展開してきた。その取り組みが再生に向けて斬新な発想であり、地域空間の最適化をめざした「物理的空間」づくりといえる。

市町村合併による誤算がバネに、新たなリーダーがまちを牽引

　1999年、全国に先駆けて、兵庫県多紀郡を構成していた4町が合併して誕生したのが、篠山市（当時約47,000人）である。老朽化したインフラ整備のために合併し、合併特例債を活用し、斎場（20億円）、ゴミ焼却場（80億円）、さらに市民センター、図書館、プール、博物館を旧町に整備した結果、財政赤字が拡大してしまった。その結果、合併を準備していた他地域からは、悪い合併例として参考にされることとなった。

　篠山市は、篠山城を中心に武家町や商家町が広がり、旧城下町は、2004年、重要伝統的建造物群保存地区に指定された。町並み保存だけでなく、2011年には景観計

画を策定し、景観づくりに力を入れている。そして、宿場町の福住地区は2012年に伝建地区に指定された。2014年には都市景観大賞を受賞した。2007年、酒井隆明氏（当時、県議、弁護士）が、「篠山再生」、「ふるさと日本一と誇れる篠山市づくり」を掲げ、市長に就任した。篠山再生計画策定、兵庫医大存続による医療の確保、情報公開と住民参加、農都宣言、景観計画策定、「ふるさと篠山に住もう帰ろう運動」などに取り組みはじめた。

新市長のもとに、兵庫県から出向で金野幸雄氏が副市長として赴任してきた。彼は、数年前にも但馬地域の県民局で景観行政に携わっていた。ここから「物理的空間」づくりにつながる地域再生がはじまった。

地域事業会社として、一般社団法人ノオトを設立

2008年から丹波篠山築城400年祭（2008年10月〜2009年10月）の準備が始まった。住民は、今後100年のまちづくりのイベントに触発され、「参加のまちづくり」の機運が高まってきた。このプロジェクトを支えるために、すでにあった市の下請け会社プロビスを解散し、受託事業を引き継ぐ形で、2009年2月に、地域事業会社、一般社団法人ノオト（NOTE）が設立された。副市長の金野氏がその代表となった。ノオト（農都）は、2009年4月から築城400年祭の各種事業やイベントに積極的に参画し、レンタサイクル事業「えこりん」、生活文化体験事業「ささやまな日々」という事業を展開し始めた。

契機となった丸山集落の復活

篠山市街地（旧城下町）から少し離れた黒岡川の谷奥に位置し、昔ながらの田園風景が残る丸山集落（5世帯19人）がある。12戸のうち7戸がすでに空き家となっていた限界集落である。兵庫県が、2008年から知事の肝いりで「小規模集落元気作戦」をはじめた。深刻な集落の1つとして、この丸山集落も選ばれた。そこで、市関係者、地域の関係者、建築家等の専門家が関わるワークショップを積み重ね、その結果、元気プランとして「集落の暮らしが体験できる事業」が提案され、「ふるさと原風景再生マネジメント（古民家の再生）事業」がスタートした。

第6章　地域空間の最適化をめざした「物理的空間」

　空き家の所有者は、自らの空き家、空き地、農地を10年間無償で提供する。集落住民は、集落維持管理のためにNPO法人「集落丸山」を設立する。NPO法人集落丸山と一般社団法人ノオトが、LLP（有限責任事業組合）を結成して協同で宿泊施設を経営することとした。その事業期間は10年間とした（その後の運営継続については協議して定める）。初期投資（建設費）は、71,300千円であり、10年間の運営で借入金の返済を行うこととした。事業費としては、県の事業だけでなく、国の「新たな公」のモデル事業補助金も活用している。

　2009年10月に、最初の古民家の宿「集落丸山」が開業した（注1）。宿泊は、一棟貸し（定員5人）で1泊朝食付き平日が約5万円。夕食は自炊又は近くのレストランが提供するという形態である。現場対応はNPO集落丸山のスタッフが行い、資金調達・PR・マネジメントはノオトが担うという役割分担である。単価は安くないが、滞在者の評判もよく、地域の価値を復元したお宿や集落景観により元気プランが実現してきているといえる。現在でも口コミで価値を共有できる客を受け入れ、身の丈にあった経営を続けている。集落内で、既に空き家を改造して作った蕎麦懐石の名店「ろあん松田」、更に新しく里山フレンチ「ひわの蔵」が食事を提供するオーベルジュとして開業した。元気づけられた丸山集落の住民は、様々な里山体験プログラムが提供できるようになった。この事業を契機に、他の空き家の再生も進み、疲弊した集落が息を吹き返した。外部からの訪問者が増え、今ではグリーンツーリズムの拠点の1つとなっている（例　集落丸山鹿まつり、アフリカ×丸山、お茶会イベント、丹波篠山ひなまつり、チャリティイベント開催等）。

「物理的空間」の再編につながったポサーダ・ジャパン構想

　このようにノオトが、現場や専門家、公的機関・金融機関をつなぐ中間支援的な役割を果たして地域事業を興している。空き家再生事業は、当初は各種補助金を使い、ボランティアで実現したが、その後、投資ファンドの参加を得て、一気に事業が市域外地域を含め拡大していくこととなった。

　ノオトは、丸山集落での空き家再生事業の成功をきっかけとして、旧城下町でも空き家再生事業を展開しはじめた。このときに空き家再生事業を展開する考え方と

2 「物理的空間」づくりの具体的な試み

して、「ポザーダ・ジャパン」(ポルトガルの旅館の意)を取り入れている。ポザーダ・ジャパンとは、「歴史建築」に宿泊し、地場の「食」を味わい、地場の「くらし」を体感するツーリズム事業のことである。そして新規事業の創設と雇用増、交流人口増を図るものである。これをもとに古民家などの歴史的建築物群(歴史地区)を「ひとつのホテル」として再生・活用する構想に発展させた。これが、篠山城下町ホテル「NIPPONIA」である。

篠山市街地(旧城下町)では、以前から空き家、空き店舗が発生し、空き地が至る所に出現していた。篠山商工会では、1996年当時から空き店舗対策をはじめすでに数十件の空き店舗解消の実績を上げてきている。チャレンジ事業も効果を上げている。NPO法人町なみ屋なみ研究所では、ボランティアの協力を得て、空き家再生を行い、それを転売している。

ノオトは、空き家再生の取組みを行うにあたり、民間資金で事業が回る仕組みを考案した。つまり、改修費用をかけ過ぎない、直し過ぎて歴史がつくり上げた風合いを損ねない、新しい市場を開くためのマーケティング戦略が必要という点に留意して、単一事業の繰り返しではなくストック型のビジネスモデルを投資家に提案し、賛同を得た。一般的な古民家再生のファンドの仕組みは図表6-11のようになる。ノ

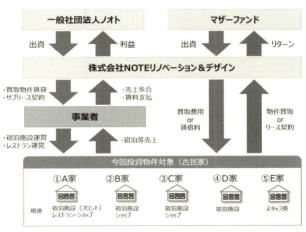

図表6-11 ノオトによるファンドの仕組み

出典：ノオトHP

オトとマザーファンドが、共同出資の会社(株式会社NOTEリノベーション&デザイン)を設立し、その会社を通じて物件を買い取って改修を行う。改修した物件を事業者に貸し出すことで、全体の収益構造をつくっていく。その土地の文化や歴史を実感できる複合宿泊施設として再生して

167

第6章　地域空間の最適化をめざした「物理的空間」

いく取組みである。篠山城下町ホテル「NIPPONIA」は、篠山市北新町に位置する約400年の歴史を持つ、国の史跡に指定されている篠山城の城下町全体を「ひとつのホテル」と見立

図表 6-12　篠山城下町ホテル「NIPPONIA」構想

出典：ノオト HP（http://plus-note.jp/）

て、築100年超の古民家を含む4棟11室を、宿泊施設、飲食店などとして改装した宿泊施設群としてすでに整備した。2020年には10棟30室にし、町を回遊できるようにする予定である。

　篠山市の魅力である農都（農の恵み）、「小京都」「日本の原風景」と高く評価される美しいまちなみや景観、伝統文化、自然環境などを活かした取り組みが実を結びつつあり、「物理的空間」の再編がすすんでいる。

特区の活用

　伝建地区では、家屋の改修には文化庁の許可が必要であるが、空き家再生事業について、篠山市では、国家戦略特区（関西圏）を活用して、旅館業法の玄関帳場（フロント）設置義務についての規制緩和などを受けた。それにより複数の分散した古民家の宿泊施設を一体化して運営管理することが可能となった。この規制突破によってまちなかホテル事業が成立したのである。

　注1：集落丸山の古民家　http://maruyama-v.jp/　　　　　　　　　　（北川泰三）

2）人口減少に対応した社会インフラのドラスチックな再編

> **課題の構図**
>
> 日本は人口減少時代に入り、人口減は避けられない。むしろ重要なのは、バランスのとれた人口構成やコミュニティを維持する仕組みであろう。近年、「消滅可能性都市」が提起され、「地方消滅」によって、地方自治体は危機感をもった。それに対して国は、「まち・ひと・しごと創生総合戦略」により、人口および雇用（産業）を設定した地方版総合戦略の策定・実施を支援してきている。ここでは、住み続ける場として、地域産業の衰退による急激な人口減少によって地域の維持が困難な状況に直面している北海道夕張市の地域回復（復元）に向けたチャレンジについて紹介する。
>
> 夕張市は、最盛期と比べて人口が1/10になり、現実を直視した縮小都市を模索している。昭和30年代後半から構造転換を余儀なくされ、炭鉱から観光へとシフトし、夕張石炭歴史村や映画祭等の各種イベントに取り組んできた。しかし、これらプロジェクトの失敗に伴い、2007年に財政再建団体となった。2011年、東京都庁から若手職員が市長となり、奮戦が続いている。都市マスタープランをベースにしてインフラの集約化等、文字通りコンパクトシティ化に取組んでいる。

産炭都市として繁栄してきた夕張市の斜陽化

1888年（明治21年）、北海道庁の技師坂市太郎が志幌加別川の上流で石炭の大露頭を発見した。夕張市は、1891年の炭鉱開始以来、炭鉱の街として栄え、一時は大小24の鉱山、人口約12万人となった。翌1892年には、夕張炭鉱から室蘭港までの石炭輸送のための北海道炭礦鉄道が追分〜夕張間を開業した（1978年に石炭輸送を終了し、石勝線夕張支線となる）。戦後、エネルギー革命により国は石炭から石油への転換を推進し、産炭地域では1965年代に入って次々と閉山を余儀なくされた。夕張でも1981年に基幹事業所だった北海道炭礦汽船（北炭）夕張新鉱でガス突出

図表6-13 市営住宅の地区別立地状況(2012.2)

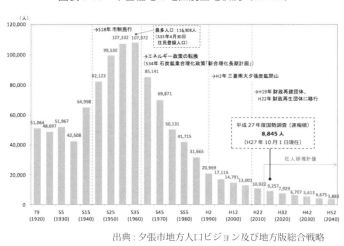

出典:夕張市地方人口ビジョン及び地方版総合戦略

事故が発生し、会社は倒産。1990年に最後の三菱石炭鉱業南大夕張炭鉱が閉山した。

夕張市は、山あいに開かれた都市であり、多くの坑口近くに炭鉱住宅(炭住)が建てられたためコミュニティが分散している。平坦地が少なく大規模な農業には向かない地域であった。石炭産業以外の産業基盤が脆弱で、雇用の受け皿がないため働き手の若者が都市へ流出し、人口が激減した。街には高齢者が残る結果となり、急速に少子高齢化が進んだ。夕張市の人口減少率は、全国の自治体でもトップクラスである。全国で2番目に人口が少ない市であり、人口密度は全国の市で最も低い。1991年夕張川に夕張シューパロダムの建設が計画され、大夕張地区の住民188戸が移転させられた。2006年ダム工事を開始し2015年3月に竣工した。ダム完成による固定資産税収入や水源地域対策特別措置法による周辺地域整備のための国庫補助などで新たな観光拠点育成としての期待が持たれている。

炭鉱産業から観光産業へ

炭鉱に替わって夕張の顔となったのが「観光」である。当時の中田哲治市長は、積極的に施設整備をし、振興を図ろうとした。市は、炭鉱会社の財産(炭鉱住宅、病院など)を引き受けたことで、施設の維持管理などにかかわる歳出が継続的に膨らむこととなり、それに見合う歳入を確保しなければならなくなった(処理対策に計583億円)。そこで炭鉱跡地を利用し、1983年(昭和58年)に、「石炭の歴史村」(石

炭博物館、SL館、水上レストランなどを含む）をオープンした。北海道屈指のスキー場マウントレースイ、ゆうばり国際冒険・ファンタスティック映画祭をはじめとする多彩なイベント、全国的にその名を知られる銘産夕張メロンを原料とした特産品開発、メロン城の開業、3セク経営のホテル業、雄大な自然環境の利用など、いち早く多くのアイデアを元に新たな街づくりに着手した。北海道に数ある元炭鉱の街の中で、最も活性化された街として注目されていた。しかしながら、過大な投資に見合う収入が見込めず、赤字が膨れ上がっていった。他方、農業ではメロン栽培（夕張メロン）が苦労の末認知され売れるようになり、全国的に有名になった。中田市長には、過大投資の背景には「最後は国が面倒を見てくれる。自治体は倒産しない。」という思いがあった。

まちの破綻から再生に向けたコンパクトシティへの取り組み

2007年、夕張市は、353億円の借金を抱えて財政再建団体となった。当時の藤倉肇市長時に、猪瀬東京都副知事の発案で、2008年から偶然、鈴木直道氏が夕張市に派遣されることとなった。2年目は志願し勤務。その後、内閣府の立場で市の参与として独自に財改再生計画をまとめ、帰庁した。ところが、夕張市長選挙前に、住民から請われて英断し立候補。2011年4月から鈴木直道市政がスタートした。

まず取り組んだのが、まちづくりの指針となるまちづくりマスタープラン（都市マス）だった。市街地は、山間部を流れる河川沿いの細長い平地部に、炭鉱の坑口ごとに形作られてきたため、南北35km、東西25kmに点在する広域分散型の都市構造である。公営住宅や公園等の公共施設も各地域に点在しており、各施設の老朽化も進んでいる。人口減少がさらに進むことが予想され、人口規模に見合う公共機能のスリム化が喫緊の重要課題となっている。市街地は、本庁・若菜地区、清水沢地区、南部地区、沼ノ沢地区、紅葉山地区の5ブロックに分散している。当面は5つの地区内で集約化し、将来的には、交通の南北軸（点線）に集約化していく方針だ（図表6-15）。各地区の公営住宅なども分散しており、合計管理戸数は4,016戸となっている。このうちの約4割が空き家で、地区別には真谷地地区(59.5%)、清栄・清陵地区(48.3%)の空き家率が高くなっている。

第6章　地域空間の最適化をめざした「物理的空間」

　そこで、まず2011年には、コンパクト化施策実現の第一歩として、市の中心に位置する清水沢地区の市営住宅建て替え（地区内コンパクト化）と周辺住宅からの住民移転が着手された。清水沢地区は、マスタープランで今後の夕張市の中心地区に位置づけられており、新たな公営住宅整備や民間賃貸住宅の誘導によって、住民が集中的に居住することが期待されている。

　2012年より、市の南北軸から外れ高齢化率6割超の真谷地地区では、「住棟集約」による再編・整備が進められている。鉄筋コンクリート造3階建て団地14棟のうち、6棟分の入居者を他棟に移転し、空き家の解消と6棟分の維持管理費の削減を図る。住棟集約に当たっては、住民の意思を尊重するため、市は北海道大学や北海道立総合研究機構と連携・協働して、移転に関するアンケートやヒアリングを実施し、住民意向に極力配慮した移転が実現した。

図表6-14　清水沢地区に新築された歩団地

出典　NIKKEI STYLE 2014.2.18

　交通は、鉄道を活かせるDMV（デュアルモードビークル）を検討してきたが、2017年2月、夕張支線の廃止にJRと前向きに合意した。市内の小・中・高校が集約されている清水沢地区を拠点とし、交通結節点も同地区に設ける夕張市のコンパクトなまちづくりのためである。南北軸を重視して路線バスを走らせ、東西の枝線はデマンドバスに転換することを進めている。また、夕張から札幌へのバス交通は、栗山経由の道々3号線のルートが1時間40分で一番早い。

　まちを持続させるには、財政再建と同時に投資が必要であり、そのために、新規事業を含む「地域再生」に138億円を投資する新たな計画に取組んでいる。財源は企業版「ふるさと納税」で、ニトリホールディングス（5億円）、ツムラ（3億円）の寄附である。2019年には複合施設、20年には認定こども園、22年には診療所を開設する予定だ。この複合施設は、企画段階から、高齢者、子育て世代、高校生が参加し、利用の仕方を盛り込んでいる。

また、炭鉱に残る新たな未利用エネルギーとして、炭層メタンガス（CBM）の採掘が軌道に乗れば、エネルギー自給可能な都市が期待される。

図表6-15　市営住宅の地区別立地状況（2012年2月）

出典：夕張市まちづくりマスタープラン（69頁を一部修正）

都市マスに書き込んだ内容が、どこまで具体化していくか、人口減少社会のモデルとしてますます注目が集まっている。

（北川泰三）

3）住み続けるための住環境の再生

> **課題の構図**
>
> 密集住宅地などを住み続けるために再構築するには、地域の歴史や生活文化を踏まえた創意ある活動と住空間づくりへの取り組みが必要である。ここでは北九州市平松・鋳物師地区を事例として、住空間を再構築し維持する取り組みについて紹介する。
>
> 地区は、河川やJR鹿児島本線、山陽新幹線に囲まれた約5haの区域で、歴史は古く、江戸期初めで、城下町の北西端にあたる。平松は漁業集落、鋳物師は町人町として形成され、戦後に宅地化が進んだ地区もあるなど、住宅の集合状態は一様でないが、総じて道路基盤は脆弱で木造建築物の密度が高い。このため、下水道の整備や車輌の進入が困難な住宅が多く（下水道普及率26.2%、接道不良住宅率66.0%）、加えて、日照や通風、相隣環境の悪化など、居住性が損なわれ若年層の流出によって世帯の高齢化も進んでいた。地域コミュニティは5町内会で、当時（1994年）の住宅数は412戸、350世帯、人口835人であった。そのような中で、住宅密集の改善と基盤整備の必要性、鉄道沿線の騒音対策、河川の改修、商店などの地域産業の活性化などの課題が挙げられ総合的な地区環境の改善の必要性があった。

地区でどのような困りごとが生じたか

地区は、歴史的に漁村、職人の町として形成されてきたが、近年の社会経済状況やそれに伴う就業構造の変化により居住形態も大きく変化し、若年層の流出と人口減少、世帯の高齢化が進み、地区の物理的空間上の次のような課題が生じていた。
住宅密集の改善、都市基盤の整備：道路基盤が脆弱で地区によっては漁村集落特有の空間構成をとどめ、木造住宅が密集し延焼危険性が高く、緊急車輌の進入も困難で防災面での問題も多い。さらに、敷地条件から建物更新が制約され住宅の老朽化、日照、通風の問題などがあった。また、道路状況や宅地高等の状況から下水道整備

が困難で、豪雨時には一部床下浸水する住宅もあり住宅地としての基盤を一体的に整え防災・衛生や生活利便性の面での対応が求められていた。鉄道沿線の騒音・振動対策：鉄道沿いでは列車の騒音や振動が激しく居住環境が損なわれていた。オープンスペースの確保など住宅地としての適正な土地利用、対策が必要であった。河川の改修：地区に隣接する2級河川の改修事業が計画されており、地区の環境整備との整合を図り、一体的な整備計画を立案する必要があった。地域産業の活性化：幹線道路沿いの商店の減少や漁業不振などにより地域産業が衰退など、地域の活力や生活利便性の低下を招いており、住宅及び住環境の改善に合わせ地域産業の活性化に資する施設整備と活性化が求められていた。地域の歴史・文化の継承：若年層の流出や高齢化に伴い、祭りなどの地域行事や町内会などの活動の維持、継承が困難になっていた。また、地区の歴史を刻む建物など（祠等）の維持管理能力も低下していた。そのため、多世代が安心して住み続けられる良好な住宅地形成に合わせて歴史的建物やコミュニティ施設の整備、地域行事の継承が課題であった。

課題解決のためにどのようなアクションを起こしたか
■多様なパートナーシップによる事業推進

　北九州市では地区の整備改善を早い時期から考えていた。1978年度、建設省（現国土交通省）の「住環境整備モデル事業調査」が実施されたが事業化には至らなかった。その後、住環境の悪化等が進み改善要望が高まったことから、92年度に住環境整備事業の検討に着手した。同年9月、住民代表によるまちづくり推進協議会が結成され、専門家として九州大学研究室（竹下輝和教授、建築計画学）が参画。これより市と住民、大学研究室、民間コンサルタントのパートナーシップのもとで整備計画の策定や事業運営がなされ、1994年に総合住環境整備事業（現住宅市街地総合整備事業・密集市街地整備型）の事業承認を受け2005年度末まで約12年かけて施行された。整備は、任意事業ながら積極的な公共整備により地区をほぼ全面

図表6-16　整備後の状況

的に更新するもので、道路・下水道等の整備、住宅・宅地の建設整備（コミュニティ賃貸住宅、分譲宅地）、商店・事業所の建設（賃貸・分譲宅地）、集会所の建設、公園・緑地の整備、祠堂の再建などを行っている。さらに、物的整備にとどまらず、整備後の共同生活の運営や共用施設の管理、地域文化の継承、産業の活性化といった事業・活動についても、計画策定段階から一体的に検討され、総合的に取り組まれてきた。

■地区の特性を踏まえた計画づくり
①歴史的空間としての「戸間（とあい）」と「背戸（せど）」の継承

　平松地区は漁業集落としての構成を留め、網目状の路地を介して木造住宅が極度に密集していた。路地は宅地の境界部に通っており、住宅の玄関や縁が面する表の路地は「戸間（とあい）」、また、住宅の裏手の通路や物置場は「背戸（せど）」と呼ばれ、戸間は背戸に比べて共同性の高い空間であり、かつては住戸周りでの漁労や家事の場として1〜2間の幅が確保されていた。しかし、都市化の進展により戸間の狭あい化や背戸への変質が進み、この歴史的な空間をどう引き継いでいくのかが課題であった。

○共用空間の演出：エレベーターや共用廊下に変化を与え、一部の住宅をオープンな南入りとすることにより、視線の交流を通した親しみある街路性を演出している。また、住民のコミュニケーションや協同作業の場として「戸間」をモチーフとした共用廊下や共用空間を階段室に設けている。

○住宅への配慮（勝手口・縁側）：ゴミ出しなどの家事サービスを円滑に行えるよう、ほぼ全ての住戸に玄関とは別に勝手口を設けている。また、家族構成やライフスタイルに対応できる多様な住戸プランを計画するとともに、高齢者世帯向けに縁側を設けた南入り住戸の計画や路地空間を意識して通路等の段差をなくしている。

②地区特性に配慮した住民参加方法

　地区は形成過程や住環境の課題を異にするコミュニティから成っていた。計画の策定にあたっては、推進協議会での検討作業にとどまらず「辻裏勉強会」と称する町内会ごとの学習会を重ね、住民意向を踏まえた計画内容へと収斂させる手続きがとられた。また、「まちづくりだより」を発行して各世帯に配布し事業に関する情報の周知を図った。さらに、市の担当課では基本計画がほぼまとまった段階で、各世

帯の意向を確認する訪問調査を行い、事業への理解の浸透度合を判断した。

図表 6-17　団地 2 棟 3 階平面図（戸間を活かした共用廊下等）、住民参加の様子他

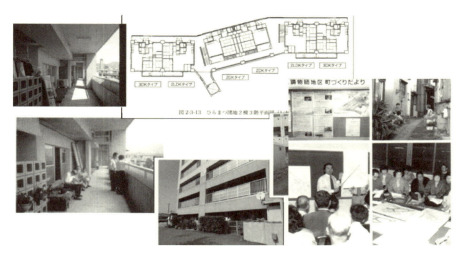

豊かなくらしづくりに向けた取り組み～物理的空間形成と地域活動、運営一体的推進
①コミュニティ再生の取り組み

　事業では、クリアランスで損なわれる地域コミュニティをいかに再生するかが、戻り入居が本格化する事業後半の重要な課題であった。そのため、住棟レベルでの入居手続きの工夫と自主管理活動に向けた取り組みを実施した。～部屋決め前に入居説明会や内覧会を実施し住宅計画への住民理解を深めるとともに、自主管理ルールの必要性の理解促進、開発事務所推薦による管理人の承諾・決定、住民の顔合わせを兼ねた鍵渡し式の開催など。

　また、地区施設の整備と連動した住民組織の再編や文化活動の継承、産業の活性化といった取り組みがなされた。江戸期から行われてきた平松御神輿の巡行の再開、コミュニティ広場での共用花壇の花づくりや夏祭りの開催、平松漁協での特産品イベント「平松よかタコまつり」、「とれとれ朝市」などが実施された。

②地区施設の継承と住民組織の再編

　事業完了後、御大師堂の移転再建を契機として住民活動は大きな進展を見せた。

御大師堂は新四国霊場第四十三番札所「平松地蔵堂」として移転・再建されが、再建後の土地・建物の権利継承と固定資産税などの税負担が課題となり「平松町内会」として認可地縁団体の指定を受けた。さらに町内会では、道路沿いの共有地について管理組織を立ち上げ駐車場経営を始め、収益を祭りの運営費に充てる仕組みをつくった。また、地区外の共同墓地についても権利関係を整理して管理費や利用規則を定め、土地所有権を町内会へ移した。これは住環境整備事業が及ばなかった地域課題に対して住民独自の取り組みによって行われたもので、財源は整備事業に伴う共有地の処分で得た資金であった。（※認可地縁団体：地方自治法に基づき、市長の認可によって法人格を取得した自治会・町内会等を指す。団体として地区施設等の不動産の権利を保有することができる。）

③「物理的空間」づくりと一体となった自主的な地域運営

　事業完了後の自立的な地域運営に向けて、事業後期から事業完了期に亘り住民活動の推進に向けた支援が実施された。町内会組織は8棟・ブロックで構成され、目的別、年齢層別の活動組織は11、特に施設・資産管理部門が強化され、併設された集会所の管理も地元町内会が担い、併せて共同財産の管理、祭りの企画運営、集会所や広場の管理運営を行う専門委員会も組織された。認可地縁団体ということもあり緊張感を持って運営されている。

　今後、高齢化、賃貸住宅の転出入による住民構成の変化に伴う住民組織体制などのあり方、地元出身者（若い世代）の戻り入居などの検討課題はあるが、事業後期から事業後に亘る多様な活動が継続的に取り組まれており、自主的で活力あるコミュニティ形成と一体となった豊かな暮らしの場＝「物理的空間」が維持されている。

　　　　　　　　　　　　　　　　　　　　　　　　　　（志賀　勉、増田　勝）

【参考文献・出典】
　平松・鋳物師地区住環境整備事業報告書　北九州市建築部都市局（2006年3月）
　志賀勉　密集住宅市街地における地域主体のまちづくり手法に関する研究（2014年3月）

(4) 衰退した商業空間を創造空間として再生

> **課題の構図**
>
> わが国の地方都市においては、郊外への公共公益施設移転や商業立地などによって、中心市街地・商店街の衰退が進んでいる。こうした中で、商業空間としての商店街再生ではなく、地域住民が集い、活動し、発信する創造空間づくりを通じた再生の取り組みとして、宮崎県日南市の油津（あぶらつ）商店街の試みを紹介する。
>
> 宮崎県日南市は、宮崎県の南端付近に位置する人口約5万人の小都市である。同県の海の玄関口である油津港の後背地として発展した油津商店街は、同市のみならず宮崎県県南地域の中心市街地として長く栄えてきた。しかしながら、その後の郊外への商業施設の立地等にともなって、「猫さえもあるかない商店街」と比喩されるまで衰退していた。人口減少・超高齢化時代に対応した商店街の再生が喫緊の課題となる中で、同市は外部の専門人材を活用したまちづくりに乗り出した。

これまでの個店支援とは異なる「人材」を核にした商店街再生の始動

宮崎県日南市の中心市街地を形成する油津商店街は、全長約400mのアーケード型商店街である。かつては80店舗以上が軒を連ねていたが、その後は1/3程度にまで減少し、空き地・空き店舗率も6割にまで達していた。

このような状況を打破するために、油津商店街の再生プロジェクトが始動したのは2013年のことである。日南市は、「月額90万円！あなたの情熱で宮崎県日南市の商店街を活性化！」という人目を引くキャッチコピーで、商店街の再生に向けた専門人材を全国公募した。これは、

図表6-18　空き地・空き店舗が目立っていた油津商店街

12年11月に首相認定を受けた日南市中心市街地活性化基本計画の一環として行われたもので、公募の役職名は「テナントミックスサポートマネージャー」（通称サポマネ）。応募条件は「採用後は日南市に居住」「4年間で20店舗を誘致」、その委託料として月額90万円が支払われるというものだった。従来のような個店経営・商店街イベントに対する補助金投下ではなく、専門人材をまちに住まわせ、地域住民や事業者と対話や協働を重ねながら、商店街再生の道筋を見いだしていくプロセスが重視されたのである。結果、予想を上回る333名もの応募者の中、「自走できる商店街づくり」をテーマに掲げた福岡県在住の木藤亮太（きとうりょうた）氏が選ばれた。

丁寧な活動が空気感を変える、そして応援団を生み出す

同氏が任期として与えられた4年間のうち、最初の1〜2年間は、地域内での人脈づくりや雰囲気づくりに時間が割かれた。商店街の経営者のみならず、周辺地域の若者や女性たちともコミュニケーションを図る場を持ち、商店街再生に向けた様々なアイデアを出していった。そして、アイデアを形に変えていく。たとえば、商店街を「細長い広場」として捉え、ボーリング大会・こども運動会・ファッションショー・まちかどディスコ・クリスマスライブなど、次々とイベントを仕掛けていった。また、商店街沿いの空き地を市民農園として暫定利用し、野菜づくりなどにも取り組んだ。

これらは決して、一時的な経済効果や賑わい創出を狙ったものではない。これまで商店街とは縁遠かった人びとにとっての商店街に対するイメージやニーズを収集・蓄積すること、さらに「なんだか商店街が変わりはじめた」「これからは商店街に行けば面白いことがあるかもしれない」という期待感を生み出すことを狙っての取り

図表6-19　商店街のアーケードや空き地を活用したイベントの様子

組みだった。

　こうした地道な取り組みは、着実に地域の空気感を変化させ、ついには商店街再生の取り組みに共鳴した地元有志からなる純民間のまちづくり会社「(株)油津応援団」が設立されるまでに至る。同社代表取締役の黒田泰裕（くろだやすひろ）氏は、「木藤君の奮闘を応援したい。そして、いつの日か彼が油津を去っても商店街再生を継続していきたいという思いから、『応援団』が立ち上がった」と語る。空気感の変化は応援団を生み出し、着実にまちを動かしはじめた。

商業空間から生活空間へ、さらに創造空間へ変化を遂げる油津商店街

　油津商店街再生プロジェクトの始動から4年。現在、商店街の姿は大きく変化しつつある。空き店舗となっていた喫茶店をリノベーションした「ABURATSU COFFEE」の開店を皮切りに、周辺の空き店舗への出店が相次いでいる。新規出店・創業はもちろんのこと、地元で元来人気の豆腐店が飲食店へとリニューアルされるなど、地域住民の共感や地元事業者への波及効果を生み出しながら、あくまで地元目線に立った商店街再生が進められている。

　そして15年には、中心市街地活性化基本計画のリーディングプロジェクトとなる「あぶらつ食堂」と「油津Yotten」も完成した。これらは、かつてスーパーマーケットだった建物を改築して、飲食・観光・市民活動・情報発信など複数の機能をコンパクトに集約した施設である。「あぶらつ食堂」には現在6店舗の飲食店が入居し、店主の多くは商店街再生の熱意に魅かれて宮崎に戻ってきた地元出身者たち。その向かいにある「油津Yotten」は時間貸しで市民活動スペースを提供する公民館のような役割を果たしている。

　さらに、これらの施設に隣接す

図表6-20　多くの地域住民で賑わうあぶらつ食堂・油津Yotten

第6章　地域空間の最適化をめざした「物理的空間」

る空き地に6基のコンテナを並べ、それを店舗にした「ABURATSU GARDEN」も開店。パンやスイーツなどの店舗が並んでいる。ちなみにこの空き地は、上記の市民農園として暫定利用されていた場所である。開店時には、「子供たちが一生懸命に耕した農園がついにお店になった！」というフレーズで大いに盛り上がったという。空き地を市民農園として暫定利用することで、商店街と地域住民との新しい関係性を生みだし、その変化のプロセスやストーリーを感じながら施設が出来上がっていくことで商店街への愛着や興味をより一層高めている。こうして油津商店街は、単なる「商い」の場を超えて、地域住民が集い、活動し、発信する生活空間、さらに創造空間へと変化を遂げつつある。

なお、これら一連の事業は、国・自治体補助金や民間融資を活用しつつ、（株）油津応援団による民間事業として実施されている点も見逃せない。あくまで地元民間資本による建設・運営が行われることで、木藤氏が当初掲げた「自走できる商店街づくり」の姿が着実に具現化されつつある。

応援の連鎖がまちを変えていく

こうした商店街の再生プロジェクトと並行して、日南市では地方都市への進出を検討している大都市のIT企業へのアプローチにも力を入れている。これまでに合計8社のIT企業が油津商店街の空き店舗などにサテライトオフィスを構えるに至っており、これらの企業の多くは、日南市による熱心な誘致活動に加えて、若い世代が中心となって新しいことにチャレンジし続ける商店街を応援したいという思いから進出を決めたという。こうした企業誘致によって、大都市からの移住者のみならず、100名を超える地元人材の新規雇用が進むとみられている。

さらに2017年には、商店街の空き店舗をリノベーションしたゲスト

図表6-21　空き店舗に進出したIT企業のサテライトオフィス

ハウスも誕生した。経営者は、愛知県内の現役大学生。2016年に学生ビジネスプランコンテストで油津商店街を訪れた際に、その再生に向けた取り組みに魅せられて、この場所での起業を決意したという。

こうした応援の連鎖は商店街再生を大きく後押しし、2017年3月までに、油津商

図表6-22 油津商店街における新規出店・利活用計画の状況（2017年3月時点）

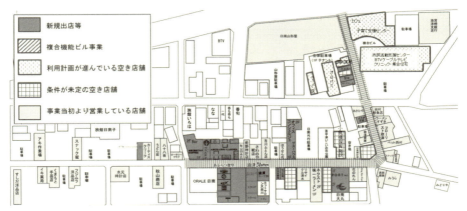

店街には当初目標を上回る22店舗が進出するに至っている。さらに今後も、民間小規模保育施設の開設をはじめとした生活空間・創造空間としての機能集積が予定されている。

外部専門人材を核とした商店街再生が「ひと」と「しごと」を呼び込む応援の連鎖を生み出し、それが次世代の「まち」の原動力となる。さらに、こうした好循環を持続させ、自走へと向かう仕組みづくりが地元発意で生まれている。地方創生のフロントランナーともいうべき油津商店街の再生物語は、これからも続いていく。

（吉次　翼）

【参考文献・出典】
日本商工会議所「月刊石垣」（2016年4月）
木藤亮太「人口5.3万人のまちの小さな商店街から考えるこれからの商店街まちづくり」
中小企業庁・新たな商店街政策のあり方検討会資料（2017年3月）

第7章

自治体経営の未来に責任を持つ「2つの戦略デザイン」

● 7章の構図

　自治体経営の未来に責任を持つためには、2つの戦略デザインが必要となる。「都市の戦略デザイン」として、地域の集合体である都市の持続性の向上に資する都市空間戦略を構築する。もう一つの「広域の戦略デザイン」は、人口減少、社会インフラの老朽化、雇用機会の低下など、地域課題を複数の自治体が「自立と連携」「相互依存」の視点から広域で連携して、社会課題の解決を図る、「戦略デザイン」である。

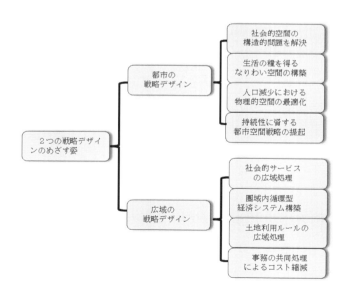

1　都市の戦略デザインのめざす姿

（1）都市の戦略デザインづくりの具体的展開

都市の戦略デザインづくりへの挑戦

　第3章で、行政が先導して人口減少、高齢化社会の到来や社会経済の変化を見据え、地域の集合体である都市（行政区域全体）における、部分と部分が絶妙な協調関係を保って全体としてのシステムを、環境の変化にしなやかに対応させながらも自らを維持、成長をさせるシステムや都市機能などの社会的装置の最適化を実現させていくための戦略の総体を「都市の戦略デザイン」と設定した。

　「都市の戦略デザイン」とは、行政が先導して、働き方、暮らし方を含む都市活動総体を捉え、技術の発展や物流・情報通信システム、モビリティの高まりを考慮しつつ「地域空間」の集合体を全体最適化に導く。そのために、自然環境と土地利用の融合、都市機能などの社会的装置の再編・縮小、都市のネットワークのあり方など、都市空間総体の戦略と具体化する道筋を示した計画である。

　都市の戦略デザインを具体化するうえで勘案すべきことがある。一つは、戦前戦後の市町村合併の繰り返しにより、市町村は激減し広大な行政区域を有するに至ったが、人口密度は低下してきたこと。また、市町村の「地域」の多くは、市町村合併時の基礎単位としての旧町村や小中学校などの単位が「地域」と呼ばれることが多く、地域の集合体が市町村を形成している。そして、地方の「地域」と呼ばれる区域は広く、合併後の時間が経過しても、地形、風土、歴史文化が異なる固有性を有し、地域固有の社会関係資本を蓄積・形成してきた。

　もう一つは、行政区域の都市構造は（都市を形づくっている自然資本や鉄道、道路、建物など、都市機能のフィジカルな構造と人口動態と産業構造、都市活動などの都市空間を形成する各要素の機能的関連を都市構造という）、自然資本をベースに3つの空間が融合、内包されることで活動や交流を生み出し、各要素の機能的関連によ

り都市空間が形成されてきた。また、都市構造は、市町村の歴史文化に裏打ちされた固有性、個別性を有している。

「都市の戦略デザイン」づくりの挑戦とは、各々の地域のアイディンティティに依拠しつつ、様々な地域空間の存在に立脚した、都市全体のネットワークの形成、社会的装置や都市機能の再構築を通じて全体最適化をめざすことである。

部分と部分が絶妙な協調関係を保って、都市全体としてのシステムを具体化するうえで都市構造として留意すべきことがある。それは、人々の生活やなりわいは、一定の地域の集積の中、相互補完や関係性を深めることで、生じてくる様々なメリットを享受できる「都市や地域」を形成し、くらすことがごく自然である。一方、人口密度が低下しても「都市や地域」の集積を支える機能として、交流や活動を支えるモビリティや社会的装置、生活の糧を得るための雇用の場が、技術の発展やイノベーション、情報・物流インフラの整備の進展により、必ずしも人が都市や地域の密度低下に縛られなくとも、ネットワーク社会の形成により、あらゆる地域が生活やくらしの場になり得る。

都市の戦略デザインづくり

様々な地域で豊かな地域づくり活動が展開され、地域資源に裏打ちされた、3つの空間が融合、内包された「地域空間」が再構築されてくる。一方で、自治体が先導的役割を担い、自治体経営として、それぞれの「地域空間」をベースに都市構造に立脚した、全体最適化をめざす都市空間戦略、それに基づく政策・施策が体系化された総合的かつ計画的な「都市の戦略ザイン」が必要となる。

その戦略デザインのアプローチとして、都市構造を見据え、都市や地域が抱えている「社会的空間」「なりわい空間」「物理的空間」にかかわる課題とは何か。課題に対処するための改善や期待される社会イノベーションについて、「地域資源」、自治体の「経営資源（ヒト・モノ・カネ）」、「制度と仕組み」の視点から、次のような戦略を挙げることができる。

一つは、住民と多様な主体との協働による共創を醸成する仕組みをつくり、豊かな「社会的空間」づくりを支援する。

人口減少、高齢化に直面している都市や地域が抱えている、「社会的空間」にかかわる課題を明らかにし、住民と行政の補完性の原則を前提に、地域の自立をめざした、住民と多様な主体との共創を生みだす仕組みをつくり、価値増幅と連鎖のネットワークの構築を支援、誘導する。

二つとして、人口密度低下が引き起こすサービス低下や社会インフラの効率の悪化の弊害をやわらげるシステムを再構築する。

生活や暮らしを支える、社会インフラの老朽化や密度低下が誘発するサービスの低下は、地域や都市の衰退を加速させ、地域の自立を阻害しかねない。サービスの新たな供給体制や技術の発展への期待を含め、住み続けるために都市構造のネットワークを再構築する。

三つとして、地域環境や都市環境に共鳴した人を招き入れ、呼び込むためには、生活の糧となる雇用機会を拡大させる。

人口減少、高齢化は、自然環境と共生しながら形成してきた農林水産業などのなりわいの担い手が減少し、存続の危機に直面している。また歴史文化に裏打ちされた伝統工芸や地場産業はグローバル経済の進展により、生産環境の危機に直面している。人を呼び込むためには「生活の糧」を得る必要があり、生活環境と融合した雇用の場を拡大することが重要となる。

四つとして、行政の経営資源、制度・仕組みを都市や地域の持続可能性の向上に資する形に変えていく。

行政が主体となって、都市の戦略デザインを策定するためには、都市構造の抱えている課題を読み解き、都市や地域の固有性を引出し、社会的装置の機能をネットワーク型に再構築し、魅力的な都市空間を形成していく。

そのためには、行政の持っている経営資源の「ヒト・モノ・カネ」の使い方とそれを実現するための「仕組み・制度」を地域や都市の持続可能性の向上に資する形に変えていく。

このように戦略デザインとは、都市や地域の構成要素である、「社会的空間」「なりわい空間」「物理的空間」を全体最適化に導く政策軸を明確にし、仕組み・制度を能動的なシステムに転換し、経営資源の選択集中と縦割り主義を排した「地域から

の発想」による総合的な都市空間戦略といえる。

（２）都市の戦略デザインづくりのめざす姿

ソーシャルネットワークによる持続可能な「社会的空間」の再構築

　人口減少、高齢化の進行により、地方では限界集落が急速に増加しつつある。一方、東京圏の郊外地でも高度経済成長に開発された住宅地で都市型限界コミュニティがすでに出現し、高齢者が急増する 2020 年以降、さらに増加することが予測される。

　地方では一足先に人口が減少し、限界集落が増えるなど、地方は惨憺たる状況を経験する中で、住み続けるために地域の困りごとを解決し、豊かな地域づくりに向けた活動が展開されている。

　人口減少に伴う、相互扶助力の低下、高齢単身世帯・夫婦二人世帯の増加による自助・家庭内共助の限界、社会活動の担い手不足や後継者問題など、都市や地域の構造的課題の解決について、地域の主体性と共助力を醸成させ、社会活動を持続可能にしていくため、次のような視点から、行政として取り組む構造的課題の解消方策を検討する。

①**活動の集団としての「魅力」のアピールと時間とコストの適切なシェア**

　地域の困りごとを解決し、安全で幸せに住み続ける地域づくりを通じて、人と人とが緊密に結びつき、お互いにできること、手助けすることを通じて、常に自分ごとをみんなごと、世間ごととして、外を意識した活動が、つながりのネットワークを形成する。また、地域づくりには、時間とコストがかかる。負担が特定の人に偏らないように、お互いさまと思える関係づくりが重要になる。

②**行政の価値共創型の PPP（Public Private Partnership）の構築**

　行政組織などによる単独の主体の活動のみでは、社会課題の解決には限界がある。住民や活動団体、NPO、企業などと行政が協働・連携するネットワークを活用して、直面する社会課題を解決するため、協働で価値をつくる「価値共創型の PPP」（公と民の協力・連携により、効果・効率的にする手法）の発想が必要となる。

　人を呼び込むための雇用機会を創出し、プロパーの地域活動請負人の確保や社会

活動に対する対価のあり方など持続性ある活動を展開していくために、行政の仕組みを変え、公共施設の指定管理やアウトソーシングなどの仕掛けをつくり、社会活動、地域づくり活動を支えていくことが重要となる。

③**地域経営共同体を支える共通のプラットホーム**

地域経営の担い手である、地域運営組織による地域経営共同体と行政との「協働」を推進するためには、住民と行政との地域経営を支える共通のプラットホームの仕組みづくりが、行政に求められている。

共通のプラットホーム（仕組み・制度）を住民と行政が住民自治を実感できるよう活用できるかどうかは、その制度を支える様々な地域運営組織の活動との連携が重要となる。

人を呼び込み、生活の糧を得るための「なりわい空間」の再構築

人を招き入れ、人を呼び込み、長期間にわたって、人を定住させるためには、生活の糧が必要である。そのためには仕事、雇用機会を拡大しなければ定住することはできない。地方の人口流出の要因が、教育の場と雇用の場を求めて大都市部へ人口が流出してきた事実は過去の経過からも明らかである。

地方創生が本格化して以来、市町村での地方移住の動きが本格化している。しかし、その施策が雇用機会の創出をめざした創意工夫による対策より、手っ取り早い補助金漬けの対策では、補助金の切れ目が、縁の切れ目となり、地域からの人の流出につながる。

社会的課題である雇用機会の減少、大都市と地方との賃金格差の拡大など地域雇用の課題の解決について、地域資源を活用して、地域経済を活性化させていく、次のような視点から、行政と企業関係者が連携して取り組む、なりわいや雇用に関する課題の解消方策を検討する。

① **地域産業の生産性向上を図る**

既存の農林水産業や地場産業、観光業の生産性を向上させるために、地域資源に磨きをかけ、潜在力を引出し、競争力のある地域基幹産業に育てる必要がある。そのためにはコストを引き下げ、付加価値を高め、流通チャンネルの多様化を図る必

②社会課題を解決するための価値共創型のソーシャルビジネスの創出

人口減少、高齢化が急速に進むわが国では、地方や大都市を問わず、先進国の中でも「社会課題大国」といわれ、地域社会に不安感が漂っている。このような社会課題を多様なアクターとのネットワークを活用して、「困りごと」をビジネスチャンスに変え、ソーシャルビジネス、コミニティビジネスを起業し、雇用機会の拡大を図る必要がある。

③地域内循環型経済のネットワーク化を図る

地域内循環型経済とは、「地域内でモノや資金などが循環する地域経済」のことで、具体的には、地域資源を積極的に活用するなど、地域内調達率が高く、投資が地域内で繰り返し行われることにより雇用や所得が持続して生み出される経済をめざす必要がある。

人口減少、密度低下社会における「物理的空間」の最適化

人口減少、密度低下と社会インフラ老朽化の局面が重なることで、都市や地域の社会インフラ課題をより複雑化させ、ストックの再利用・再編が迫られている。

地域が直面する問題は、高度経済成長時代に人口増加と併せて急速に整備した、社会インフラ、公共施設が一斉に更新時期を迎え、一方で、階層別人口の変動による公共施設の社会的寿命問題をかかえている。特に東京圏では、2030年に半数以上の公共施設が築50年を超えると予測されている。

人口密度の低下によるサービスの撤退、公共施設の維持管理費を割高にする現象、移動エネルギーの効率悪化など都市や地域の「物理的空間」の構造的問題を解決していくために、サービス機能の複合化、技術の発展やイノベーション、情報・物流インフラのネットワークシステムなどを活用して、次のような視点から、物理的空間の構造的課題の解消方策を検討する。

①社会的寿命施設を活用して生活サポート拠点を形成する

地域には、集会所、公民館、地区体育館や小中学校、幼稚園、保育園などが配置され、密度低下により公共施設の維持管理費を割高なものにし、閉鎖された公共施設が放

置されている。

　生活やくらしをサポートする機能を、これらの遊休資産や既存施設に集約して、地域の交流・活動、サービス機能の複合拠点への再編を行うことで、生活環境向上とコスト縮減を図る。

②技術革新を活用して生活の利便性、豊かさを向上させる

　技術の発展やインフラの整備の進展が、どこでもくらせる生活環境をつくる。すなわち、道路、物流、インターネットの3つのネットワークが日本中どこにでも張り巡らされ、「いつでも、どこでも、何でも、誰でも」が、ネットワークでつながるユビキタス社会が形成されてきた。

　ネットワークシステム技術の発展は著しく、遠隔医療システム、ICTを活用した介護などの見守りシステム、無人化・自動化モビリティシステム、ネット販売と物流システムなど、人口が減少しても、地域での生活やくらしが可能となり、起業家にとっては、どこででも仕事やビジネスが可能な環境になっている。このような、技術革新の成果を「物理的空間」の再構築に活用する。

③都市と地域の内外の交流を促すモビリティネットワークを構築する

　魅力にあふれた、自慢できる地域で生活を楽しみ、幸せを感じる持続的可能な地域を目指すには、「すべての住民が、自由な移動によって、交流を育む移動権を有する」ことを認識し、住民、活動団体、事業者などと行政の連携が求められる。一方で、人口減少・高齢化社会を支える、新たなモビリティとして、安全運転システム、無人自動車、自動運転バスの技術開発の実用化が可能となれば、新たな交流を促すモビリティになり得る。

④エネルギーの地産地消による自然と共生する空間づくりの推進

　地域に必要なニネルギーを地域のエネルギー資源（太陽光、水、風力、バイオマスなど）によってまかなうことで、自然と共生する持続可能地域社会が実現され、環境にやさしい「物理的空間」が形成される。副次効果としてエネルギーの地産地消により、富が地域外に流出せずに地域内に残り、地域の中で富が循環することで経済効果も相乗的に増大することが期待される。

都市や地域の持続性の向上に資する都市空間戦略を提起する

「都市の戦略デザイン」とは、都市や地域の構成要素である、「社会的空間」「なりわい空間」「物理的空間」を全体最適化するため、政策軸を明確にし、仕組み・制度を変革し、組織全体を能動的な行政システムに転換して、技術革新がもたらす生活環境を向上させる新技術の活用、限られた資源を地域の自立に資するために配分し、都市構造を再構築していくことが都市空間戦略である。

都市空間戦略を具体化するには2つの壁がある。一つは、行政組織や職員は、中央政府の動向、個別計画を前提に縦割り主義で業務を執行しているため、生産性が低く、相互関連性が希薄な組織といえる。その組織・職員力を行政組織の活動を通じて、出来るだけ生産性高く（資源は少なく、生みだすものは多く）、成果（アウトカム）を実現することをめざす、実行の仕組みづくりを構築する。

もう一つは、行政の持っている「カネ」の使い方を、地域の持続性向上に資する形に変えていくことである。そのためには既得権や地域利益に固守する議員や様々な活動団体との粘り強い話し合いが必要となる。

都市や地域の持続性向上に資す都市空間にしていくためには、次のような視点から、行政組織の構造的問題を解決し、組織・職員の生産性を向上させるため、バリアーを取り除き、総合的なデザイン力を高める方策を検討する。

①地域の持続性向上に資する形に都市構造をネットワーク型に変える

地域の持続性向上に資する形に、都市全体の「物理的空間」の最適化を図る。そのために社会的装置の再編、再配分と生活サポート拠点(地域の交流・活動・サービス拠点)のネットワーク化、交流を促すモビリティシステムなどの戦略を示し、個別計画を都市空間戦略の具体化に結びつけ、めざす政策・施策群に束ねていく。

②行政の経営資源である「カネ」の使い方を変える

人口減少、高齢化社会の到来は、税収の減少、地域経済の低迷により自治体財政は慢性的に逼迫化してくる。そのためには、都市空間戦略を実現するために、行政の持っている「カネ」の使い方について総花的な配分主義を改め、地域の持続性向上に資する形に変えていくことで未来への投資と効率性の高い地域経営を実現する。

③価値共創型のPPPを実現して、サービスの多様化を図る

地域の持続性を向上していくために、住民や活動団体、NPO、企業など多様な主体とのソーシャルネットワークを活用して、直面する社会課題を解決するために協働で価値をつくる「価値共創型のPPP」を推進する。

そのためには、住民と行政が協働する「地域経営共同体」の仕組み・制度を条例で担保し、効果的な役割分担による、多様な主体による地域づくりを推進する。

④様々なサービスの提供に工夫を凝らす

高齢化が進展し、高齢者が技術革新や情報インフラの恩恵を受けられない地域で、利便性の低下を抑えて持続可能な状態に引き上げるには、様々なサービスの提供に工夫を凝らすことが必要となる。

地域ごとの生活サポート拠点は、遊休資産を活かして複合化施設に替える。都市全体のサービスを担う公共施設は、フルセット主義から脱却し、施設の複合化、民間施設の活用、広域行政によるサービス施設の再配置を進めることで、更新費用を縮減し、ハコモノ至上主義から脱却していく必要がある。

（長瀬光市）

図表 7-1　都市の戦略デザインづくりのめざす姿

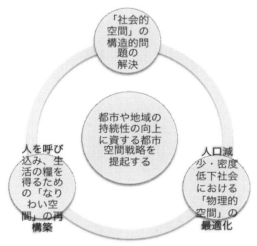

2　都市の戦略デザインづくりの具体的な試み

(1) 地域自治が主導する土地利用管理

課題の構図

　自治体経営の難しい課題の一つに、地域の自立と全市的な最適化という問題がある。人口増加・経済成長時代には、人口増に対応した住宅や教育・福祉などの公共・公益施設、移動のための道路をはじめとした上水道・エネルギーなどの社会インフラの整備、住宅、産業・レクレーション施設などの民間開発事業の圧力が、地域コミュニティの生活環境の急激な変容を促すとともに、地域間の横並びの施設整備や、連携の欠如など、非効率な自治体経営をもたらした。しかしながら、人口減少社会になると一転して、行政区域全体の人口減少が、住宅や各種公共・公益施設の遊休化、農地や山林の荒廃をもたらし、民間開発の圧力も無くなった一方で、少子高齢化への対応と合わせて、地域コミュニティの存続にかかわる経営が自治体の行財政の負担となってきた。又、同じ自治体の中でも、地域コミュニティの生活環境は、地域の固有性によって、中心部に人口が集中したり、反対に空洞化して周辺に拡大するなど、人口の偏在と、一部地域の過疎化の進行を早めるなど、モザイク状の土地利用を持った地域構造をもたらしている。

　ここでは、このような地域構造を、市町村合併の経緯の中でも持続的に自立してきた旧町村の地域コミュニティが、自ら主体となって地域の土地利用管理を推進するとともに、全市的な地域構造を市民が共有して、土地利用管理を進めて行く仕組みを構築した飯田市を取り上げる。

2005年の市町村合併当時の飯田市土地利用はどのような状況だったのか

　市町村合併は、現在、様々な課題を自治体経営にもたらしているが、その一つに、合併によって各自治体の行政区域が拡大・広域化した結果、広域の開発管理と土地の利用管理を総合的に実施する必要性が出てきたことがあげられる。複数の都市計画区域や、線引き・非線引きの都市計画区域の再編、都市計画区域以外の土地利用計画など、包括的な管理体制を再構築することが不可欠になった。一方、このような事態は、都市的土地利用は都市計画、農業的土地利用は農業振興地域の整備に関する法律というような個別法令に基づく縦割り体制によって規制・誘導され、それが重複する地域や、いずれの関係法令の対象ともならない空白地域を生じるなど、これまでの土地利用管理体制の不備を明るみに出したと言える。長野県飯田市では、2005年に周辺の2村を合併して、行政区域が658.73Km^{2}という広大な面積になったが、都市計画区域は8,100ha、市域の12.3％に過ぎないので、市域全域を対象にして、国土利用計画における5地域区分をベースにした総合的に土地利用管理する体制と制度設計づくりを進め、土地利用の規制・誘導政策を開始した。

　当時の飯田市は、「中心市街地や各地区の旧商店街の空洞化と中山間地域の人口減少が進み、同時に地価の安い市街地近郊へ拡散的・低密度に住宅地や商業地が拡大し、近郊農業の維持や良好な環境資源も含めた地域経営の持続可能性が危惧される状況が到来するとともに、地域の自然や文化に裏打ちされた固有の美しい景観も失われつつある（第2次国土利用計画・飯田市計画2007年）」のような状況であった。低密度で無秩序な市街地の拡大は道路や上下水道など社会資本の整備や維持管理に対する費用対効果を低下させる。また、中山間地域では、若年層の地域外への流出によって人口の高齢化が進み、農林業経営や地域コミュニティの維持が危惧されるとともに、農用地や森林の有効かつ適正な利用にも大きな影響を及ぼしている。このような状況に対して、「持続可能な地域経営」を支えるための土地利用管理という理念が生まれた。

全市レベルと地域自治区レベルの2層式の土地利用管理

　飯田市は、2000年の国勢調査時の110,589人をピークとし、現在、103,023

人（2017年3月1日）である。飯田市総合戦略（2016年度）では、2045年に91,000人を目標としている。2005年より検討が始まった土地利用管理では、中心市街地や郊外住宅地、中山間地などの人口の偏在がこれ以上、無秩序に進行しないことを最重要課題とした。そのためには、全市的な個別法による縦割り行政では、きめ細かい土地利用計画を立てることが困難な状況の中、地区レベルの土地利用管理を、そこで生活する住民主体で実践することが有効だと考えた。

　この方針を支える基盤として、飯田市のある長野県下伊那地方では公民館運動による社会教育の歴史が古く、自治基盤の成熟した地域であったことがあげられる。公民館運動は戦後すぐに始まり、1956年からの数度の町村合併でも、旧町村には市役所支所と公民館がセットでおかれ、地方自治の体制が引き継がれてきた。そして、2005年の上村・南信濃村の吸収合併を契機として、2006年に自治基本条例や地方自治区の設置等に関する条例を制定して、自治組織の新体制へと移行した（現在20地区）。

　飯田市は、2007年に策定した土地利用基本条例と土地利用調整条例に基づく土地利用計画に於いて、全市レベル（土地利用基本方針）と地域自治区レベル（地域土地利用方針）の2層式とし、地域土地利用方針の対象となる土地利用詳細単位が、公民館運動を原点とする地域自治区と一致している点に特色がある。そして、地域土地利用計画（地区種類や規制基準）は多くの内容が自治組織の議論にゆだねられるという住民参画を前提にしている。地域自治区レベルでの土地利用計画の策定や運用も地域自治組織内で処理される。自治区に設置したまちづくり委員会内に専門の検討委員会が設置され、センター所長（町村合併前の旧役場を自治振興センターとし、窓口行政業務や公民館が残った）のサポート下、市の関係各課と共同で計画策定を実施している（2015年度で20地区中17地区が基本構想策定済み）。

都市計画・緑地・景観・屋外広告物等の6分野の一元的な管理

　市域全域にわたる土地利用計画は、縦割り行政を排して、都市計画のみならず、緑地・景観・屋外広告物等の6分野を一元的に管理するものである。土地利用基本条例の基本方針の一部である土地利用方針は基本的には国土利用五地域をベースと

2 都市の戦略デザインの具体的な試み

しており、
a、市街地形成地域（都市計画法による用途地域指定区域）
b、緑の環境保全区域（長野県土地利用基本計画に定める森林地域と自然公園地域、緑地等）
c、土地利用誘導地域（農業振興地域以外の土地が一定規模集団で存在する地域）
d、農業集落地域（長野県土地利用基本計画による農業地域から、緑の環境保全地域と土地利用誘導地域を除いた地域）
e、土地利用調整地域（以上のいずれかの地域に属し当該地域の将来方針が法令等との調整を要する地域）

によって行政区域全域に利用区分がされている。そして、新規の開発や改善等の行為について、その内容によって、各法令に定めた規模や行為の内容に基づき届け出を義務付け、一元的に許可のための審査を実施することにしている。更に、行為の発生する地域自治組織への届出も義務付け、まちづくり委員会の審査による意見を付す（図表7‐2土地利用基本方針概念図）ことも定められている。行政の手続きとしては、都市計画・農業振興地域計画・森林整備計画等の利用別計画と、景観計画・緑の基本計

図表7-2　土地利用基本方針概念図

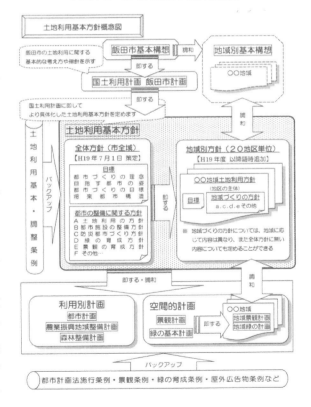

画などの空間計画との適合を検証し、各地域別土地利用方針、市域全域の土地利用方針との整合性を審査している。

拠点集約連携型都市構造の全市的な共有

　第2次国土計画飯田市計画（2007年）では、2016年を目標年次とする飯田市計画の基本方針—これからの地域構造の方向性—で「拠点連携型地域構造」という理念が提案された。

a、周辺の町村との合併によって、今日の飯田市が形成されてきた歴史的経緯や、地形的に比較的まとまり住民相互の連帯も強い地域特性を考慮して、各地区の個性を活かし、保ちつつ地域全体としての魅力を高め、効率的で環境にもやさしい拠点集約的構造の地域形成を図ります。

b、各種業務や行政などの地域中核機能や特色ある商業・居住等の都市機能が集積されている、通称「丘の上」と呼ばれる中心市街地は、今後とも「中心拠点」と位置付け、それら機能の充実を図ります。

c、各地区の市役所支所・公民館等のコミュニティ機能が集積している中心部は「地域拠点」と位置付け、そこを中心に行政、教育、文化、福祉、医療、商業などそれぞれの地区に応じた地域機能の集約を図ります。

d、なお、新たな可能性を期待される天竜峡エコバレー地域は、名勝天竜峡や周辺の観光資源などとの連携を強化して、環境・産業・生活等の新たな「交流拠点」として位置付けます。

以上の各拠点の役割に応じた機能分担がなされ、中心拠点と地域拠点・交流拠点が有機的に相互連携した、「拠点連携型地域構造」を推進するとしている。そして、「拠点連携イメージ図」が示されており、これがその後の、将来都市像として目指すべき、飯田市都市構造の原型となった。

　その後、2014年認定の「第二期飯田市中心市街地活性化基本計画」に於いて、「土地利用基本方針における位置づけ」として、上記「拠点連携イメージ」を、"中心拠点、地域拠点及び交流拠点ならびに広域交通拠点が、夫々の役割に応じて機能分担がなされ、有機的に相互連携した「拠点集約連携型都市構造」を推進する、"とバージョ

ンアップして、夫々の拠点を解説している。
a、様々な都市機能が蓄積され、都市の中心としての機能を持ち、いわゆる飯田市の「顔」である中心市街地を「中心拠点」として位置づける。
b、各地区の市役所自治振興センターや公民館等のコミュニティ施設が集約された中心部を「地域拠点」と位置づける。
c、天竜峡エコバレー地域を環境、産業、生活等の新たな「交流拠点」として位置付ける。
d、リニア駅及びその周辺区域を地域と大都市を結ぶ「広域交通拠点」として位置付ける。

新しい状況に対応して、少しずつ変容しているが、地域自治組織を主役とする土地利用計画と全市の都市構造の最適化については、一貫して、この理念を共有している。

広域圏との連携による公共的モビリティの確保

拠点集約連携型都市構造における住民の利便性などに応えることができる「物理的空間」の形成には、各拠点間をネットワークする移動手段の整備が不可欠である。更に、これまでの車での移動に対応した道路の整備だけでは、高齢化する住民のモビリティ（移動可能性）を満たすことは難しくなる。そこで、中心となるのはバス

図表7-3　拠点連携イメージ図・拠点集約型都市構造

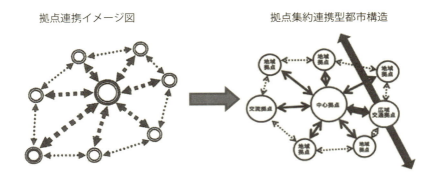

輸送であるが、飯田市では、これを、広域的な「地域公共交通ネットワーク」として、飯田市を核とする1市3町10村によって構成される「南信州定住自立圏」の中で対応している。「定住自立圏共生ビジョン」で、「各政策分野における個別事業」の中に次のような「地域交通ネットワークの構築」を掲げている。
① 南信州地域公共交通総合連携計画における基幹路線
　JR飯田線、基幹的な都市間路線バス（3本）
② 南信州地域公共交通総合連携計画における准基幹路線
　準基幹的な路線バス（3本）、西部コミュニティバス、市民バス循環線、乗合タクシー
③ 基幹路線やJR飯田線に接続するバス路線やデマンド交通等の公共交通で、関係市町村と連携の上実施する事業（当該自治体区域外の運行部分について対象）

　そして、平成21年度から25年度までの事業による効果や今後の取り組みの方向性などについての情報を得るために実施した自立圏内市町村へのアンケート及びヒヤリングの結果の中で、「公共交通」は、特に効果が表れた分野で、医療に次いで、高い評価を得ている。同時に、市町村ヒヤリング・分野別関係者ヒヤリングでは、「公共交通の確保により自治体を超えたアクセス機能が向上している」「中心市、圏域内の病院、高校への交通が確保され、利便性が向上している」という肯定的なコメントと共に、「公共交通の利用者の減少、経費増等について考えて行く必要がある」「将来を見通した圏域内の公共交通のあり方（適正化）を考えて行く必要がある」という危惧も挙げられている。全国共通の課題を抱えながらも、地域の固有性を踏まえた行政の政策実験が進んでいる。

（井上正良）

【参考文献・図書】
　飯田市ホームページ
　　第2次国土利用計画　飯田市計画　　飯田市 2007年
　　いいだ未来デザイン2028戦略計画　　長野県飯田市 2017年
　　第31次地方制度調査会第11回専門小委員会説明資料　飯田市長 2014年
　　地方都市における地域自治区レベルの土地利用管理とその課題に関する研究　浅野純一郎氏 2014年

（2）都市空間を基軸とした都市戦略

> **課題の構図**
>
> 「都市の戦略デザイン」は都市構造、地域資源の特性・固有性により、アプローチは様々であるが、都市や地域の持続性向上に資する、都市空間戦略の最適化の試みが重要になる。ここでは、富山県氷見市の全市域を対象とした都市空間戦略の試みについて紹介する。
>
> 1889年8町村が合併して富山県氷見町が誕生した。その後も町村合併を繰り返し、1954年一つの氷見郡が合併して氷見市が誕生した。市が誕生以来、75年～80年にかけて人口が微増し62,000人となったが、その間を除き一貫して人口が減少し、2015年には47,000人となり、40年に32,000まで減少が予測されている。人口減少、高齢化の波は、流域山間部の地域を直撃し、消費・医療・交通難民問題や小中学校の閉鎖が相次ぎ、地域コミュニティ崩壊の危機に直面している。一方、中心市街地に位置する6つの商店街の空き店舗や周辺地住宅地に空き家が増加し、空洞化現象が生じている。全市を対象とした公共施設の老朽化が進展し、市街地構造全体が活力が失われ、地域経済も陳腐化してきた。人口密度低下は、7つの流域山間部から中心市街地・高岡方面に向かう路線バスが減便・廃止に追い込まれ、高齢化が進展する中、地域内外の交流を醸成する移動システムが危機に直面している。住み続けるための地域の持続性が損なわれ、地域自立の基盤である都市構造が崩壊の危機に直面している。

流域山間部と市街地からなる都市空間構造の特性

氷見市の市域面積は230Km^2、人口規模47,000人、能登半島の付け根に位置する下田水系から、南側の高岡市寄りの泉川水系まで7つの水系沿いに、21の地区(旧町村合併前の村の単位)が点在し、流域生活圏を形成している。流域沿いに位置する山間部の市域面積に占める割合は約97％で、人口の約58.5％が居住。既成市街地の市域面積に占める割合は約3％で、人口の約41.5％が居住している。

第7章　自治体経営の未来に責任を持つ「2つの戦略デザイン」

　氷見市は市域全体が都市計画区域に指定されている。用途地域が指定されている市街地は、商業、業務、工業、住宅から構成されている。一方、農村的土地利用が主体となっている流域山間部を中心とした白地地区（用地地域が指定されていない地区）により、都市空間が構成されている。

　都市構造の特徴は、流域山間部と市街地が約15〜20ｋｍで結ばれるコンパクトな扇形都市構造で、基幹集落と約3％の市街地に人口が集住する「二重コンパクト構造」といえる。この都市構造は江戸の昔より形成され、流域山間部は農林業、市街地は漁業・商業・業務など、相互の生活文化の交流を通じてなりわいや生活・くらしが形づくられ、相互が補完する関係を築いてきた。

　また、公共サービス・医療・消費施設の配置状況を分析すると、流域山間部には集会所・公民館などのコミュニティ施設、農協支所が配置されている。市街地には市域全体を対象とした文化ホール・図書館・博物館・体育館などの公共施設や病院・診療所、小売・商業機能などの民間サービスが配置されている。流域山間部に生活する住民は、サービスを享受するためバス、マイカーなどによる移動によって、市街地との交流が不可欠な都市構造となっている。

図表7-4　氷見市都市構造図

出典：氷見市都市空間戦略報告書

2　都市の戦略デザインの具体的な試み

地域によって異なる社会課題が出現

氷見市は224自治会が母体となり21の地区(流域山間部17地区、市街地4地区)で構成され、その集合体が市域となっている。流域山間部では市街地より早く高齢化社会が訪れ、下田川、宇波阿尾川、余川水系の地区では、高齢化率が40％を超え、地区内相互扶助力（65歳以上の高齢者一人当たりの生産年齢人口割合）は、2015年、全市平均1.26人に対し、0.8～0.9人と相互扶助力の低下が著しい。

流域山間部のコミュニティ活動を担う、自治会、活動団体とその集合体である地域づくり協議会は、本来の活動に加え、高齢者サービス・買い物・移動支援など地域の困りごとを解決する活動が中心となる傾向にある。その活動の担い手の大半が団塊世代やポスト団塊世代で、2025年には後期高齢者世代となり、地域の相互扶助力が大きく低下し、地域コミュニティが持続困難になるリスクを抱えている。

一方、市街地は戦前、火災により区画整理事業を行った旧市街地と高度経済成

図表7-5　21地区と都市計画区域図

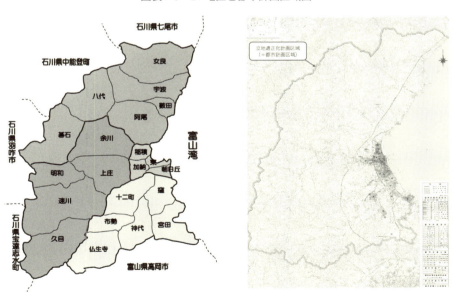

出展：氷見市生活サポート拠点構想

長時代に拡張された新市街地で構成されている。特に1993年頃に市街地の外縁部に整備された国道160号の供用開始に伴い、沿道白地地域（用途地域指定がされていない区域）に商業施設などのロードサイド店舗が集積し、交通の利便性を求めて、近隣市や流域山間部、既成市街地からの移転者を中心に、国道沿いに住宅地域が拡散されてきた。

既成市街地では、6つの商店街で空き店舗が急増し、周辺住宅地での空き家の増加が顕在化し、市役所や市民病院など公共施設が郊外に移転し、中心市街地の空洞化に拍車がかかっている。新市街地では、住宅開発を計画的に誘導する施策が行われずに、地主との相対取引で宅地転用が行われた結果、スポット開発が点在し、道路整備も主要な区画街路を除き未整備で、地域内に約50haの未利用地が点在するなど、既成市街地が空洞化し、人口が減少しても、市街地周辺の国道160号線沿道の白地地区に居住エリアがスプロール化する土地利用問題が生じている。

地域資源を活用して課題解決の糸口をつかむ

氷見市は、地域構造が流域山間部と市街地の特性が地域によって異なることから、都市構造、都市空間にかかわる地域課題に直面している。

第一は、人口減少、少子高齢化の進展が著しい、流域山間部地域の自立と持続性の困難化など「社会的空間」に係わる地域課題である。地域の困りごとを地域住民自らが解決する取り組みとして、1985年〜90年にかけ、21地区ごとに「地域福祉の推進組織」を設置する運動を展開し、地域ごとに地区社協を設立した。地区社協は自治会、民生委員、老人会、婦人会、青年団、地区ボランティア、教育・保育機関の代表者などで構成されている。地域では、例えば、高齢者の見守り、買い物代行、高齢者給食サービスなど地域の困りごとを解決する活動が行われている。

氷見市は、集落の機能維持や活性化など、住民のためのまちづくりを推進する母体として、2012年に「地域づくり協議会」制度を設け、現在まで6地区で設立されている。その中の仏生寺地区では、廃止された仏生寺小学校の一部を活用して交流・活動・サービスの拠点を設置した。自治会を中心に様々な活動団体を束ね、地域づくり計画による地域の困りごとから、豊かな地域づくりへと活動を拡大して、環境

保全形成、健康づくり、高齢者支援、集落内の交流、安全安心の確保を目指している。地域づくり協議会の特徴は、協議会役員にすべての自治会長が参加し、協議会の中に地域全体を包括する部会を設け、地区社協、防災防犯、学童保育などの縦割り組織を束ねている。

このような2つの地域活動の成果と人的資本を活かして、次のステップとして、地域経営を担う地域運営組織に統合や集約を図り、地区のネットワークを誘導し、地域が自立し、持続性を可能とする制度・仕組みづくりを通じて課題を解決する。

第二は、公共施設の老朽化と社会的寿命、地域コミュニティを支えてきたサービス機能や移動手段の撤退による、生活環境の低下など「物理的空間」にかかわる地域課題である。公共施設の老朽化は深刻で、同規模、同機能で更新すると想定した場合、60年間に約1,877億、年間平均31.1億円の機能更新費用が想定され、財政上不可能といえる額である。

人口密度低下は公共サービスを割高なものにし、移動エネルギーの効率を悪化させ、維持が困難となる。全市域を対象とする市街地に立地する公共施設の老朽化に伴う、施設の複合化やサービス提供主体の見直しなどによる公共施設の再配置・再構築を進める。

地域のコミュニティ施設では、例えば、久目地区の公立保育園の廃止施設を活用した、交流、活動、サービス提供の拠点「交流館」に移動販売、地域包括ケア、移動システム機能などを拡充した生活サポート拠点とする。八代地区でのバス路線撤退による「生活の足」を地域自らが確保した、地域住民が参加するNPO法人によるコミュニティバスの運営・経営などを糸口に、地域の創意工夫の事例を他の地域に普及するなどして、都市空間全体の最適化の仕組みとして課題を解決する。

第三は、農林水産業の担い手不足と従事者の高齢化による、農業、畜産や定置網を中心とした水産業が衰退傾向にある。農産品や特産品などの地場産品の販路拡大、新製品の開発のために必要な人材、戦略が不足している。

新鮮な海の幸を堪能する番屋街（物産・飲食の集積施設）に年間115万人訪れる交流人口を市街地に呼び込めない、まちなか活性化戦略の不足。製造業を中心に零細下請け企業が多く雇用機会が少ないことから、市外・県外で就職する傾向が強く、

人口減少や地域活力の低下等の大きな要因となっている。地域資源を最大限に生かして、パッケージ戦略により、人と仕事の好循環を通じて課題を解決する必要がある。

地域の持続性を可能とする「都市の戦略デザイン」

人口減少、高齢化社会の到来は、地域の持続性、自立を困難化させる。地域からの発想と地域自治の視点に立ち、社会的関係に依拠した、「社会的空間」「なりわい空間」「物理的空間」が融合、内包した都市空間を最適な状態にしていくことで、21地区のネットワーク化を構築する。

その前提となる考え方は、流域山間部の各地域と市街地がコンパクトに形成された、交流とつながりによる二重コンパクト構造の空間特徴を踏まえ、次のような、公共施設の最適化を基軸に据えた、都市空間戦略の最適化方針を設定した。

①流域山間部の「生活サポート拠点」形成戦略

21地区ごとに地域運営組織（地域づくり協議会）が、中心となり、生活サービスの充実を図り、活動・交流によるつながりを生みだす。中心となる「生活サポート拠点」の形成と地域の困りごとを地域力、農協組織、他の外部力を活用して課題を解決し、未来志向の地域づくり、地域経営を担う地域経営共同体を構築する。生活サポート拠点は、生活を支えるサービスの提供、交流の場、コミュニティ活動の場を中心に地域のソーシャルネットワークを形成する「社会的空間」に再編していく。

②まちなか居住と交流戦略

市街地では、商店街の空洞化、既成市街地を中心とした空き家の増加、高度成長時代に築造された公共施設の老朽化、市役所や市民病院の既成市街地から郊外地への移転による空洞化現象がより顕著になった。一方、観光拠点の番屋街を訪れる年間115万人もの観光客を中心とした交流人口がまちなかを素通りする課題も抱えている。このような諸課題を解決するために、市街地が有する社会インフラ、サービス機能の集積を活かし、老朽化した公共施設を高齢化社会や複雑化、多様化する住民ニーズに対応が可能な機能に再編し、新たな魅力形成を通じて、まちなか居住の推進や来訪者と市民との交流を醸成させる、まちなかに再生する。

③公共施設等の最適化方針を基軸に物理的空間の再編を進める

人口減少と高度経済成長時代に整備された公共施設とインフラの更新時期が重なることで、生活環境を支えてきた公共サービスが縮小し、その更新費用が自治体財政を圧迫する問題が氷見市でも表面化している。公共施設等の最適化の推進に当たり、以下の方針を掲げている。

第一は、人口減少により地域コミュニティが衰退する恐れがあることから、地域コミュニティ機能の維持を可能とする施設の再配置に取り組む。特に、21地区の地域コミュニティ施設（公民館、コミュニティセンター、集会施設など）は、生活サポート拠点の検討を通じて、地域コミュニティ施設カルテを参考に、地域ごとにコミュニティ施設のあり方を議論・決定した上で、施設再構築の方向性を明らかにする。

第二は、遊休資産化した施設などは「負の遺産」ではなく、新たな価値を生み出す可能性を秘めた「空間資源」として位置づけ、民間の創意工夫も含めて、リノベーションによる価値向上に取り組む。

第三は、施設等の整備・更新にあたっては、その必要性について十分に検証を行い、サービス提供や施設の保有に関し、民間活用をはじめとしたあらゆる手法の検討や価値共創の視点から多様なアクターによるサービス提供のあり方に取り組む。

地域内外の交流を支える移動システムの再構築

都市空間戦略の基軸として、地域内外の交流を支える移動システムの再構築を位置づけた。その理念は、おのおの地域が個性を活かして自立するためには、様々なサービスが享受でき、地域内外の人々との交流を通じてつながりや絆のネットワーク形成が重要となる。

その前提は、高齢化による運転免許の返上により、公共交通空白地域が拡大する現状を踏まえ、地区のコミュニティ単位で「交流を促す移動システム」を構築し、地域・事業者・行政の連携と役割分担のもと、氷見市全域の移動システムを再構築する（詳細は第 6 章 -2-(1)-2 を参照）。

地域内外の交流を支える地域公共交通の基本的考え方は以下の通りである。

①氷見市市街地と高岡市方面を結ぶ路線を基幹バス路線と位置づけ、バス事業者

と連携し、効率性と利便性を高める。

②7つの流域から中心市街地を結ぶフィーダー路線は、順次、地域との協議をしながらコミィニティバス(地域が設立したNPOが運営するバス)に切り替え、地域内支線を拡大する。

③市街地に配置されている病院、公共施設、商業施設、観光施設、高校などをネットワークする市街地循環フィーダー路線は、行政とバス事業者が連携して運行する。

④基幹バス路線、市街地循環フィーダー路線と流域フィーダー路線との乗り換えをスムーズにするミニ交通結節拠点を5施設に設置する。

⑤地域づくり協議会が中心となって、地域内の各集落と生活サポートを結ぶモビリティや公共交通空白地域を解消するデマンドシステムを検討する。

図表7-6　将来の地域交通システム図

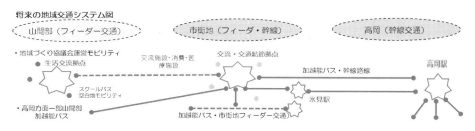

出展：氷見市「地域公共交通施策方針」

都市空間戦略を動かす仕組み

　戦略を具体化する仕組みとして、一つは、推進システムの統合化である。戦略を実現する組織体として、都市・トータルシステム会議(都市空間戦略の連携や調整・推進役を担う、関係部課長等で構成)を設置し、その下に、3つの都市空間戦略プロジェクトチーム、「生活サポート拠点会議」「まちなか居住・交流会議」「地域交通会議」が政策施策の具体化を図る。

　二つとして、計画の総合化である。氷見市には総合計画をはじめとして、課ごとに31の個別計画が策定され、縦割り主義では個々は機能しても、3つのプロジェク

ト全体として有効に機能していない。3本の戦略プロジェクトは地域空間をベースに個別計画の総合化と関連性を持つことにより、プロジェクトごとの全体最適化を図っていく。

「都市の戦略デザイン」の横軸の役割を果たすのが「公共施設等の最適化方針」である。例えば、流域山間部の「生活サポート拠点」形成戦略では、公共施設などの最適化方針を横軸にして、「地域福祉計画」「生涯学習計画」「地域交通基本計画」「農業振興計画」、「空き家対策基本計画」「移住定住基本計画」などの個別計画を束ね、相互が連携して取り組む必要がある。組織力を都市や地域をベースに「地域からの発想」により戦略を具体化させていくことが重要となる。

三つとして、都市空間戦略を動かすために、生活やなりわいを支える社会インフラの物理的寿命と社会的寿命を踏まえ、「物理的空間」の最適化を図ることを基本に据える。例えば、地域運営組織による生活サポート拠点プロジェクトでは、教育委員会、高齢福祉、地域福祉、住民協働、地域交通、社会インフラ担当の政策・施策と連携する。

くらしの安心と生活をサポートするため、生活サポート拠点でのサービス機能の点検、公共施設の集約・再編を図る。地区内の拠点までの移動システムの検討をもとに、生活やくうしの利便性を高めるために政策施策の総合化、一体化などを通じて具体化を進める。

このように、都市空間戦略の下に個別計画や政策施策の連携を図り、具体化に向けた政策デザイン化を進めていく。

四つとして、行政の持っているカネの使い方を、都市や地域の持続性向上に資する形に変えていく必要がある。例えば、行政組織は縦割りで動くため、道路整備事業、道路補修事業、交通安全対策、バス事業者運営補助金、スクールバス運営事業など縦割りごとに予算を確保し、相互連携がなく予算が執行されている。これらの予算の一部を、交流を促す移動システムに投資することで地域の自立が可能となる。

地域に関連する予算を調査すると、縦割り組織ごとに使用目的が決められた補助金や助成金が歳出ベースで約2億9千万が支出されている。この予算を、地域一括交付金として使途目的を定めず、地域課題の解決や地域づくりへの投資、地域づく

り協議会事務員を雇用する予算など、地域経営共同体に意思決定権を付与し、地域の自立に寄与する地域づくりを推進する。

　五つとして、地域と自治体の自立を可能にするには、個別法体系に基づく、個別計画、国や都道府県を通じた、縦割り行政を改めない限り、「都市の戦略デザイン」は実現できない。

　住民に最も身近な基礎自治体だからこそ、「地域からの発想」に基づき、総合的な視点から都市と地域全体を俯瞰し、個別計画を都市と地域という器の中で相互関連性を持たせ、総合化を図っていくことが可能と考えられる。

　住民、活動団体、企業などと行政とが協働することで、「縮小」という現実を受け入れて、「地域からの発想」により、未来に向けた価値共創による活動を通じて地域資源を磨きあげることで、住み続けるための地域の持続性に向けた地域価値を増幅させ、魅力的な都市空間が創出される。

(長瀬光市)

【参考文献・出典】
氷見市「地域交通政策方針」(2016 年 7 月) 氷見市都市計画課

3　広域の戦略デザインのめざす姿

（1）広域の戦略デザインづくりの具体的展開

広域の戦略デザインづくりへの挑戦

　第3章で「広域の戦略デザイン」とは、自治体と他自治体との連携により、「都市の戦略デザイン」に依拠した、都市と都市との交流、活動や都市機能などの社会的装置の集積と配分、住民サービスの質的向上と効率化、地域資源を活用した地域内循環型経済の仕組みを広域戦略として示した、行政が先導する広域都市経営戦略の総体であると設定した。

　従来の広域連携の仕組みや制度では必ずしも戦略的な政策・施策の実現が可能になるとは限らない。縮小時代を見据えた、「自立と連携」、「相互依存」の視点から、めざすべき広域連携の戦略と枠組みを検討する必要がある。

　市町村は、人口減少、社会インフラの老朽化に起因する様々な地域課題に直面している。その解決の方向には2つの視点がある。

　一つは、「都市の戦略デザイン」でも述べたように、これまでの公共サービスは、行政が管理的に提供する立場、市民は供給される立場であった。これからは、価値共創型PPPの視点から市民、活動団体、NPO、企業なども公共サービスの提供者となりえるとの考えに基づき、行政は住民、活動団体、NPO、企業などに場や機会を提供し、信頼関係を構築して権限を移譲することが一つの解決策になり得る。例えば、行政が執行する事務事業の委託・アウトソーシング、公民館・図書館・体育館など公共施設の指定管理、保育園・幼稚園・学校給食などの民営化、公立病院の民営化など多様な公共サービスが民間に委ねられている。

　もう一つは、従来の行政区域に固守したサービスの供給体制では、質の低下、コスト増加を招くとともに、多様化、高度化した住民ニーズに対応するにはコスト面

で困難が生じる。市町村は、このような直面する課題を解決するために、広域連携による新たな供給体制への転換が求められている。

例えば、市町村がフルセット方式で整備してきた公共施設の老朽化に伴い、広域での機能の再配分による都市機能のネットワーク化、医療・福祉サービスの圏域内処理などにより、サービスの質の向上と財政コストの削減など、矛盾する課題への挑戦が求められている。

雇用機会の拡大や地域内循環型経済の仕組みづくりにあっては、一定程度の市場規模や消費人口が必要になる。人口減少の進行により様々な地域課題が惹起され、自治体経営を行う上で、このような地域課題や困りごとを解決するために、サービスごとに連携するパートナーを戦略的に選択していくことが必要となる。広域連携は一つの有効な手段として位置づけ、活用していくための「広域の戦略デザイン」が必要となる。

広域の戦略デザインづくりの戦略

「広域の戦略デザイン」の具体化な展開を行う上で、国が推進してきた国土政策における圏域の編成と地方自治法に基づく制度・仕組みの考え方について概観する。

広域連携のあり方については、社会経済状況の変化と人口動態に応じて見直されてきた「国土政策における圏域設定の変遷」と「地方自治法における広域連携制度の変遷」の2つの視点がある。

国土政策における圏域の変遷から概観すると、これまでの広域行政圏（広域連携）は、国土開発計画、国土形成計画の見直しに伴い、合わせて広域行政圏の見直しが行われ、その都度、目標とする考え方が示されてきた。

圏域設定の目的として、例えば、1977年の見直しでは「個性的で活力ある地域づくりをめざした計画の策定、施策の実施を促進し、住民が誇りと愛着を持つことができる豊かで住みよい一体性のある地域社会を実現する」とうたわれている。圏域の概要は、概ね人口10万人以上で日常社会生活圏を形成する地域。大都市周辺の広域行政圏は大都市と一体性を有する地域で、概ね40万人程度の規模と設定された。人口規模は国土政策の見直しに応じて、圏域人口の設定・圏域面積が拡大する傾向

にある。

　1960 年代、我が国は高度経済成長の時代に入り、農村型社会から都市型社会への移行が進み、モータリゼーションの進展により住民の日常的な行動範囲が拡大する中で、行政サービスに対するニーズも複雑・多様化、広域化し、国土政策や圏域も見直されてきた。

　その後、国が 2008 年に従来の広域市町村圏関連要綱を全て廃止するとともに、新たに定住自立圏推進要綱を打ち出した。定住自立圏構想は、人口 5 万人程度以上の都市が中心市となり、生活・経済面での関わりの深い周辺市町村と協定を締結し、「定住自立圏」を形成する。そして、中心市が策定する定住自立圏共生ビジョンに沿い、地域全体で都市機能、生活機能の強化、交通・ICT インフラの整備や地域内外の交流に取り組むこととした。

　このように、広域行政圏政策は、国主導の全国画一的な政策であった。そのため、国が要綱を策定して、全国の都道府県知事に対して一定の基準で全国的に圏域を設定させ、市町村に対しては、その圏域設定区域で広域行政機構をつくらせ、広域計画を持って広域連携を実施させようとした。

　もう一つは、地方自治法に基づき、広域連携制度の変遷から概観すると、国土政策と圏域設定の見直しに連動して、住民の交流や活動、働く場所の拡大による日常的行動範囲が拡大する中で、広域連携の制度が見直されてきた。1960 年代は一部事務組合制度を創設して、ごみ処理・し尿処理・常備消防などの共同処理を進めていった。また、増加する一部事務組合の抑止や統合を図るために、1974 年の地方自治法改正により、複合的な一部事務組合の制度が創設された。

　その後、平成の大合併を経て、国が 2008 年に従来の広域市町村圏関連要綱の全てを廃止し、新たに定住圏構想を打ちたてたことを踏まえ、広域連携制度の使い勝手を良くするために、2011 年の地方自治法改正において、組合は一部事務組合と広域連合の 2 つの形態だけに整理された。その結果、地方自治法には、広域連携の制度として一部事務組合、広域連合、協議会、機関等の共同処理、事務の委託の 5 つの方式が規定されている。時代に対応した広域連携業務も広域観光、障がい者や介護などの社会福祉施設の運営、ごみ処理、し尿処理、火葬場、広域消防・救急、職

員研修など多岐に及んでいる。

近年では、新たな広域連携の選択肢として、モータリゼーションの進展による生活圏の広域化だけでなく、ICTの発達やネット社会の到来など、地理的な制約を受けない技術を用いることにより、近隣自治体だけでなく遠隔自治体との広域連携も考えることが可能となった。

一方で、自治体を広域化することで行財政基盤を強化し、地方分権の推進に対応することなどを目的とした、平成の大合併が終了し、一段落した。その効果により市町村の行財政基盤が強化され、しかし、一つの市町村で様々な社会課題を解決する政策・施策の道筋が見えてきたとは言い難い状況にある。

これからの広域連携の仕組みや制度は、住民自治と団体自治の視点から、地域分権型社会をめざして、少子高齢化、人口減少が進む中で、如何に住民サービスを維持しつつ、住み続けるための新しいニーズに対応することで、安心・安全で、くらしやすい生活環境に再構築するかにある。

そのあり方は、多様な分野で多様な形の連携を、社会経済や生活環境の変化に応じて柔軟に見直しを行いながら実施していく。そして、国の広域連携制度に必ずしもとらわれない、戦略的な政策・施策の実施が可能なパートナーを市町村が選べる、選択できる、姿が望まれる。

合わせて、国には、時代に対応した、地域分権時代を見据えた新しい広域連携制度の開発が求められている。

(2) 広域の戦略デザインづくりのめざす姿

社会サービス課題を広域連携により解決する

少子高齢化、人口減少という厳しい環境の中で、行政にサービスの維持と新しいニーズへの対応が求められている。

人口減少による都市や地域の公共サービスの維持が困難化し、公共施設の老朽化に伴う機能更新や再編、社会的寿命による施設の再配置などが急務な課題となっている。

公共施設の効率性の低下、最低供給規模の限界、公共サービスのフルセット主義の機能更新問題など、都市や地域が抱えている社会的サービスの構造的課題の解決をしていくために、一つの市町村の行政区域では供給に限界がある。

　公共、民間のサービスの担い手の相違により、立地性、経営採算性、供給圏域が異なる。行政として広域で取り組むことで、次のような視点から社会課題の解決方策や再構築のあり方を検討する。

①社会的サービス供給は市町村単位にこだわらない

　公共、民間のサービスは、一定の人口規模や消費人口を要し、その単位は必ずしも市町村の区域と一致するものではない。人口減少下では、社会的サービスの供給を常に市町村の行政区域にこだわると、ますます合理的な解決が困難になり、サービス供給のリスクが拡大する恐れがある。

　そのためには、同様の困りごとを自治体間で共有し、社会課題の解決を図るために、一定の人口規模を必要とする都市機能は、より柔軟な対応が求められる。これらの高次機能は、人口規模、密度、サービス特性を考慮して、広域のどのような場所に再配置すべきか、政策を講じる必要がある。一方、住民も人口減少下で、生活環境を再構築し、最適化を図るための政策として、縮小の痛みを受け入れる心の準備が求められる。

②広域での都市機能ネットワークの再構築による最適化空間をつくる

　市町村がフルセット主義に固守して、都市機能や社会的装置を維持すれば、結局、経営資源の投資は拡散し、重複し、無駄が発生し、財政破綻を招く恐れがある。広域都市圏内のどの都市も、中途半端な似たり寄ったりのサービス供給機能しか持つことができなくなる。

　そのためには、圏域内で住民生活の基幹を形成する社会的装置のうち、より高度な機能や専門性の高い機能とコミュニティを支える機能に仕分けし、交通環境や圏域の中心性を考慮して、集中的に配置し、縮小時代に相応しい都市機能の序列化を再編することが重要となる。

都市や地域をネットワークでつなぐことで新たな価値共創の関係をつくる

　平成の大合併を通じて得たことは、「市町村が自立できなければ、大きな自治体に吸収合併せざるを得ない」という、限界都市化する縮小都市の多くは、今後、「自立の道」を選ぶのが難しくなるとの教訓であった。

　合併が一段落した現在でも、人口減少、社会インフラの老朽化、雇用機会の低下は大きな社会問題となっている。拡大・成長時代、各自治体はいつも競争関係にさらされ、競争相手と協調、連携することに躊躇しがちであった。人口減少が進展する中、地域資源を活用した交流人口の拡大、サービスの再編、再配置を通じて、住民の交流や活動、雇用機会の拡大を図る。

　地域の持続性が高まり、住み続けるための生活環境やなりわい環境の高次化を図るには、従来の競争相手と手を組み、協調することで、都市や地域同士がネットワークでつながり、新たな価値共創の関係が構築される必要がある。

　都市が単独で周辺の市町村と競争するのではなく、ネットワーク化することにより、新しい価値の創出につなげるためには、次のような視点から共通する社会課題の解決方策を検討する。

①広域都市圏の公共交通ネットワークを構築する

　人や物の移動が広域化している中、社会サービスを広域都市圏で処理することで利便性を高め、高次化、高質化した住民ニーズに応えていく必要がある。広域都市圏で雇用機会を拡大していくためには、都市構造や産業構造の蓄積、集積度に応じて、雇用機会を地域間で拡大し、広域都市圏でシェアしていくことが必要になる。

　そして、サービスや雇用機会が拡大すれば、全ての世代の交流・活動が活発化し、誰でもが移動可能な公共交通システムが必要となる。このような政策を可能にしていくために、都市と他都市を結ぶ公共交通ネットワークを再編することで、広域都市圏域内での交流、活動を支える移動システムを再構築して行く。

②地域資源を活かし交流人口を呼び込むためのネットワークづくり

　拡大・成長時代は、交流人口を呼び込むために、市町村が他の周辺地域と競争し、競い合って、民間と連携して観光資源などの発掘や宣伝・PRに努めてきた。訪れる人にとっては、ある都市から他の都市への広域都市圏域での移動情報や地域資源情

報が、必ずしも公共・民間で情報共有がされておらず、広域都市圏域として捉えた場合、相乗効果が発揮されていなかった。

　県境を接する自治体では、観光広域連携（DMO）の視点からこれまで都道府県単位の市町村単位で考えがちであった観光を、もっと広い「地域」で捉えることにより魅力のある観光サービスを提供し、顧客満足度を増幅させ、ビジネスチャンスを拡大することが可能となる。

　このような、交流人口やインバウンド需要を取り込むためには、複数の自治体で協調、連携して、交流情報の一元化、インターネットを活用した地域資源情報の発信、地域間の移動システム再編を通じて、地域資源の見える化を図ることで、様々なニーズや交流のグローバル化にも対応可能な、自治体間の連携の必要性が高まっている。

③近隣自治体だけでなく遠隔自治体との広域連携も考える

　これからは、持続可能な地域社会の実現や、地方が成長する活力を取り戻していくために、自治体同士による各地域の特色を活かした効率的、効果的な連携に向けた検討が求められる。

　新たな広域連携の選択肢として、ICTの発達やネット社会の到来により、地理的な制約を受けない情報技術を用いることにより、近隣自治体だけでなく遠隔自治体との広域連携も考えられる。

　例えば、距離はあるが同様の政策を行っている自治体同士の情報・知識を即時的に共有することや、災害時のような緊急性の高い場合にも迅速な対応を行うなど、今後は遠隔地の自治体との広域連携も視野に入れる必要がある。

広域で圏域内循環型経済のシステムを構築する

　地域雇用の創出や地域経済の活性化につなげていくキーワードとして、地域が、持続可能な経済を維持するための経済政策の一つとして、地産地消や地域循環型経済の構築が叫ばれて久しい。

　最適な地域循環型経済構造とは、地域が個性や強みを活かして生産を行い、地域内の資金を獲得し、その資金を地域内で循環させることである。有効に活用されていない資金を新たな価値を生みだす事業に投資し、その価値を財やサービスに振り

向けることで、需要を創出し、投資や雇用を生みだすことで地域内の経済循環の流れを太くすることを目的としている。

多くの地域では、経済循環が正常に機能せず、生産・加工・分配・消費・投資などの各場面で、外部に資金が流出し、新しい価値を生み出させずに、経済の流れが細くなり、雇用機会も低下する社会問題を抱えている。

このような地域経済が抱える課題を解決していくために、市町村が一つの行政区域に固守し、自治体間で競い合っては、消費人口や市場規模からして地域資源を活用して付加価値を高めることに限界がある。広域都市圏域でのネットワークを形成するために、次のような視点から、共通する課題の解決方策を検討する。

①地域資源を活かすことで新たな価値を創出し、生産性を向上させる

市町村が有する地域資源は多様であり、個性や固有性が異なる。このような地域資源を自治体間で相互活用を図り、生産、分配、支出の各場面を強化し、新たな付加価値を高めることで、生産性が向上し、競争力が強化される。

②広域連携により域内人口のメリットを活かして消費を拡大する

循環型経済の仕組みを構築するには、住民の消費が域内で消費されているかが重要なポイントになる。

そのためには、例えば、域内で生産される農作物や水産物、食品加工品などが、外部から流入してくる生産物より、域内で生産されるものをできるだけ多くの量を域内の店舗で買い物し、消費される仕組みを構築する。

あるいは、エネルギー代金の地域外への流出が強まればマイナス効果が生じることになる。そのためには、太陽光・水力・風力などの再生エネルギーを導入するなど、エネルギー収支を改善することが域内収支の改善につながるなど、地域で地域による、地域の生産・消費を増やす動きを活発化させていく仕組みが重要となる。

広域都市圏域で土地利用のルールを共有する

従来から自治体の規模に応じて、複数の自治体間において広域都市計画区域が設定され、広域にわたる土地利用や都市計画施設などを一体的に定めて運用しているケースがある。しかし、土地利用に関する課題が生じた場合、自治体間の協議によ

り適切に処理されてきたとは言い難い。

広域都市圏行政を考える上で、有効性のある広域土地利用計画のあり方、都市機能の集積と再配置、交通システムのネットワークなどのあり方が必要となる。現実の問題として、例えば、都市計画区域内の市街地の人口密度が低下し、空き家が増加し、空洞化現象が生じている一方で、地価が安価で法的拘束力が厳しくない、行政区域を越えた白地地域で、住宅がスプロール化して行く現象が生じている。

ある市では、中心市街地に商業施設を集積する方針により、郊外の商業施設立地を制限する政策に対し、隣接する自治体が自らの行政区域に商業施設を誘導するなど、広域を巡る土地利用問題が顕在化している。

圏域での土地利用のルールを考えていくためには、広域都市圏域全体の都市空間ビジョンが必要となり、都市計画区域内外も含め、戦略的に土地利用のルールが必要な地域を設定して、共通のルールづくりを検討する。

広域行政による事務の共同処理の拡大とコスト縮減

自治体の財政危機が好転しないなかで、市町村の経営は深刻なレベルにあるといえる。そのためには従来から行ってきた、事務の集中管理や自治体間の水平補完の協力を広域連携により、更に拡大していく必要がある。

都市型ライフスタイルがあたり前の社会となった今、ゴミ処理、リサイクル、消防、救急、斎場、水道、病院や福祉施設などの公共サービスは住民の基本的需要となっている。単独処理が難しい事務を広域処理によりコスト削減、質的向上を図ることが財政経営上必要となる。広域水平連携は、住民が必要なサービスや施設を適切に提供する能力を保持できる、機能を有するものと考えられる。このように、サービスによって連携する自治体を選べるなどの選択肢を広げていく必要がある。

最後に、何故、自治体が自立していく上で広域連携が必要なのか、改めて整理しておく。

一つは、規模の小さな自治体では、人材やなりわい、雇用に結びつく地域資源が限られてしまうが、広域で連携することにより、限られた資源を有効に活用する創意工夫が生まれ、地域資源を補うことで、地域の持つ生産活動やビジネスチャンス

第7章　自治体経営の未来に責任を持つ「2つの戦略デザイン」

の可能性が広がっていく。

　二つとして、中心市と従属の関係でなく、「自立と連携」、「相互の依存」関係を原則とすることで、それぞれが持つ自治体の「強み」と「弱み」を補完し、「強み」をより磨きをかけることで、広域による規模のメリットが拡大し、「弱み」は相互依存の関係を活かすことで、課題解決が図られる。

　三つとして、人や物の移動が広域化している中で、圏域全体を一つの広域都市に想定することが可能となる。高次の都市機能の集積、雇用機会の拡大、観光・交流資源のネットワーク化、経済圏の拡大が可能となり、質の高いサービスの提供、交流人口の拡大、地域内循環型経済の規模のメリットが拡大する。また、一つの圏域でとらえた方が、費用と便益のあり方が合理的になる。

　四つとして、自治体間の広域連携により、自治体間の競争上の戦略の幅が広がることで、産業政策の高度化や地域企業の技術革新、雇用機会が拡大し、グローバルな競争を優位に進めることが可能となる。

　これからの新しい広域連携のあり方は、少子高齢化や人口減少、都市縮小が進む中で、地域の持続性を立て直し、自治体の自立を如何に確実にしていくかが問われている。そのためには、市町村は新しい広域連携のあり方を模索する時代に入った。多様な主体の参加を可能にして、多様なアクターがサービス提供主体になり得るチャンスが広がっていく。多様な主体の参加により、社会的サービスの供給やソーシャ

図表 7-7　「広域の戦略デザイン」のめざす姿

ルビジネス領域が拡大し、様々な、なりわいが生まれていく可能性が秘められている。

(長瀬光市)

【参考文献・出典】

地域再生と広域型公共サービスのあり方に関する研究会編「選べる広域連携」公益財団法人総合研究開発機構(2014年4月)

日本都市計画センター編「自治体の遠隔型連携の課題と展望—新たな広域連携の可能性」(2017年3月)

4　広域の戦略デザインの具体的な試み

（1）自立と依存に依拠した広域連携戦略

> **課題の構図**
>
> 「広域の戦略デザイン」のアプローチは実に様々であるが、「自立と連携」、「相互依存」の原則による、自治体に共通する課題を解決するために主体性をもち、パートナーを選ぶことが重要になる。ここでは、北海道旭川市と8町による広域連携の試みを紹介する。北海道の都市構造を歪めている現象として札幌一極集中が指摘され続けてきた。札幌市は、政治、行政、経済における北海道の中心地として発展し続けてきたが、更に教育、医療、サービス業などが集積することによって、その集中傾向に拍車がかかっている。
>
> 一方で、函館、旭川、釧路などの中核都市を中心とした地方圏からの人口流出は食い止められない状況にある。旭川を中心とした上川中部圏に位置する鷹巣、東神楽、当麻、比布、愛別、上川、東川、美瑛の8町も人口減少の進展により、限界集落が増加し、公共施設の老朽化、雇用機会の低下や多様化、複雑化した住民ニーズへの対応が一つの自治体で対処することが困難になってきた。中心市である旭川は1985年をピークに人口減少傾向となり、都市機能集積による規模のメリットが薄れ、中心都市の陳腐化が進行してきた。自治体の「自立と連携」、「相互依存」の原則に依拠し、広域で連携して住み続けるために必要な都市機能や生活機能を確保することが急務な課題となっている。

上川中部圏の都市空間構造の特性

北海道のほぼ中央に位置し、大雪山系の山々に抱かれ、石狩川などの多くの河川

が地域を潤し、上川盆地を中心に旭川市や鷹巣、東神楽、当麻、比布、愛別、上川、東川、美瑛の8町が位置している。圏域の人口は401,000人で、圏域面積は3,471Km^{2}と広大な圏域になっている。

中心都市旭川は、多様な産業を有し、商業、教育、医療、福祉など様々な都市機能が集積する北海道の拠点都市である。鷹巣町は人口7,300人で水稲を中心とした農業を基幹産業とする道内有数の米産地。東神楽町は人口9,200人で、旭川空港が位置し、その周辺に工業団地が広がり、旭川のベットタウンとして発展してきた。当麻町は人口7,000人で、稲作や花卉栽培を中心とした農業や木材を中心とした加工産業が集積している。比布町は人口4,000人で、農業を基幹産業に高速交通ネットワークの要所を活かして、スキーをはじめとしたアウトドアによる交流人口の拡大をめざしている。愛別町は人口3,300人で、稲作、キノコ栽培や酪農を中心とした農業を基幹産業とした町。上川町は人口4,500人で、大雪山連峰の大自然や3つの温泉に恵まれ、年間210万人が訪れる観光の町である。東川町は人口7,800人で、大雪山を源とする豊かな自然環境を活かした米と高原野菜の農業や木工家具を中心とする産業が盛んで、228頁で後述するが、「写真のまち東川」として全国に名をはせている。美瑛町は人口10,000人で、十勝岳連峰の裾野に広がる丘陵地は「丘のまち」と呼ばれ、四季折々の農村景観をつくり出し、付加価値の高い観光の町である。

図表7-8 定住圏市町人口動態

市　町	1985年	1990年	1997年	2000年	2005年	2010年
旭川市	393,631	359,071	360,568	359,536	355,004	347,095
鷹栖町	7,317	6,963	6,871	7,165	7,261	7,345
東神楽	5,669	5,763	7,676	8,125	9,194	9,292
当麻	9,044	8,383	7,893	7,643	7,473	7,087
比布	5,557	5,004	4,683	4,572	4,340	4,042
愛別	5,363	4,735	4,322	4,065	3,739	3,328
上川	8,018	6,668	6,285	5,718	5,179	4,532
東川	7,760	7,418	7,211	7,671	7,701	7,859
美瑛	13,975	12,769	12,106	11,902	11,628	10,956
定住圏人口	426,235	416,741	417,615	416,403	411,516	401,539

出典：旭川市定住自立圏構想

このように、上川中部圏は、1市と8町の地域特性や地域構造が異なり、それぞれの都市が、自然・産業・観光などに個性豊かな表情を合わせ持つ、市町で構成されている。住民は行政区域を越えて、通勤や通学、医療や、買い物など日常生活のあらゆる面において旭川市と8町は結びつく強固な圏域である。

図表7-9　上川中部圏位置図

出典：旭川市定住自立圏構想

地域が直面する共通の社会課題

3千人〜1万人の人口規模を有する小規模自治体である8町は、少子高齢化と人口減少の進行を背景に、医師不足や自治体病院、診療所の経営は厳しさを増し、住民が必要とする医療の将来にわたる安定供給の困難性など地域医療、介護の諸課題を抱えていた。また、消防行政による消防・救急活動も設備、機能の高次化、多様化に伴い、一つの自治体でサービスを提供することは困難となってきた。

更に、住民が安全・安心な生活を送るための生活インフラである、上下水道、廃棄物処理、福祉・介護、火葬・葬祭などの整備は、人口規模からして小規模自治体では効率性が悪く、維持管理費を割高なものにし、一つの自治体で供給するには困難性があった。このような社会課題を解決するために、1970年代から近隣の町間で、事務の共同処理を導入することで、住民のシビルミニマムの確保を図ってきた。

4　広域の戦略デザインの具体的な試み

　幹線道路の整備と車社会の到来により、中心都市旭川との通勤・通学、買い物、医療などを通じた交流や活動を活発化させ、行政区域を越えて住民のつながりを強固なものにしてきた。中心都市旭川は、人口減少により平和通り買い物公園沿いの大型店の撤退が相次ぎ商業機能の陳腐化、地域経済の低迷による雇用機会の減少や企業収益の悪化などにより市税収入は落ち込む一方、社会保障費が急増し財政逼迫を招いている。

　中心都市と郊外の町は、人口減少、社会インフラの老朽化、雇用機会が低下する共通課題に直面し、高齢者の増加と単身世帯、二人世帯の増加の進行が、医療、福祉、介護、子育てなど、多様化、複雑化してきた新たな住民ニーズに対応できない状況に置かれていた。地方分権の進展など、地方自治体を取りまく環境が大きく変化しており、これらの地域課題を解決するためには、新たな供給体制への転換が求められていた。

時代に対応した広域連携のあり方

　少子高齢化や人口減少が進む中で、如何に住民サービスを維持しつつ新しい行政ニーズ対応していくか。経済低迷の中で雇用機会の拡大や交流人口を呼び込む地域資源の活用方策などの地域課題に対応していく戦略や仕組みが必要となっている。

　この事態を打開するためには、従前の自治体間の協力による水平連携によるごみ処理や消防・救急、斎場など住民に必要な事業や施設を適切に提供する能力を保持するだけでなく、社会インフラの老朽化、複雑化、高次化する医療、介護機能、地域経済の活性化と雇用機会の拡大など広域の範囲でのサービス供給など自治体が連携のメリットを享受し、かつ、戦略的な施策の実現が可能なパートナーとの連携が必要となる。

　そのためには、単なる国の広域連携の仕組みや制度を用いて、都道府県の描く青写真のもと想定された自治体との義務的な協力関係では効果は期待できない。サービスや都市の困りごとによって連携する自治体を選べるなど、既存の制度・仕組みを改善し、選択肢を広げていく必要がある。

　一方で、現場での連携を通じて課題や改善事項など、国に対して時代に対応した

広域連携制度の改善や拡充について要請を試みる必要がある。

　広域連携のあり方の一つとして、「自立と連携」、「相互依存」の原則を前提に、おのおのの自治体は地域資源の固有性や独創性を活かした「都市の戦略デザイン」に工夫を凝らし、自治体経営の自立性を高めていく。様々な地域課題を共有し、住民が行政区域を越えて交流・活動することを前提に、戦略的政策により、圏域全体の行政ニーズに対処していく視点が重要となる。

　人口規模の小さな町と中心となる都市、小さな町同士が連携して、住民自治や団体自治に依拠した、「自立と連携」、「相互依存」を前提に、自治体連邦的な都市圏（それぞれが自治権を持ちつつ、基盤となる都市機能や社会的装置、サービスを含む自立する組織）といえる。

　上川中部定住自立圏形成は、定住自立圏構想に基づき、旭川市が中心都市宣言を行った中心市と、その周辺にある8町が、人口の定住のために必要な都市機能、生活機能の確保に向けて、それぞれが1対1で締結し、2014年1月に最後の美瑛町との間での協定を踏まえ、上川中部圏定住自立圏では1市8町にて、事業連携をすることになった。

　一方で、従来から東川町や美瑛町など小規模自治体が協力して事務の集中管理や事務処理を実施している。このような経緯を踏まえ「自立と連携」、「相互依存」の視点から、中心市旭川との定住自立圏構想によって連携するメリットは何か、小規模自治体間の連携するメリットは何かが重要となる。

　東川町、美瑛町など周辺の人口規模が小さい町が中心市に埋没せず、個性や独創性を高め自立に向けた政策展開に如何に総意工夫を凝らし、それぞれが自立への道を歩んでいるか考察する。

広域連携のメリットと社会課題へ対応

　上川中部定住自立圏構想は、自治体相互間で対応が必要とする町が個別に協定を旭川市と締結する柔軟な仕組みになっている。その基本構想の枠組みは以下のようになっている。

　①結びつきやネットワークの強化では、公共交通確保事業、地産地消発掘・普及

事業、地域間における住民との交流・移住促進事業など。

　②生活機能の強化では、広域医療圏の充実と二次医療・小児救急医療の連携、子育て支援体制の充実、高校・専門学校・大学における自治体連携、図書館相互のネットワーク、広域観光のネットワーク化、水道施設、広域下水道などの共同使用。

　③マネジメント能力の強化では、職員の相互人事交流などが掲げられている。定住自立圏構想は5年計画とし、毎年度、関係市町懇談会で計画内容を見直し、政策の具体化に伴い協定を毎年度追加する仕組みになっている。

　次に、構想で掲げられた、上川中部定住自立圏における、人口規模の集積メリットが非常に大きく左右されやすい医療機関の広域連携のあり方について考察する。

　圏域でも、1961年に市町村国民健康保険が全面的に義務化され、国民皆保険が実現した際に、国から医療体制の整備を強く求められ、市町村が設立主体になって公立診療所・病院を開設した自治体が多く存在した。人口減少、高齢化の進行により、公立診療所・病院問題は住民のセーフティーネットの基幹として維持されてきたが、今や大半の自治体は経営の限界にきている。

　今後も高齢者の急増が見込まれ、複雑化、高度化する医療への対応が求められる。一方で、財政的な行き詰まりや医師の確保ができず、病院機能の維持が困難という地域課題が生じ、医療・介護サービスの改革に着手することが焦眉の急となっている。

　定住自立圏構想の締結を契機に、1市8町は上川中部医療圏を形成していることを踏まえ、救急医療体制のネットワークの形成に伴う、自治体・民間病院との連携、役割分担が検討された。1次医療（入院の必要がなく、外来で対処し得る患者に対応する救急医療）は、8町の公立診療所、民間診療所などが担う。2次医療（入院治療や手術を必要とする重症患者に対応する救急医療）は、旭川に集積している市立旭川病院、旭川医科大学病院など5病院と美瑛町公立病院が担う。3次医療（2次医療まででは対応できない一刻を争う重篤な救急患者に対応する救急医療）は、旭川市に立地する旭川赤十字病院が担う、広域医療ネットワークを形成している。

　広域連携による旭川の病院利用状況は、圏域全体の入院患者数の約3割が8町の住民となっている。経費負担について、例えば、2次救急医療の連携にあたり、1市と7町（美瑛町では公立病院が2次医療を担っているため経費負担はない）で負

う経費の負担協定を締結し、旭川市が 133,527 千円、7 町が 15,456 千円を事業費負担している。

このような役割を踏まえ、周辺の小規模自治体が経営する公立診療所・病院は慢性的な赤字経営を改善するため、病院から診療所へ規模の縮小や機能の見直し、自治体同士が共同して医師の確保に対応するなど、経営改善の兆しが少しずつ見えてきた。

定住自立圏での東川町の自立に向けた自治体経営

圏域全体で人口減少が進行する中で、東川町は多様な主体が相互に影響し合い、「東川らしさ」という共通の価値を生み出し、そこで生まれたライフスタイルが、人を招き入れ、人を呼び込むことで、人口増加を続けている町である。

1985 年に「写真のまち条例」と「写真のまち宣言」をして以来、98 年に全国高校写真選手権大会、通称「写真甲子園」の開催以来、町民参加・ボランティア参加による手作りのイベントが交流人口と市民意識の高揚につながり、価値観を共有し、招き入れるもてなしの文化が浸透してきた。以来、「写真のまち東川」として全国に名をはせてきた。

東川の自治体経営戦略は、「写真のまち」を基軸とした交流人口と定住人口を拡大する戦略である。その戦略を具体化するためには地域資源に磨きをかけることであった。大雪山系の最高峰旭岳を中心とした美しい風景、うまい水と米を、「写真のまち」を通じて徹底的に磨きをかけ、「自分の町と誇れるまちにしなければ交流人口は増加しない」を経営方針としている。

行政経営の旗印は、3 つの禁止令「お金はない」「前例はない」「他市町村でやってないこと」をテーゼに町の活性化に取り組んできた。職員が経営感覚を研ぎ澄まし、全員がセールスマン感覚を持ち、創意工夫のアイディアを出し合う組織風土を創り上げてきた。そこには横並び意識がなく、常に政策実験を恐れない、「町単独の自立精神」が宿っている。

人口減少、都市縮小、財政逼迫を直視して、町に求められている自治体経営の根幹である「地域経営」と「行政経営」の相乗効果を追求し、交流人口と定住・移住

人口の拡大戦略のもとに政策・施策の総合化を図っている。

　例えば、定住人口の拡大政策として、定住促進策の住宅の受け皿として土地開発公社を設立し、1993年から造成をはじめ、7住宅団地で711区画を販売した。分譲地グリーンビレッジなどでは景観条例に基づき、風景・街並みのルールや理想のカントリー・ライフスタイルを提案する東川北方型住宅モデルを推進するために、北方型住宅建設支援事業補助金、景観住宅建設支援事業をはじめ、公営住宅360戸の整備や移住者住宅、民間賃貸住宅助成支援事業によって移住者の住宅環境を整備している。

　更に、子育て世代をターゲットに、幼保一元化による待機児ゼロ作戦、放課後の児童クラブの充実、子ども帰宅タクシー無料券配布事業、「君の椅子」、「新婚姻届」プレゼント制度など、様々な子育て支援環境の充実を図っている。その成果が結実し2014年12月に人口が8,000人（図表7-10）まで回復し、交流人口（観光入込客数）は約970,000人に達している。

　起業者を呼び込むために、起業化支援事業制度、道の駅開発に併せて民間企業を誘致するプロポーザルコンペを実施し、モンベルショップの誘致に成功した。大雪山系の最高峰旭岳の風景とおいしい水と自然環境を求めて、道内外から、クラフトショップ、ギャラリーショップ、パン・カフェ・レストランなどの起業者ショップ、アンテナショップなど約50店舗が新規に進出し、旭川をはじめ札幌などから誘客を集めるまちに変身した。いまや空き店舗ができてもすぐに借り手がつく、起業者の憧れの町になっている。

　地場産業である木工産業の振興にも力をいれている。木材製造業・木製家具などの地場産業の循環型経済システムを通じて、廃校を活用した「北の住まい社」は、北欧の風景に負けない洗練された住環境創造提案活動。町内業者が製作する木製家具による暮らしの提案。景観計画に基づき住宅に設置する木製カーポートに対する70万円を上限とした補助制度。教育現場での木製机やテーブルの活用、君の椅子プレゼントなど、地産地消による地域内循環型経済をめざして、風景と自然環境を基軸に地域づくりが行われている。

図表 7-10　東川町の人口の推移

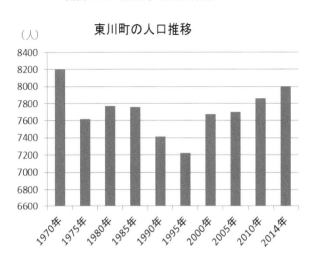

東川町の広域によるサービスの選択と活用

東川町は行政区域にこだわらない広域な範囲で様々な住民サービスの供給や事務事業の広域処理を積極的に行っている。

第一は、定住自立圏構想に基づく旭川市と東川町との協定では、次に示す内容を締結している。

①地域公共交通の取り組みでは、圏域内の公共交通の充実を図るために隣接市町間を結ぶ路線バスなどの公共交通について広域による会議を設置し、課題解決に向けた方策を検討、調整する。

②し尿などの処理施設の広域的利活用では、環境への負荷を軽減し、循環型社会の形成をめざすため、し尿等処理施設を広域的利活用により、一括して圏域内において排出されるし尿、浄化槽汚泥の処理を行う。今後、需要を見据えた処理量への改善や処理方法の変更を行う。

③スポーツ合宿の誘致事業では、スポーツ合宿において必要となる体育施設、宿泊施設、交通機関情報を一元化し、広域圏での受け入れ態勢の充実を図る。その他

に先に述べた医療行政の広域処理や高校・専門学校・大学との自治体連携を推進するなどの取り組みを行っている。

　第二は、周辺の町との事務の集中管理や共同の事務処理では、次に示す広域連携を行っている。

　①美瑛町、東神楽町、当麻町、比布町、永別町と東川町では、1974年から消防組合を設立、5支署開設、消防救急活動を展開している。

　②美瑛町、東神楽町と東川町では、ゴミを共同で処理する大雪清掃組合と火葬場などを共同で行う大雪葬祭組合を設置している。

　③10町で滞納処理を行う滞納整理機構と教育研修組合、地区広域連合による介護保険・国保・老人保健などの一部事務組合を多様な分野で多彩な形の連携を行っている。

　住民の生活環境を維持するサービス、単独の処理ではコストの面で難しい事務、共同処理により財政負担を軽減しつつ、様々なサービスを提供するなど、戦略的なパートナーを選んで広域連携を活用している。

地域同士がネットワークでつながることで新たな価値を共創

　広域連携を契機に地域どうしがネットワークでつながることによって、これまでにない新たな価値共創をすることで、新たなソーシャルネットワークの構築が可能となる。

　例えば、自治体が有する地域資源を活かして、圏域内の市場と強い結びつきを持つことで、ヒト・モノ・カネが圏域で循環する地域経済に転換できれば、自治体経営が財政的に自立する可能性がある。圏域人口の減少傾向を踏まえ、圏域外のマーケットから所得を如何に稼ぐかも重要なポイントになる。

　また、圏域内の様々なプレイヤーを巻き込むオープン・イノベーションには民間の力は不可欠であり、行政と住民、企業との関係をどのように再構築するかにより、伝統的な木工産業や革細工などにおいても地域を自立に導くイノベーションの端緒を見つけだすことも期待される。

　当該圏域の、美瑛町にある「展望花畑・四季彩の丘」には、毎年春から秋まで美

しい季節の花が咲き誇り、北海道の自然を満喫させてくれる場所や丘陵地帯の花畑を様々な方向から「トラクターバス」に乗って鑑賞できる農村風景の拠点がある。東川町や上川町には大雪山系の雄大な自然景観、山岳登山・観光のメッカであり、豊かな温泉も湧き出ている。高原野菜やキノコ栽培、コメや酪農が盛んで「食文化」の宝庫でもある。そして、旭川空港から高速道路のネットワークや移動システムで結び付けることで、魅力ある山岳高原交流拠点として付加価値の高い観光資源となる。

　自治体が単独で観光・交流政策に対応するよりも、複数の自治体で連携した方が戦略の選択肢が増え、他都市との競争上に働く効果が期待される。

　「自立と連携」、「相互依存」の原則を前提に、地域ごとの社会課題や多様化、高度化する住民ニーズへの対応、自立に向けた自治体経営の再構築を図るために、多様な分野で、サービス内容により広域連携の選択肢を広げ、自治体連邦的な新たな広域連携に創意工夫をこらす必要がある。

（長瀬光市）

【参考文献・出典】
縮小都市研究会著「地域創生への挑戦－住み続ける地域づくりの処方箋－」公人の友社（2015年9月）
旭川市「定住自立圏構想・中心都市宣言」（2009年12月）
旭川市・東川町「定住自立圏の形成に関する協定の一部を変更する協定書」（2011年12月）

第8章

地域からの発想が空間を変え、地域を創生する

● 8章の構図

　地域では、人口縮小に伴う生活環境を取りまく、様々なリスクが顕在化してきた。住民がこの現実を直視して「安心して幸せにくらせる地域を築く」ために、「地域からの発想」に依拠し、「地域空間」の最適化をめざす必要がある。空間を、生活や活動とのかかわりで、「社会的空間」「なりわい空間」「物理的空間」が融合、内包した、「地域空間」を再構築する。そして、「地域からの発想」によって、空間を最適化に導くには、様々な「仕組みや空間システム」を変革し、行動を起こしていく必要がある。

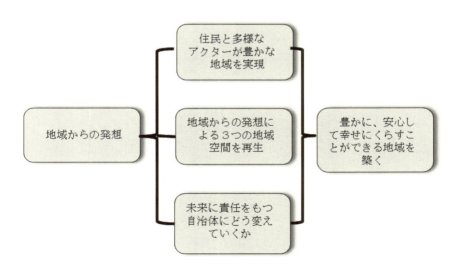

● 8章の要旨

◎住み続ける地域空間を築く

　人口縮小社会が定着して、私たちの生活の様々な局面で縮小リスクが顕在化してきた。この現実を直視し、地域からの発想を実践することで、自分たちが「安心して幸せにくらすことができる地域を築く」ことができると確信している。そのためには次の視点に立ち、行動を起こす。
▷「地域」を「空間」の観点から捉え、その空間を構成する「社会的空間」「なりわい空間」「物理的空間」を最適化し、融合、内包した空間を「地域空間」として再構築する。
▷全国一律の横並びの政策ではなく、「地域からの発想」によって、目に見える形で劣化している自分たちの「地域空間」を、生活とのかかわりで、見直し、時代潮流に合った新しい形に再構築することに取り組んでいく。
▷それを実現するには、地域資源に依拠した地域の固有性に相応しい発想で実践を進める。
▷「地域からの発想」を具現化するためには、拡大成長時代に培ってきた「仕組みや空間システム」を変革し、住民や多様なアクターとの「協働」が動き出すことで「地域空間」が最適化され、住み続ける地域が実現される。

◎３つの行動が「変革と最適化」を実践する

①住民と多様なアクターとが協働して豊かな地域づくりを実践（住民協働）
②地域からの発想による住み続ける３つの地域空間の再生（地域空間の最適化）
③未来に責任を持つ自治体に変える（自治体構造の変革）

◎地域からの発想が空間を変え、地域を創生する

　実践のキーワードとなる「住民協働」「地域空間の再生」と「自治体構造の変革」を実現するために、3つの視点により「変革」に向けた行動を起こす。

◎「住民と多様なアクターの変革と協働が地域空間を変えていく」視点
(1) 困りごとを解決することが「社会的空間」づくりにつながる
▷困りごとに向き合い、多様なプレイヤーが協働して行動を開始する
▷その地域で住み続けるということに目を向けさせる
▷未来を予測し、地域ごとの情況に対応した「社会的空間」づくりを実践する
(2) 多様なアクターが協働の中で役割（自助・共助・公助）を最適化する
▷地域コミュニティが自助・共助と公助の関係を見直す
▷新しい価値感を持った多様なアクターが協働して地域空間を革新する
▷縦割りを排した総合的な行政が機動的に公助を実践する

◎「地域からの発想による住み続ける3つの空間を再生する」視点
(1) 地域からの発想
▷地域を見直し、地域資源の再編成など、自ら「変革」することからはじめる
▷多様なアクターによる実践と協働からはじまる固有のルールづくり
(2) 住み続ける3つの空間の充実と融合化、そして拡がりへ
▷3つの空間の充実と融合化、拡がりにつながる行動を起こす
▷「地域空間」として新しい顔を持ち、より広域的なつながりへと拡げる
(3) 地域自立の道を拓く
▷「3つのかかわり」づくりからはじめ、融合化による「地域空間」づくりへ
▷地域自立の道を拓く3つの戦術

第8章　地域からの発想が空間を変え、地域を創生する

◎「未来に責任を持つ自治体構造に変革する」視点
(1) 自治体構造を変える「改革から変革」の視点
　　▷自治体構造変革への挑戦
　　▷地域の持続性と自治体の自立を図る挑戦
(2) 自治体構造をどう変えていくか
　　▷「縦割り主義」を「地域からの発想」に変える
　　▷硬直化した行政システムを変える
　　▷地域社会を分権型社会の仕組みに変える
　　▷都市・広域構造を「相互補完型ネットワーク構造」に変える
　　▷多様な主体との価値共創を生みだす価値観に変える

1　住民と多様なアクターの変革と協働が地域空間を変えて行く

　人口縮小社会は、第1章で整理しているように、我々がこれまで当たり前に享受してきた日常生活に様々なリスクを及ぼしはじめた。人口のピークから10年近く続く人口減少、特にその前から大都市圏への人口流出と少子高齢化がはじまっていた地方都市の「社会的空間」「なりわい空間」「物理的空間」の劣化は、そこで生活する人々に、目の前の現実として突きつけられている。4章、5章、6章、7章で検証した様々な実践は、そこで暮らす住民を始め、地域内・外の民間事業者や各種団体、そして地方自治体という多様なアクターが、地域空間とのかかわりを見直し、その再構築に取り組んでいることを示している。そして、そのような実践が地域の創生につながっている例では、自分たちの生活の場である地域空間の変容と連動して、各アクターが今までの自分たちの暮らしを支えてきたライフスタイルや制度・仕組み等における不適切な点を認識し、その変革への取り組みをしている。ここでは、まず、多様なアクターが地域空間の変容と共に、自分たちの意識から行動規範に至るまでどのように変革していくべきかということを提示する。

（1）困りごとを解決することが「社会的空間」づくりにつながる

困りごとに向き合い、多様なプレイヤーが協働して行動を開始する
　日本各地で、地域コミュニティは、中山間地のみならず、地方都市の中心市街地や住宅地、大都市圏の郊外住宅地など、多種多様な地域で、移動や医療・福祉、買い物利便性などにおいて危機的な状況を迎えている。同時に、その対応に、筆者達「縮小都市研究会」の前著「地域創生への挑戦」及び本書で取り上げたような様々な実践も進んでいる。

①多くの場合、地域コミュニティがまず行政へ相談することからはじまるが、行政に今までと同様の支援を頼れない状況を認識することが、当事者として自分たちのできることを検証することの契機になる。

②困りごとに対応した具体的な活動を始めるためには、意志決定し、行動できる地域経営体を構築することが不可欠である。

③地域コミュニティ全体を対象とした町内会や自治会を、具体的な困りごとへの対応のための話し合いの機会を持つことによって、地域の社会資本として継承されてきた自治意識や残存していた絆や組織を再確認して、形式的な団体から地域経営体へと変えて行く。

④場合によっては、地域コミュニティの全員参加ではなくても、地域コミュニティ内に個々の困りごとに直接的に対応した、テーマコミュニティとしての任意団体やNPO法人などを創設する。

⑤このようなプロセスに於いて、行政は、話し合いの機会を提供する、話し合いの継続を支援する、活動を開始するための地域経営共同体の立ち上げを支援するなどの総合的なプラットホーム機能の提供と共に、地域の一アクターとして、社会インフラの整備や改良などのプログラムを立て、実践する。

⑥地域コミュニティが中心となった地域空間の変革への活動が見えると、地域資源の利活用に注目して、自己実現やビジネスチャンスを求めて外部の人達や団体、企業等が地域経営体に参画してくる。

⑦当事者である地域コミュニティの中に機動的な地域経営体が存在することによって、このような外部からの多様なアクターとのネットワークが形成され、思いがけない協働を引き起こし、地域資源の付加価値を高めたり、新しい資源を創造することにつながる。

その地域で住み続けるということに目を向けさせる

困りごとに向き合うということは、目の前の困りごとへの対処という対症療法的な検証が中心であるが、そこから、何故、今まで困っていなかったことがこのような状況を迎えたのか、という思いを持つに至る。

①農地や山林、或いは漁獲等、かっては地域コミュニティの人達が住み続けるための「なりわい空間」となっていた自然資本が、その役割を果たせなくなっていることの要因を検証する。同様に、自分達で移動できた状況を存続できなくなったことなどの実感から、中心商店街への買い物や、郊外住宅地からの公共交通の駅への移動などを、地域コミュニティ全体の課題として認識させる。

②困りごとについても、このような地域が抱える根本的な課題に持続的に答えて行かないと解決しないことに気が付き、今までと同様に住み続けるためには、どのように対処すべきかということを、外部の人材や団体、行政などと協働して話し合いをはじめる。

③住み続けるために困りごとの原因を検証する中で、今まで当たり前に享受していた、日常生活を支えていた自然資本や人工資本、人的資本が、「なりわい空間」や「物理的空間」を支える役割を果たせなくなったことを認識し、改めて、それらの地域資源の現状と、その劣化の要因に目を向ける。

④生活の基盤である地域資源の再確認を踏まえて、住民相互の多様な関係性や絆を持って住み続けてきた地域への愛着や次代に受け継いでもらいたい持続への希求、或いは、現実的な資産価値の継承など、様々な動因を契機として、住み続けるための地域空間づくりの活動を開始する。

⑤困りごとの解決のために構築した地域経営共同体が、このような活動に対応できる社会的・経済的に持続可能な機動力を持った組織になることが必要だと認識され、NPOなど各種法人や行政の制度の法的な担保を持った組織へと進化させる。

未来を予測し、地域ごとの情況に対応した「社会的空間」づくりを実践する

高齢者が50%を越えた限界集落、それに近づいた大都市圏郊外の住宅地などを都市型限界集落と呼ぶことも一般化しつつある。地域の小・中学校が他地域と併合されて廃校になることが確実視される、医療・福祉関連施設の統廃合が避けられない、JA支所やガソリンスタンドなどのサービス施設が撤退することが確実になる。そのような予測に対して行動を起こして「社会的空間」づくりをはじめる。

①現在はかろうじて日常生活に支障が無い地域でも、直ぐ先の将来の「物理的空

間」の姿が現実感を持って予測されることに対して、町内会や自治会、或いはコミュニティ内有志が集まって、予備的な対応についての話し合いをはじめる。

　②近未来の地域コミュニティの情況については、行政からの情報提供が重要である。これまでともすれば、人口減少をはじめ、マイナスイメージについて公表することを嫌ってきた行政の真剣な対応が不可欠となる。

　③地域の住民が自主的に話し合いを始めた地域では、往々にして、どのようなプログラムで活動に結び付けていくかということが見つけられない例が多いので、予測される困りごとへの予備的な活動に対しては、行政の法制度や政策などに基づいた先導的な支援が望まれる。

　④地域コミュニティの持続に不可欠な公共サービスの為の施設の補充や、伝統的な行事の継続などのための、これまで維持されていた社会的資本を再構築して「社会的空間」づくりに向かう。

　⑤「社会的空間」を担う地域経営共同体は、地域コミュニティの殆どの日常生活に対応した業務を遂行できる法人の創設などに向かい、マネジメントを担う専門家を雇ったりして、地域外の多様なアクターとの連携で持続可能性を持った「社会的空間」へと進化させる。

　⑥同様に、地域経営共同体は、地域コミュニティの密度の濃いコミュニケーションや豊かな日常生活を過ごすための「社会的空間」づくりを重ね、移動のための交通手段の自主運行の実践や、自然資本の再編成などにも活動をひろげ、「物理的空間」や「なりわい空間」づくりの主体になる。

　⑦更に多くの多様なアクターと協働して、持続的な地域空間を構築する主体へと進化させ、行政と連携して地域経営を実践する。

　⑧このような活動が持続するためには、行政の、組織の立ち上がりから、継続、事業実施など、様々な過程における適切な支援や助成が不可欠となる。

（2）多様なアクターが協働の中で役割（自助・共助・公助）を最適化する

地域コミュニティが自助・共助・公助の関係を見直す

　我が国では、1970年代頃から、「揺りかごから墓場まで」と言われるように行政が、教育・福祉・文化、供給処理関連、安全・安心関連等、様々なサービスを提供してきた。そのような公的な支援は農林業・商業など多様な企業活動にも及んでいた。しかしながら、最近になって、人口減少社会を迎えて、国を含めた官民の経済的な余裕が著しく低下してきた。又、最近話題になっているように、宅配便のきめ細かいサービスが、少子高齢化による働き手の不足で難しくなるとともに、そこまでサービスが必要なのかという、いわば、我々が慣れ親しんでいるライフスタイルへの疑義も提起されてきた。

　①農地や山林などについても、従来の国の政策に頼らず、自治会や地域コミュニティや有志が、「社会的空間」を基盤として、その機能を広げたり、「なりわい空間」や「物理的空間」を構築するのに有効な組織を創設して、地域資源の独自の利活用により農林業や観光などで定常的な収入を得たり、持続可能な利便性を確保する。

　②自伐林業のように、行政の施策がきっかけではあるが、それを踏まえた地域コミュニティが今までには無かった革新的な業態を創造し、県や市町村などの行政を動かし、政策として普及させていく。

　③移動についても、地方都市でも、大都市郊外の住宅地でも、行政から車両は支給されるが、運転手の雇用を含めた運行費用を地域コミュニティの構成員からの会費で充填しているという例のように、当事者として地域ができることを自助として実践する。

　④自助の範囲は、地域が継承してきた社会的資本の固有性に応じて、既にいくつかの地域コミュニティで、行政の中心的なサービスである道路整備などでも、材料支給を受けるが、整備を地域コミュニティが実施しているような実践に及ぶ。

　⑤同様に行政の従来型の補助政策による支援を受けながらも、地域コミュニティ

で、遊休化した公共施設の利活用と合わせて、「小さな拠点」「小さな役場」とも言われる地域経営拠点とそれを運営する自治組織を立ち上げている。

⑥このような、行政の政策に基づいて始まった活動が、地域コミュニティの創意工夫により、地域に人を呼び込む「なりわい空間」や「物理的空間」を創造するような例が枚挙にいとまなく、全国で動いている。

⑦地域コミュニティの活動が始まる契機となる出来事の順序は多様であるが、基本的には、地域コミュニティ全体やその中の有志が構築する「社会的空間」に於いて、地域自らができることを積み重ねていくことと、自分たちの手に余ることを、地域内外の人材との協働などによって、活動の範囲を広げていく事につなげるというような例が多い。

⑧その上で、他のアクターとの合理的な共助を探る、必要に応じて公助を導入するというプロセスが始まっている。いわば、このような「補完性の原理」をアクター同士で共有しながら、協働の最適化をめざしていく。

新しい価値観を持った多様なアクターが協働して地域空間を革新する

これまでの協働の多くは、行政がプラットホームを作って、アクターの交流や共助を推進するというケースが多かった。しかしながら、情報化社会の進展は、そのようなメディアを経由しなくても、様々な情報が得られる機会を創設するとともに、個人の側も、自らの興味や思いを基準にして動き出すというトレンドを創りつつある。特に、若い人の田園回帰志向や、地域が継承してきた社会資本や古い建物に代表される、そこにしかない「物理的空間」への関心は、加速度的に増進している。又、民間企業でも、電気などエネルギー供給や、交通手段、宅配便など、専門的な分野での協働に加えて、業種を問わず、企業のビジネス活動の中に、価値共創（CSV）を経営資源としてとらえ、社会的な課題に積極的にかかわる動きが出てきた。

①「社会的空間」の構築の過程においても、外部の専門家や実績を持った人の導入などを積極的に進めて協働することによって、地域空間の持続可能性を高める。

②なりわい空間づくりにおける地域資源の利活用に関心を持った外部の人や団体が、交流人口（観光など）や関係人口（就業や体験など）として、地域コミュニティ

と協働して新しい付加価値を生みだしていく。

③このような人たちは、進んで自らの「なりわい空間」づくりを、今まで地域になかった方法で活動することに向かい、その活動の経過の中で、関係人口ともいえる人材を呼び込んで、更に新しい「なりわい空間」を創造する。

④地域コミュニティの中に、地域への関わりの濃淡が異なる多様な個人や団体、民間企業が出てくることによって、コミュニティの個々の構成員が多様なアクターになる可能性を広げると同時に、彼らが協働する対象として、更に外部からアクターを呼び込む。

⑤ビジネスとして価値共創（CSV）に関心を持っている企業が、自らの業容と関わる活動やネットワークとして持っている人材などの資源を提供して、地域の社会的課題の解決に貢献する実践がはじまった。

⑥教育や福祉・健康などは勿論、移動や宅配サービスなどの「物理的空間」における活動の中でも、地域コミュニティとの協働で参入する民間企業も新しいアクターとして地域空間の再構築を担う。

⑦これらのアクターの中には、従来のやり方では経済的持続可能性が難しい地域課題の解決を、事業性を持ったビジネスモデルに組み立てて展開する（ソーシャルビジネス）ベンチャー企業やNPO法人などが出来てきた。

⑧同様にこれまで地域コミュニティの生活を支えてきたJA支所や農事組合法人、森林組合などの各種団体が、これまで担っていた機能を越えて、地域コミュニティが必要とする機能を満たすアクターとして再編され、地域と協働して、「なりわい空間」や「物理的空間」づくりに積極的に関わってきた。

⑨地方自治体も、行政区域全体の地域経営を担うだけではなく、従来の、地域住民や関係者が集まる場や専門的な人材の提供などに加えて、移動のための車両の提供、農産物や林産物の流通・販売などを実践する体制を整えるなど、地域空間の再構築を担うアクターとして地域コミュニティや民間企業などと協働することが重要になってきた。

⑩このように、地域コミュニティは、今まで住み続けてきた人々だけではなく、様々なアクターがそれぞれの志向性を持って、地域と多様な関わり方をしながら活動す

る開放的な場所になっていくことにより、新たな定住者や交流人口・関係人口が生活し、住み続ける場所になる可能性を高めていく。

縦割りを排した総合的な行政が機動的に公助を実践する

　地域コミュニティの「社会的空間」「なりわい空間」「物理的空間」の最適化は、住民の日常生活と最も密接な関係を持っている地方自治体が主要なアクターとして参画しないと実現しない。多くの自治体では、このような認識で、国の法制度や補助金などの助成を、行政区域が継承している固有性に対応した施策を遂行するための道具として利用している。その上で、住民が住み続けることに幸せを感じる空間の最適化を進めるためには、地域住民や様々な個人や団体、企業など民間のアクターが協働して実現に取り組んでいる空間づくりに、行政が、従来よりも柔軟な感性を持って、時間的にも内容的にも臨機応変に関わっていかなくてはならない。

　①まず、行政は、地域コミュニティを対象として、地域の固有性に相応しい地区単位で、それぞれの地区の人口構成や教育・福祉その他の公共サービスについて財政を含めた各種負担の現状と近未来の予測を情報開示して、公助の現状と限界を説明することが必要である。そして、そのデータから近未来に予測される課題に対する自助・共助による解決策とそのために必要な活動について、継続して協議を進めて行くことが基本となる。

　②同時に、住み続けるための空間づくりを実現するためには、これまでの縦割りによる公共サービスではなく、地区を一体的な地域空間として再構築していくために必要な各種サービスを相互につないで、実効性のある活動ができる体制作りを進めることが求められる。

　③地域コミュニティや地域で活動するその他のアクターとの協働は、具体的な空間づくりに応じて相互に複雑に、且つ多様に結びついているので、地域空間を対象にして求められる技術や手続き、支援などは、これまで縦割りで対応してきた分野別では有効にはならない。道路や供給処理などのハードと教育や福祉・健康などのソフトが一体となって、行政の各担当間の協働によって実現する。

　④更に、社会インフラは日常生活を支えるだけではなく、「なりわい空間」が構築

されるためにも重要であり、外から人を呼び込むための要因ともなるので、行政の各部門は、「社会的空間」「なりわい空間」「物理的空間」に総合的に対応できる専門性を持った人材育成と、必要に応じて外部の人材も受け入れる、開放系の組織としていく。

⑤その上で、絶えず流動的に進行している地域空間づくりに、主要なアクターとして臨機応変に参画して、従来の法制度や政策で規定した段取りやプロセスに捉われない、新たな役割に相応しい機動的な協働をして行く。

⑥一方で、予測される行財政の逼迫により、今まで公助として支援していた事業が出来なくなることを認識して、外部にも情報発信するとともに、いたずらにアウトソーシングするだけではなく、地域コミュニティの自助の拡張や、民間事業者との協働による官民連携事業（PFI、PPPなど）について、企画・説明・協議をきめ細かく行うことや、協働事業の実践ができるようになることが求められる。

⑦更に、多くの地域での活動から見られるように、行政が最も望まれる役割の一つに、自分たちの行政区域での地域空間が目指すべき将来像を住民に提示し、共有し、それに基づいて持続的に政策を遂行して行くことがある。

⑧地域コミュニティでも、自分たちに身近な将来像について検討していくことは、多くの自治体で実践されているが、行政区域全体の将来像の確立は、最終的には地方自治体の役割である。

⑨「社会的空間」については、自治組織としての地域コミュニティが実践すべき役割とそれを持続的に実践することが可能な、共助の仕組みや公助の支援について制度設計を確立するとともに、その進行の各段階で、支援や助成を継続的に実践していくことが求められる。

⑩「なりわい空間」については、地域コミュニティがそれぞれの地域の固有性に基づいた「なりわい空間」づくりが持続できるような地域内経済循環のビジョンと仕組みを提示して、住民と共有する。その上で、行政が、それを実践する主要なアクターとして、経済活動に必要な社会インフラ（経済活動のための場所や装備等ハード面とマーケティング、流通などのソフト面を含めて）の整備、維持管理を中心的に担う必要がある。

⑪「物理的空間」については、行政区域全体の中心核や居住区域、「なりわい空間」としての農地や山林など自然資本と商業や工場など人工資本の位置、それらをネットワークする道路やエネルギーなどと教育・福祉・健康等の社会インフラの構成、その他骨格を住民に提示して共有し、その整備や維持管理などのスケジュールや担い手などを含めたプログラムの管理が求められる。

　⑫行政区域全体の土地利用や地域内経済循環等について、地域住民とその他のアクターとの協働によって地域経営を遂行できる、地方自治体独自の制度や仕組み、法制度などを、自主条例創設などを含めた分権的な自立性を持って進めて行く。

　⑬更に、行政区域を一体的な地域空間としてとらえ、行政区域全体が自助できる機能を明確にして、「社会的空間」「なりわい空間」「物理的空間」の再構築のために、広域的に共助できる他の自治体との協働を進める。

（井上正良）

2　地域からの発想による住み続ける3つの空間を再生する

　人口減少や少子化、高齢化による地域の変化と課題の多くは既に述べた。そして余程のことがない限り、10年、20年後も地域は縮小化する。
　国立社会保障・人口問題研究所の日本の将来推計人口（平成29年）によれば、団塊の世代が後期高齢者になる2025年以降は、少子化も相まって高齢者層が数、構成比共に増加する。そして40年後の2053年には、総人口が1億人を割り9,924万人となり、その後も減少し、年少人口、生産年齢人口の低位推移、高齢者人口の高位推移をたどるとされている。参考値として、100年後の人口推計値が出されているが、まさに半減する値（約5,056万人）となっている。
　こうした人口減少の動きは、短期的には回復できない。単純に人口増加基調を望むのではなく、どのような人口減少社会を迎え安定化を図るのかの検討がなされなければならない。それは、地域、市町村レベルでの縮小化と疲弊化に対応して「自立」し「持続」する知恵と体力をどうつけ、そして仕組みをどう創っていくかにかかっている。

図表8-1　日本の将来推計人口（2017年推計）

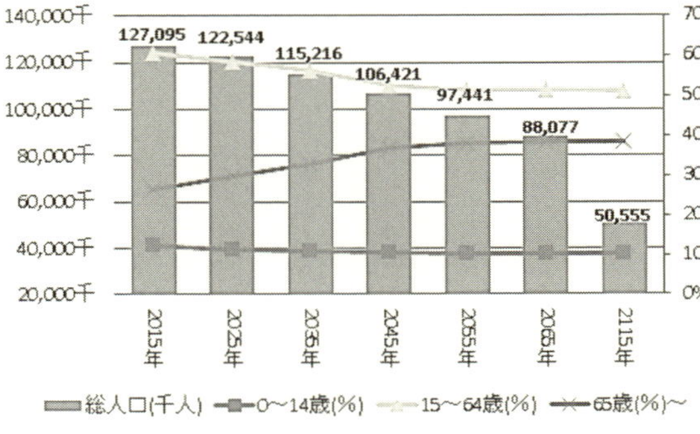

出典：国立社会保障・人口問題研究所

　こうした中で、国においては、「新国土形成計画」や「立地適正化計画」において「コンパクト＋ネットワーク」の視点からの市街地や国土の形成への取り組みを謳い、実際に、市町村においてはこの視点に基づき公共交通と一体化などを含めた「都市

機能誘導区域」や「居住誘導区域」の検討、設定などの適正化計画を策定している。しかし、都市、地域の状況は一様ではないはず。それぞれの縮小化や空洞化、疲弊化が進む中で、かつ歴史的・文化的背景や住民の多様な意識、意欲が存在する中で「コンパクト＋ネットワーク」化が簡単に進むとは思えない。予算、補助制度だけを背景とした事業などを越えて、まさに「地域に住み続ける」ための総合的な取り組みについて、足元から改めて議論し、試行、実践されつつ、より良い方向へ変えていく流れを創り出していくことが、自立的な地域づくりや地域の人づくりの面からも重要である。

（1）地域からの発想

各地の「社会的空間」「なりわい空間」「物理的空間」での取り組みから見えてきたこと

本書では、「人口が減少しても豊かで安心して幸せに暮らせる地域を築く」という視点から、3つの空間に着目して検討してきた。

そこで見えてきたことは、

「社会的空間」の形成では、「困りごとから出発し、つながりの好循環をつくる」⇒「地域活動を通じて社会関係資本を形成・蓄積する」⇒「豊かな地域づくり活動がソーシャルネットワークを形成する」⇒「つながりのネットワークを重視した、永続的な活動の仕組みをつくる」というプロセスで、加えて、地域固有のルール＝「条例」という規範を持つことにより、地域経営の形を整え、地域の様々なアクターの協働による地域づくり活動とその深化により豊かな「社会的空間」を実現していくこと。

「なりわい空間」の形成では、地域での活動やそのプログラムは、固有性を持ち、様々であるが、「身近な生活環境を構成する地域資源の再編成によって、住んでいる人達と仕事の好循環を作る」こと、さらに「地域内経済循環」を起動させることにより、多様な「なりわい空間」をつくり出すこと。

「物理的空間」の形成では、地域の「土地資源の見直しや再編によって総合的な土地の利用と活用を進め」、「住み続けるための地域交通インフラの確保と住空間を整

備する」という戦略的な視点を持ち、地域の現状・資源の確認・再生から始める総合的な土地利用の推進や都市構造の形成、日常活動のための交通インフラ確保と住宅地、市街地環境の整備とそのための多様なアクターによる協働活動の重要性などが挙げられる。

そして、これら３つの空間づくりは、繋がり、融合化して、より豊かで広域的、全国的にも特色ある「地域空間」へと展開していくことが、３つの空間づくりの取り組みから見てとれた。

地域を見直し、地域資源の再編成など、自ら「変革」することからはじめる

以上から、共通して言えることは、「豊かで安心して幸せにくらせる地域」を築くとは、地域の困りごとからもう一度「地域」を見つめ直し、地域の様々な資源を「再編成」することから始めるなど、地域を自ら「変革」するという意志と取り組みが重要であり、まず第一歩であると言える。

そのためには、地域における資源〜自然資本、人工資本、人的資本、社会関係資本を見直し、守り・再生、再編への取り組みへと繋げていかなければならない。

例えば、地域のコミュニティや歴史的・文化的活動、景観、あるいは森林資源を守り、活かすとはという問いから、その多様な組み合わせにより新たな展開をつくり出す。しかし、取り組みと成果を出すのは、そう簡単ではないはずである。悩み、議論し、実験しながら形にし、成果を出して行くことになろう。

また、内向きの、内々になりがちな地域活動とならないためにも、外からの支援〜知恵や力・金も活用する。しかし、あくまでも自らが動きだすために活用するだけ、上手に使うだけであり、依存はしないという覚悟が必要である。

真に「住み続ける地域にするため」に、現状を未来に向かって、自ら、そしてみんなで変えること、その心構えと姿勢、その実践が粘り強く継続して取り組まれることが大事である。

多様なアクターによる実践と協働からはじまる固有のルールづくり

実際に、人が動き、地域が動くとは、地域での困りごとや地域でこうしたい、あ

あしたいと思っていることを、人とグループ・団体がそれぞれのやり方で取り組みつつ、さまざまな協働の形をとって実践することである。

　もちろん、行政（国・都道府県・市町村）の制度的・財政的支援は重要である。しかし、それはあくまでも「従」であるはず。縮小化する地域にあっても、住み続けたい、あるいは住み続けざるを得ない人々、さらに住みたいと思う人々が、どうしたらそれが可能になるかを考えることから始める。主体は、地域の住民であり、地域の団体や企業などである。地域に一番近い市町村も、主体的に考え、政策実現に努力する、あるいは地域の多様な活動を誘発し支援することは当然である。

　そのためには、全国一律の制度では駄目である。地域にあった市町村独自のルール、条例などによって、多様な地域づくりを可能とすること。また、地域のさまざまな人々、団体、企業を地域づくりの「アクター」として捉え直し、それぞれの演者に応じた多用で重層的な活動を誘発することにより、「地域からの発想」の地域づくりが充実され、新たな地域づくりへと止揚される。

（２）住み続ける３つの空間の充実と融合化、そして拡がりへ

３つの空間の充実と融合化、拡がりにつながる行動を起こす

　こうした「地域からの発想」での取り組みがおこなわれる場所は、まさに地域の３つの空間〜社会的関係に依拠し形成されてきた「社会的空間」、地域資源と共存しながら生産活動を維持・発展させてきた「なりわい空間」、都市機能やくらし、なりわいを支える「物理的空間」〜である。この３つの空間は、それぞれ最適化され、持続され、そして創造される。

　その方法はさまざまで、４章、５章、６章、そして７章で整理されてきたが、さらに重要なことは、その「融合化」であり「拡がり」を持たせるように活動をデザインし、行動を起こすことである。

　融合化とは、それぞれの空間における活動の重なりを豊かにしていくことである。例えば、地域の福祉や健康づくりは、「社会的空間」としての福祉、健康・医療活動だけではなく、施設や地域のバリアフリー化や、歩いてしまう、歩き続けてしまう健康

図表8-2　3つの空間の融合化と拡大

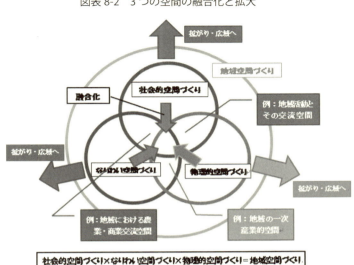

の道づくり、広場づくりなどの「物理的空間」づくりに繋がる。また、地域の森林資源や歴史的資源の物理的空間の保全とそれを活かした物産開発や観光への利用は「なりわい空間」づくりともいえる。さらに、地域のコミュニティ活動などの「社会的空間」を基本にした活動を契機として、地域資源を活かした物産開発や観光振興へと展開し「なりわい空間」づくりや「物理的空間」づくりに繋がったりするケースもある。

また、それぞれの空間における活動と融合化は、新たな発想と活動を必然的に生み出す。例えば、地域外とのふれあい交流（例えば、児童・生徒の山村留学他）や情報・流通ツールの活用による産直をはじめとしたなりわい交流に繋がり、それらの成果を通して地域らしいより高質の「物理的空間」づくりへと発展し、結果として一層の広域性、全国性を有するなどの「拡がり」をもつことになる。

「地域空間」として新しい顔を持ち、より広域的なつながりへと拡げる

このように、地域からの発想と取り組みを基本に「社会的空間」、「なりわい空間」、「物理的空間」での諸活動が、それぞれ充実され、繋がりをもって融合化されること

により、より質的に高い地域づくり活動と「地域空間」が創り出される。さらに、こうした特色ある「地域空間」は、域外との関係においても一層、広域化、ネットワーク化される可能性を高め、まさに地域の顔としての新しい「地域空間」を形づくることになり、広域的、全国的にも特色ある、パワーアップされた地域として認知されよう。

さらに、情報化・技術革新が進む現代においては、革新的技術や先端的情報、素早い流通システムを活用し、地域が直接、全国、世界と結ばれる。こうした状況を背景に、3つの空間の充実と融合化はもとより、より広域との繋がりを意識しつつ、住民、企業、団体、そして行政のそれぞれが粘り強い取り組みと協働化への努力によって、新しい可能性と拡がりを持った「地域空間」づくりの展開へと繋がる。

（3）地域自立の道を拓く

地域に住み続けることができる、地域自立の道を拓くために、住民、地域、あるいは地域の諸団体が取り組むべき方向について実践的に整理すると、

「3つのかかわり」づくりからはじめ、融合化による「地域空間」づくりへ
【かかわりづくり1：まずは自らかかわり、取り組む】

元々、個人の繋がりは、地域内や地域外、市外、広域、全国、世界との広がりを持つものである。そして、こうした広がりを情報・技術の獲得ツールとして活用し、それぞれの活動をより充実、展開させている。各人の活動は、そのような過程を通して連携されていく。

要は、住民、地域レベルでの「社会的空間」、「なりわい空間」、「物理的空間」での諸活動を、個人的広がりの中で先ずは自ら展開することを基本に、特に「住み続ける地域」づくりに向けて、地域の困りごとや地域資源についてしっかり見つめ、対応等を学び、考えることが大切である。

【かかわりづくり2：身近なところ、地域で取り組む】

その上で、身近なところ、地域の諸団体（自治会、NPO、各種地域団体他）の中で、対応に向け共に考え、行動する。そして必要に応じて、他組織、個人・団体と連携する。あるいは新しくグループの組織化を検討する。この過程を通して、地域の3つの空間の問題が整理され、短期的な課題については解決される。さらに共に考え、行動するというプロセスでの連携・協働事業を経て、3つの空間における諸活動の連携性が高められ融合化し、その地域ならではの「地域空間」が創られる。

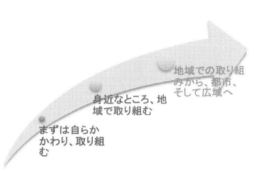

図表8-3　かかわりの3つのステップ

ここまでの活動は、個人のライフスタイルや価値観と大きく関係し、影響し合うものであるが、地域で語り合い、知り合うことを通して、地域での幅広い繋がりを持つことにもなり、個人の地域での位置や地域からの期待、役割を自覚することにもなる。地域に入り込み、活動する若者たちの多くは、大都市では得られないこうした役割や期待に対し、新鮮な興味を感じるようである。縮小・成熟化社会での興味、新しい価値観の希求というべきか。

【かかわりづくり3：地域での取り組みから、都市、そして広域へ】

地域、あるいはコミュティのそれぞれの空間でのさまざまな取り組みの充実と展開によって、地域の枠を越えて、1つの自治体、都市レベルでの特色ある3つの空間として活動、評価され、そのことがより広域との繋がりへと拡大される。

あるいは、地域の3つの空間が融合化した「地域空間」を、地域の特色と魅力ある空間として、さらには都市、広域の魅力、特色ある空間として昇華させるという構図を構想しつつ取り組む。まさに地域での取り組みから都市、広域へという流れ

である。しかし基本は、地域での3つの空間の充実と融合化からはじまる。

地域自立の道を拓く3つの戦術

以上のような視点、ステップを踏まえて、3つの空間づくりに向けての具体的な取り組みについて戦術的視点から整理する。

【戦術1：地域に「こだわり」、「かかわり」、「つながり」を持つ「ひと」たちによる実践】

地域からの発想は、何と言っても地域へ「こだわり」、「かかわり」、「つながり」を持つことである。そして、この「こだわり」は、地域に住みたい、住まざるをえない、あるいは興味・関心を持つなどの大枠「3タイプ」の「ひと」たちが、地域の困りごとや夢・期待を持って、地域のヒトやモノ、コトとの「かかわり」もち、それぞれの場面で共に行動し解決する。あるいはその成就に向けて、継続的に「つながり」を持つことである。

そのための動機づけや組織化に向けて、首長のリーダーシップや行政の意識改革に基づく先進的活動などへの支援、NPOなどの各種団体や企業の参加・協力は欠かせない。

【戦術2：総合的な骨格プラン、地域づくり計画、そして活動・事業実施計画による主体的な都市・地域づくり】

地域における3つの空間は、融合して「地域空間」として在る。それぞれの活動を進め、地域で融合化させ、より良い状態に向かって行くためには、その基本となる地域の総合的な計画が必要になる。社会的、なりわい的活動を地域の物理的な空間としてどう収斂させていくか。これまでの個別縦割りの対応と議論を越え、地域の自立に向けて融合化して行く取り組みが必要である。そのためには、都市全体にかかわる、①総合的な骨格プランと、地域における②地域づくり計画、そして③活動・事業実施計画（主体と役割、概略事業費他）の整理が必要となる。そしてこの計画は、必ずしも順番に策定されるものではなく、地域の状況、熟度によって相互にフィードバックされながら、精度、具体性を高め、策定されるものである。

総合的な骨格プランは、都市づくりの基本的テーマと方針を示し、骨格的土地利

用と道路・交通・情報、あるいは主要施設配置の構造を示すもので、その都市・地域の自然条件や歴史・文化的状況を基本に都市レベルの「社会的空間」、「なりわい空間」を踏まえた「物理的空間」の根幹を示すものである。特に、行政が中心となり住民・団体・企業などの、さらに広域との横断的、継続的連携により調整、立案、実践、評価される、まさに都市全体の総合的な空間計画で都市・農村地域を含む計画である。人口や都市・地域のあり方についてしっかりと検討・議論されねばならない。

また、地域づくりに向けた計画は、地域における「社会的空間」、「なりわい空間」、「物理的空間」づくりにかかわる計画で、地域ごとに立ち上げられる協議会などが中心に立案される具体的で地域の自立的、主体的な計画である。さらに、この計画を踏まえ、地域ごとの活動・事業実施計画を策定し、事業の目的やねらい、スケジュール・事業費、そして地域での協働、行政との役割分担を明らかにし、活動・事業の実現性や責任、事業のオープン性を高める。

これら②、③の計画は、地域の協議会などの立上げ状況や自主的活動の成熟度を踏まえ、可能なところから立案され、内容・精度も順次高められていく。

【戦術3：戦術を支える仕組みと明快なプロジェクトづくり】

上記2つの戦術を達成するためには、地域、行政が継続的に協働する仕組みづくりが重要である。即ち、地域活動母体の設立（協議会、NPO他）、行政による地域支援体制の確立（支援交付金制度、活動拠点と人的支援、各地域横断・地域と行政・行政内の調整会議）が必要となる。さらに、一連の取り組みを裏づけるまちづくり条例などを制定することである。

その上で、これら仕組みづくり、活動のきっかけとして、「社会的空間」、「なりわい空間」、「物理的空間」にかかわる共通的課題、例えば、歩いて楽しい道づくり、地域での子育て・ひとづくり、健康づくりなどの地域ぐるみでのテーマを見つけ、明快なプロジェクトとして仕立て上げ、その対応策と支援の仕組みづくりを意図的に取り組み実践することからはじめる。

以上、3つの戦術の取り組みを通して、3つの空間を再生、充実し、そして融合化

させ、具体的に地域自立の道を拓くことに繋げる。ここに挙げた「3つの戦術」は、その第一歩であり、各地域での多様で創造的な取り組みと展開が期待される。

　「地域からの発想」による3つの空間での自主的な取り組みと融合化が、豊かな「地域空間」を創生し、縮小する地域社会にあっても意欲的に「幸せにくらせる」、「住み続ける」地域づくりへと繋がる。そのような期待とねらいを持って、まずは身近なところから、夢や期待、地域での困りごとから動きだすなど地域へのかかわりを深めていくことが大切である。そのことはまた、人口の減少をはじめとして地域と社会の状況が大きく変化する中での「住み続ける場」づくりにとどまらず、それぞれの生き方、価値観にもかかわる問いへの応えにも繋がることになろう。

（増田　勝）

3　未来に責任を持つ自治体構造に変革する

（1）自治体構造を変える「改革から変革」の視点

自治体構造変革への挑戦

　住み続けるための「めざす姿」は、たとえ人口が減少しても、より豊かに安心して幸せにくらすことができる地域を築くことである。そのためには、地域空間に依拠し、「都市の戦略デザイン」や「広域の戦略デザイン」の具体化をめざし、首長と職員が危機意識を持って、手を携えながら未来に責任を持つ、自治体経営変革の挑戦ができるか否かに命運がかかっている。

　少子高齢化の進展と人口減少が早いスピードで訪れる我が国の未来社会は、誰もが経験したことがない。欧米社会においてもこのような早いスピードによる人口縮小、都市縮小の現象には至っておらず、欧米社会から手本となる未来課題を解決するためのヒントはあっても、処方箋が見当たらない。拡大成長時代のように欧米社会の先進事例を参考に改善を進めていくことはできない。ましてや拡大成長時代の思考や仕組み・制度の延長線上では、サービス提供や地域課題の改善、未来に向けた新たな投資に対応することは困難といえる。

　この難局を解決していく方策として、「地域からの発想」によって、住民と多様な主体が価値を共割して、豊かな地域づくりを進めていく必要がある。

　一方、行政は住民と協働、連携して分権型社会を目指すための共通のプラットホームをつくる。更に、「都市の戦略デザイン」や「広域の戦略デザイン」を示すためには、政策デザインや計画に創意工夫を凝らし、試行錯誤の積み重ねが豊かな地域づくりにつながることを1章から7章で指摘した。

　「都市の戦略デザイン」や「広域の戦略デザイン」を構築する上で、何故、仕組み・制度の「変革」が必要なのか。「改革」では駄目なのか。拡大成長時代、国や自治

体が社会課題、行政課題に直面したときにとった方策は、従来の仕組み・制度を改め、よりよいものにするための「改革」が、様々なかたちで行われてきた。つまり、既存の仕組み・制度の枠組みそのものは温存し、改善・改良を実現する手法をとってきたのである。

2000年に地方分権一括法が制定され、国の中央集権的な行政システムが温存されるなか、財源面で必ずしも十分とはいえないが、地方分権の枠組みは示された。地方分権は明確に地方自治体を国とは相対的に自立した独立の自己決定、自己責任主体として機能させる方向性を示している。未来に責任を持つ自治体に変えていくには、地域社会の自己決定、自己責任が取れる行政主体に改善し、「地域からの発想」に依拠した、融合・統合された政策形成・意思決定・事務執行の主体としての地方政府に変革する必要がある。

先ずは、行政が自らの組織構造・システムを変革し、生産性(組織・職員が一定の経営資源からどれだけ多くの付加価値を産み出せるかということ)を高める活動の姿を見せなければ、住民と多様なアクターとの協働、連携による豊かな地域づくりに弾みがつかない。

国の仕組み・制度の変革を待って、地域と自治体の自立をめざす自治体経営を再構築するのでは時間がかかりすぎる。自治体は危機意識を持ち、今こそ、「安心して幸せにくらせる縮小社会を築く」ために、自治体構造の変革を進めていくべきである。

地域と自治体の自立を図る挑戦

地域ごとに豊かで安心して幸せにくらせる社会を築くには、これまでのような、全国一律の政策では解決できない。地域の実情にそった独自の政策や手法を駆使する必要がある。

何故ならば市町村は、先ずは現行制度の枠内で、住民の参加・協働の力を結集して、新たな住民ニーズに応える。住民と行政との協働、連携による住民による主体的な地域づくりと自治体経営の生産性を向上させ、実践してゆくことが必要と考える。市町村は、「地域からの発想」に依拠し、自らが構築してきた、仕組み・制度を変えて、新たなものにしていく「変革」がなければ、未来に責任を持つ自治体に変

えることはできない。

　一方、地域の住民にとって自治体の首長・職員像は、どのように映っているのか。地域住民との懇談や交流を通じて感じることは、首長に対しては「なんでこんな市長がいるのか」「何故、この人が町長なのか」「何もしない村長が何故いるのか」といった声を耳にする。その背景には「誰がなっても同じ」「有力者から頼まれたから」という有権者の気持ちのあらわれと絶望感が交錯しているように感じられる。

　自治体職員に対しては、例えば、教育・福祉・消防などの一部の分野と現業部門を除くと、ほとんどその姿を実際に見る機会がなく、全体としてのイメージは、マスメディアを通じて流される職員像や不祥事、相変わらずの横並び意識で主体的に行動しない、お役人像を反映して、マイナスイメージが圧倒的に浸透しているのではなかろうか。

　住民に最も身近な市町村は、それでもまだ窓口事務や現場における事務事業、地域づくりのかかわりが多いために、その職員像は自治体の事務事業の実態や内実を反映した独自のイメージを与えている。多くは住民にとって自治体職員像は絶望的なまでに影が薄いと言わざるを得ない。むしろ何かことがあれば、すべてが行政の責任として批判されることが日常的に各地で起きている。

　自治体職員の立場から見れば、それはどこか不条理で公平性を欠いており、真面目な職員ほど無力感に陥りやすい状況になっているのではないだろうか。

　変革を試みる首長らは、「総合的な視点をもち、縦割りを横につなぐシステムを創る」、「横並び意識を捨て創意工夫による政策・施策を立案せよ」・・・など、一貫して言われてきたことである。

　しかし、首長の改革方針により一時的には改められるが、首長が去れば、すぐにもとの姿に戻る体質といえる。つまり横並び意識、縦割り主義の岩盤を崩したかに思えるが、そうたやすく崩れず、崩れたふりをして、4年、8年を寝たふりをして過ごす処世術を身に着けているため、抜本的に改善されたためしがない。

　何故、変革の本丸である「縦割り行政の弊害」が解消されてこなかったのか。それは、『役人は他部署からの介入は、自身の権限を奪われ、自らが立脚する基盤が脆弱となると考えるため、連携して何かをするという発想が欠如している。また、部課の利

益と既得権益を守ることが、自らの身を守ることになると考えるから、縦割り主義は温存されてきた。』と考えられる。

　地域と自治体の自立に向けて、今度こそ、抜本的な変革ができるかが問われていることを、肝に銘じておく必要がある。つまり、既存の行政システムや組織構造をも否定する、創造的改革を行う姿勢と覚悟を示さなければ、安心して幸せにくらせる地域を築くための「2つの戦略デザイン」を示すことは困難といえる。

　では、行政が責任を持って「都市の戦略デザイン」や「広域の戦略デザイン」と

図表 8-4　地域からの発想を支える5つの変革方針

しての政策デザインを示すためには、市町村は何を「変革」する必要があるのか。

　一つは、行政機構を動かしている、「縦割り主義」から「地域からの発想」に変える。

　二つとして、行政組織を通じて生産性高く、成果を実現するために、行政経営の根幹をなす「硬直した行政システム」を変える。

　三つとして、住民が主体的に取組む地域づくりを通じて、行政との協働、連携に

より、「地域社会を分権型社会の仕組み」に変える。

四つとして、「地域からの発想」に依拠し、都市・広域構造を「相互補完型ネットワーク構造」に変える。

五つとして、自治体を行政経営と地域経営を推進する変革・創造戦略本部を通じて「多様な主体との価値共創を生み出す価値観」に変える。

（２）自治体構造をどう変えていくか

「縦割り主義」から「地域からの発想」に変える

「縦割り主義」から「地域からの発想」に変えることにより「２つの戦略デザイン」の具体化に向けたプロセスが動き出す。地域資源と地域構造・都市構造を前提に「地域」とその集合体である「都市」の空間をベースに、総合性の視点から政策・施策や個別計画を束ねる「関係性のデザイン」（計画の総合化）と「空間のデザイン」（都市空間をかたちにするための目標や方向性を空間の仕組みに仕立てる）が重なり合う、総合的かつ計画的な、政策デザインが必要となる。

その体系化された政策デザインを実現するためには、「縦割り主義」を排し「地域からの発想」に依拠した、総合的な政策立案力が発揮できる柔軟な組織構造への変革が求められる。

自治体経営システムを変革する上で、縦割り主義の弊害と課題は何かについて明らかにする。

一つは、そもそも行政組織はもともと縦割りにするために、組織が構成されている。一般的には機能別で組織が構成され、業務・組織の効率性が追求されてきた。しかし、部課が独自の考え方を持って、他の部課との調整を怠ることが多く生じてくると行政にも無駄が多くなり、矛盾が生じるようになり、行政サービスが非効率に陥る傾向にある。そうなると部門ごとの間には必ずといってよいほど摩擦が生じてしまう。つまり、住民との連携や地域づくりの命題は忘れ去られ、部課の利益のみを追求する「ミニ霞が関」化している。

二つとして、省庁別の個別法体系の影響である。行政の政策施策の具体化は、計

画行政と条例政策に基づき個々の政策や事業の推進がされている。

　計画行政は、法定計画と独自計画で構成され、人口規模 75,000 人未満の自治体で約 30 〜 35 程度の個別計画が存在している。

　法定計画は、国の省庁別法体系により、市町村へ策定を義務付けた（できる規定も含め）個別計画と具現化するための補助金体系がワンセットになっているケースが多い。例えば、大半の執行組織体系は、国土交通省の「都市計画課」－都道府県の「都市計画課」－市町村の「都市計画課（村・町では係）」と縦割りシステム化され、職員は中央政府を向いて、指示を仰ぎ仕事をしている状態を生み、横並び意識を助長してきた。

　更に、自治体が独自に策定する個別計画も増加傾向にある。組織が競うように自らの事務事業を計画的に遂行するために、政策・施策を具体化する手段・手法を示した、地産地消計画、定住促進計画、スポーツのまちづくり計画など、多様な計画が次から次へと量産され、ますます縦割り思考が強まる傾向にある。

　三つとして、「空間の縦割り主義」である。わが国では、都市と非都市部は、それぞれが国土交通省と農林水産省の個別法体系により、行政区域の空間が分割され、コントロールされてきた。「地域からの発想」に依拠した、地域デザインとは、社会的関係にもとづく「社会的空間」「なりわい空間」「物理的空間」をシームレスに統合していくアプローチをとるものであり「地域空間」に関わる多様な主体との関係性に依拠するものである。この空間分割に対して、地域からの発想を持って、いかにして立ち向かうかが問われる。

　各部課はそれぞれのミッションで行動している。例えば、福祉部門ならば福祉・介護の事を考え、土木部ならば公共事業の事を考える。そうなると部門ごとの間には必ず、摩擦が生じ、かつ連携不足は重複する政策・施策を生み、無駄を生みだし、責任をなすり合う曖昧主義を助長してきた。

　それでは総合的・計画的な自治体の政策デザインとして体系化していくためにはどうすればよいのか。そのためには、「2つの戦略デザイン」の理念や目的を共有し「縦割り主義」を超え、様々な分野を串刺しにつなげ、組み合わせの手法を工夫しないかぎり、総合性が求められる政策デザインは構築できない。

3　未来に責任を持つ自治体構造に変革する

　職員が縦割りの蛸壺から出て、時代や地域社会の求める課題と価値を共有するために、総合性が求められる領域では、部門間の壁を取り払い、ベストな取り組みができる、スリム化・フラット化した組織構造や仕組みを構築する。

　自治体は独自に職員倫理に関する、コンプライアンス条例、法令順守条例、不当要求防止条例などが整いはじめてきた。例えば、「縦割り主義」を「地域からの発想」に変えていく上で、自治体組織や職員の活動・行動規範を定めた、「(仮)組織・職員活動の規律条例」を制定し、地域固有のルールを「条例」を持って組織体質の変革を促す試みを検討することも一つの方策と考えられる。

硬直化した行政システムを変える

　自治体では様々な「計画」のもとで活動しているが、各種計画群（総合計画や個別計画）や様々な行政システム（予算編成、事業仕分け、事務事業評価、組織管理、人材支援など）を導入してきた。多くの自治体では行政改革と称して、次々にシステムが導入され、既存のシステムに付加されていった。その結果としてシステムが整理されず、個々のシステムは機能していても、他のシステムとの連携がとれないこと、似た役割を持つシステムが重複していることから、システム全体として機能していない状態に陥り、行政システムが硬直化した状況にある。

　計画群も先に述べた通り、これまでの総合計画は総花的であり、硬直化したものとなり、総合計画と個別計画は整合性がなく、個別計画は法令体系や縦割り主義によりそれぞれの部門が自らのことのみを考え、総合的かつ計画的な体系になっていないことが、組織全体が無責任主義に陥り、責任が曖昧主義になることを助長してきた。

　一方、人口75,000人未満の自治体では、一般会計の政策的経費や経常的経費を含め、約700〜800の事務事業が存在する。総合計画を中心とした評価からはじまる予算編成システムの仕組みが機能していないため、事務事業のスクラップアンドビルドが不十分で、事務事業数と予算額は膨張し続け、財政逼迫を招く要因となっている。

　硬直化した行政システムを変えるにはどうすればよいのか。そのためには、自治

体経営の根幹をなす、各種の計画群と様々な行政システムがバラバラに動くのではなく、総合的にトータルなものとして機能し、試行錯誤を通じて、より高い成果を生みだす、トータル・システム（**図表8-5**）に変革する必要がある。

自治体経営に求められていることは、システムを全体として機能させることであり、現状を整理し、全ての計画群と行政システムが機能するように再構築（トータル・

図表8-5　　行政システムのトータル化

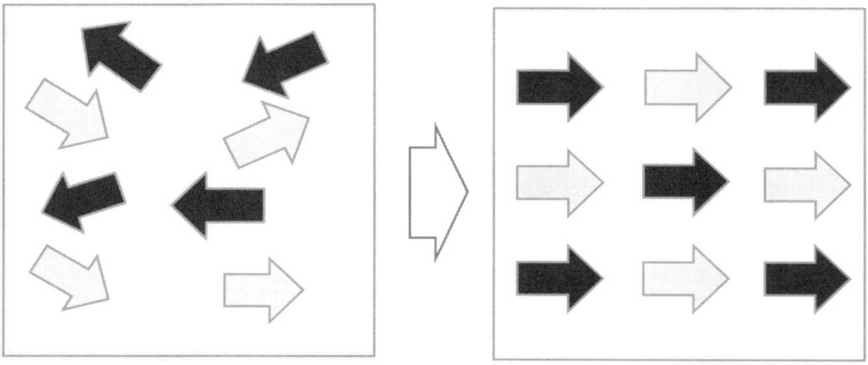

個別のシステムを導入しても全体として機能しない状態

全体としてシステム連携して機能させるには、トータルシステムとして再構築する必要がある

システム化）が必要である。各々のシステムが効果的に機能することで、全体の生産性を向上させることが求められている。

それでは、システムの統合化、体系化をしていくにはどうすればよいのか。例えば、組織横断的な先導役を担う、「政策企画部門、財政部門、総務行革部門」が連携して、首長を中心とした「変革創造戦略本部」をつくり、自治体経営の最上位の計画と位置づけた総合計画を中心に、政策施策の評価体系を構築する。その上で、縦割り業務を横につなぐマネジメントプログラムのもとに効果検証（PDCAサイクル）を行い、縦割り弊害を改善し、事務事業のスクラップアンドビルドを通じて、生産性を高める行政システムに変革する。

このような取り組みにより「予算から考える経営」でなく、都市・地域にどうい

う価値を提供するかを重視する「価値から考える経営」のシステムに変えていく。

トータル・システム化とは、自治体の行政経営と地域経営の相乗効果を促す役割を合わせ持つ機能を有する。行政組織の生産性が高いからこそ、地域の生産性は高まるものであり、逆に、地域の多様な主体による地域全体の生産性を上げることで、行政活動もより有効なものとなりやすい。住民や多様な主体と行政との協働、連携が起動しはじめると、行政以外の多様な主体の役割が大きくなり、多様な主体による公共サービス供給がおこなわれるようになる。

そのためには、行政の持っている予算の使い方を地域の持続性向上や都市全体のネットワーク化に資する形に変えていくことで、政策の選択と集中が可能となる。言い換えれば「2つの戦略デザイン」を具体化させる、未来への投資に予算を振り向けることが可能となる。

地域社会を分権型社会の仕組みに変える

住民と多様な主体が協働・連携してつくりあげていく、豊かな地域づくり活動は、新たな住民自治を重視した、3つの空間が融合、内包された「地域空間」を築くことである。そのためには、住民自治を前提とした住民や多様な主体が中心となって、行政との協働のあり方を「地域からの発想」の視点で捉え、社会的活動を展開することといえる。

分権型社会（地域のことはそこに住む住民が決められる社会）に向けて、地域において自己決定と自己責任の原則が実現されるという視点に立てば「住民と市町村が主役」でなければならない。住民が自らの地域づくりに主体的に参画し、いきいきとしたコミュニティを築くために、住民自治の確立を図る。一方で、住民に最も身近な市町村は自治権の拡充に向けて事務権限、財源の移譲、国と地方の役割分担の明確化により、地域が自らの意思で地域に必要な政策を速やかに実行できる仕組みづくりに向けた制度改革の働きかけが重要となる。しかし、国の変革を待っていたのでは永遠に目的が達成できる可能性は低いと思われる。

このようなことを踏まえ、分権型社会を推進する上で課題は何かについて次のように明らかにする。

第8章　地域からの発想が空間を変え、地域を創生する

　一つは、これまでのような全国一律の政策では「安心して、幸せにくらすことができる地域」は実現できない。地域の実情に沿った独自の手法を駆使しなければ、成功はおぼつかない。なぜなら、個々の住民の豊かさや幸せを充足するために必要な条件は、地域によって異なるからである。

　行政の政策・施策の質的転換を図るために、横並び意識を排除し「よそと同じのはまずい」「良いところを伸ばす」「自都市の誇りや愛着志向」など、行政の主要な行動規範を変革する。

　二つとして、現行政制度の枠組みと自治体の条例制定権を活用して、創意工夫による住民と行政の共通のプラットホームとなる「地域経営共同体」の仕組み・制度を構築する。

　三つとして、地域内分権（都市内分権）の視点に立ち、自治体の行政組織内部における分権と一定地域の住民に対する行政からの地域内分権を構築することで、住民自治を充実していく分権の推進である。

　では、硬直化した行政システムを分権型に変えるにはどうすればよいのか。
①個性発揮の邪魔をする横並び意識を変える

　分権型社会を目指していくには、職員の施策立案能力の根幹を変える必要がある。地域の歴史や自然、風土を活かした地域づくりを推進するには、地道な努力を忘れ、国の施策やコンサルタントが提案してくる施策に、すぐに飛びついたり、どこかの成功例と似た施策を打ち出したところで、成功につながるはずがない。大切なことは失敗例を徹底的に研究しなければ、同じ過ちを犯す。失敗例を精査し、その原因を自分たちの政策や計画に当てはめて考えれば、問題点が見えてくる。つまり、独自性、独創性と試行錯誤を奨励し、政策実験を恐れない、組織風土を構築する。

　そのためには、自治体の人事考課制度（職員の能力、業績、勤務態度など評価）を抜本的に改善し、横並び意識、秘密主義、減点主義を排除し、均質化の発想を改善し、加点主義の発想、「地域からの発想」を重要視した、人事考課制度に変革していく。
②住民と行政のパートナーシップによる共通のプラットホームを構築する

　分権時代の地域づくりの中心的存在となる「地域経営共同体」の仕組み・制度に

おいて、条例制定権を活用して地域固有のルールを実現する。地域づくりの主体は住民である。行政は住民とともに、「地域デザイン」や「都市の戦略デザイン」に関する政策デザインの成果を共有する。

そのために「補完性の原則」と「役割と責任」を明確にし、住民とのパートナーシップによる行政経営と地域経営を実行していくための地域分権推進条例などを制定する必要がある。

③自治体の行政組織内部における分権と一定地域の住民に対し自治権限を付与する

地域からの発想を実現させるためには、本庁一極中心主義を改め、出先機関などの責任者（所長・部長など）に予算策定権限と予算執行権限を付与し、地域づくりの司令塔の役割を担わせる。地域運営組織と出先機関の責任者が協議して地域づくりに関連する予算案を策定、市長に提出する。また、地域づくりにかかわる事務事業を出先機関の長に付与し、地域づくりに関することは地域で意思決定できる権限を本庁から移譲させる。

住民主体の地域づくりを推進するためには、地域運営組織での自己決定権を保障するため、計画策定権限を付与し、自らの責任と役割により、住み続けるための地域づくりを可能とさせる。

大切なことは、地域と行政組織が創意工夫や試行錯誤を行い、住民とのパートナーシップにより、活動・実践を通じて障壁を取り除きながら、身の丈に合った仕組み・制度を構築することである。

都市・広域構造を「相互補完型ネットワーク構造」に変える

住民が主体となって地域ごとに、「社会的空間」「なりわい空間」「物理的空間」が融合、内包された「地域空間」を形成していく。行政は先導的役割を発揮して、「地域からの発想」に依拠し、安心して幸せにくらすことができる都市空間や広域連携による広域空間における社会的装置、サービスの最適化をめざしていく。最適化とは都市が縮退をはじめた人口減少社会において、安心して幸せに住み続けていくため、生活や活動を支える社会的装置やサービスを密度・距離による配置から相互補完型ネットワーク構造に再編、再構築することである。

第 8 章　地域からの発想が空間を変え、地域を創生する

　都市・広域構造を相互補完型ネットワーク構造に変えるにはどうすればよいのか。
　一つは、都市空間デザインとしての「空間」のあり方である。都市と農村を区別・分割するのではなく、あわせて一体的な空間利用の計画対象（例えば、都市・農村計画計画）として、行政区域全体を都市空間デザイン化することが必要となる。
　二つとして、生活や活動、交流を支える基盤機能である。サービス機能の複合化と技術革新によるICT、物流システムなどの活用と行政区域にとらわれない広域行政によるサービスのネットワーク化が求められる。
　三つとして、地域資源を活用した、雇用の場の創出である。広域連携により、地域資源を発掘し、新たなビジネス、伝統産業の高付加価値化、広域での地域循環型経済の構築を通じて、雇用機会の拡大が必要となる。
　都市空間デザインやサービス提供などの総体として、生活や交流、活動のあらゆる場面で、地域における横断的・体系的な相互補完型ネットワークを構築して、都市をサスティナブルに再構築する。また、各自治体が潜在的に有している地域資源の利活用の可能性を都市間の戦略的連携により最大限に発揮させるための枠組みも必要となる。
　都市・広域構造を相互補完型ネットワークに変える仕組みのあり方として、次のような大枠としての方向性を示すことができる。
　①地域の自立を支える都市農村計画
　都市空間デザインとは、従来の都市計画のような開発と保全の土地利用を区分し機能を割り当てる土地利用型でなく、行政区域内の都市部と非都市部を一体的に捉え、社会的関係に基づき、地域資源をベースに「地域空間」をもとに、行政区域全体として「社会的空間」と「なりわい空間」「物理的空間」をシームレスに統合していくアプローチをとるものである。
　地域資源の保全・形成と土地利用の計画からなる、都市農村計画は、都市部と非都市部が併存、連携し、相互補完と交流を前提に良質な「物理的空間」「なりわい空間」の実現を図る。そして、地域資源と一体となった連続性、社会的活動を通じた、社会的機会の公平性、交流の醸成、持続可能性を含む、広い概念として「社会的空間」の質の向上といえる。そうした空間をつくりあげる、住民と多様な主体のパートナー

シップが住民自治の推進の枠組みにもなりうる。

②**生活や交流、活動を支えるネットワーク**
ア）交流と活動を支えるネットワーク

地域ごとに遊休資産化した公共施設を活用して、サービス提供や交流・活動の場を集約した生活サポート拠点を構築する。自宅から地域の生活サポート拠点に移動するモビリティや地域間を移動するモビリティのネットワーク化を図る。

イ）医療・福祉・介護サービスのネットワーク

地域の生活サポート拠点、集落の集会機能や自宅を、ICTシステムを活用して遠隔医療、介護見守りシステムで結び、安心安全の仕組みのネットワーク化を図る。

医療・福祉・介護サービスについては広域連携により、めざすべき医療・福祉・介護のあり方を見据え、地域の持続的発展に資するシステムを構築する。

ウ）高度・高次教育のネットワーク

自立した価値観を持てる多様な人材を育成・確保するために、広域連携により、高度・高次教育のネットワーク化を図る。また、少子化による学校などの統廃合に当たっては、創意工夫を凝らして、住民全体の力で地域社会の力を引出すための教育環境を充実させていく。

エ）広域の移動システムのネットワーク

都市空間内や広域内の交流や活動、様々なサービスの享受を支えていくためのエネルギー効率を悪化させない移動システムを技術革新の進展を踏まえ構築し、広域公共交通システムのネットワーク化を図る。

③**雇用機会拡大のネットワーク**

地域産業の振興による、雇用機会の拡大と生活の糧の充実である。地域内循環型経済や広域による地産地消を拡大する戦略を打ちだし、地域再生の意欲と知恵のエネルギーを持った、核となる人材を育成し、それを支える中核となる企業群を再構築する。そのためには、地域の潜在能力を開放し、魅力ある「なりわいのネットワーク」を形成する。

このような政策デザインの推進には、総論は賛成するが各論・具体論に入ると様々な軋轢が生じてくる。例えば、自治体組織や職員からの縦割り主義や組織間の縄張

り主義が頭を持ち上げ、既得権益を守る抵抗勢力になり得る。行政の持っている「カネ」の使い方を地域の持続可能性の向上や広域のネットワークの向上に資する形に変え、未来への投資として効果的に資金投入する戦略を具体化するプロセスが重要となる。

広域連携や広域行政を推進する上で、二元代表制による議会と行政との関係や広域自治体への参加制度の課題など、今後の研究課題もある。そのためには、国への地方自治法などの制度改善の要望も重要となる。

何れにしても、それを可能にするには首長間の強力なリーダーシップ、それを支える首長と組織力・職員力との連携が重要となる。

多様な主体との価値共創を生みだす価値観に変える

従来の供給体制の延長線上では、新たな課題に対応できないばかりか、地域の衰退を加速しかねない。一方で、人口減少には直接関係はないが、人口減少と社会インフラの老朽化時期が重なることで、より煩雑で難しい地域課題となっている。

このような課題を解決するのは、行政単独の活動では限界があり、多様な主体や多様なアクターとの効果的な役割分担が重要となる。多様な主体による地域づくりが推進される、価値共創を実現する地域経営が求められる。

「2つの戦略デザイン」を具体化する上で、価値共創によるサービス提供に変えるにはどうすればよいのか。そのためには、自治体の資産管理、サービス提供に、住民の参加と多様なアクターとの協働、連携によるアウトソーシングのあり方を整理する必要がある。

公共部門内の合理化・効率化指向と「公共」の範囲の拡大、その担い手の多様化を前提とした政策を打ちだす。そして、住民の生活環境を支えるサービスの質的向上と効率化を同時に実現する。

自治体は変革を実行するため、例えば、行政経営と地域経営の戦略本部を設置して推進の旗振り役を担う。首長を中心とした「変革・創造戦略本部」の役割は、『「地域からの発想」』により、行政組織の生産性向上を前提に、多様な主体との価値共創を生み出す価値観に変える、仕組み・制度の変革を推進する。また、都市・広域構

造を相互補完型ネットワーク構造に変えていくために、企画政策能力の向上、縦割り主義を排除し、地域・広域の視点を持った発想に変えていく』司令塔の役割を担う。

　日本社会は、高齢化、人口減少の進展、単身世帯の増加、地域のつながりの希薄化など、さまざまな社会課題を抱えている。こうした課題を自治体の行政力だけで解決することには限界があり、これからは民間部門の活力がますます重要になってくる。それでは、多様な主体との価値共創によるサービス提供に変えるにはどのような施策展開が必要なのか、次のように示す。

①社会課題に対して地域全体でサービスを担う

　行政はサービスの提供者でなく、授権者（特定の人に、一定の権限を与えること）として位置づける。鯖江市などの事務事業点検によると、市町村の事務事業のうち、約40％は行政でなくとも事務の執行が可能と考えられている。この視点に立てば、地域運営組織、活動団体、NPO、企業などの多様な主体が新たなサービスの担い手になり得ると考えられる。サービス提供主体を地域に開放し、地域の雇用機会を拡大して、地域密着型の質の高いサービスを実現する。

②共通価値の創造で社会課題を解決する

　企業は、ビジネスとして価値共創が社会課題を解決していく経営資源の一つとして活用している。多くの企業・NPOなどがソーシャルな仕組みを活かして、高齢化や人口減少により生じてくる社会課題に対して、つながりのネットワークを機能させ、価値共創の好循環を生み出すことで、様々な社会課題の解決を図る担い手になり得る。

③社会課題を解決するソーシャルビジネスの育成と活用

　人口減少、高齢化による過疎化を背景に、地域の幸せをつくるために、社会課題の解決に、事業性をもってあたるのがソーシャルビジネスである。

　また、住民による生産・流通・消費・蓄積のプロセスに、社会的関係の新しいあり方や総体的な循環のシステム構築に着目した、シビックエコノミー（住民が市民活動を通じて互いに持つ資源、能力をシェアし、助け合うことで、地域の小さな経済が自立し、持続可能となる経済社会システム）が新たな社会課題解決の担い手になり得る。

第 8 章　地域からの発想が空間を変え、地域を創生する

　このように営利活動が成立しにくい様々な社会課題を、ビジネス手法を活用して解決していく新しい産業モデルが、公共サービスの新たな担い手になりうると考えられる。例えば、ソーシャルビジネスの事業者数はイギリスの 55,000 事業者に対し、日本では 8,000 事業者、市場規模ではイギリスが 5.7 兆円に対して、日本 2,400 億円、雇用者数 775,000 人に対し 32,000 人（経済産業省「ソーシャルビジネス研究会報告書 2008 年 4 月」）と、我が国では、社会課題を解決するための新産業ビジネスは開拓の途上にあるといえる。

　これからの自治体には、社会的課題に対応するためのお金は十分にない。社会的課題を低コストで解決するためには、地域で生活している住民のネットワーク力、活動団体・NPO や企業などの力や知恵など、様々なリソースを活用することが必要となる。

（長瀬光市）

【参考文献・出典】
玉村雅敏監修「総合計画の新潮流」公人の友社（2014 年 7 月）
遠藤宏一・亀井孝文編著「現在自治体改革論」勁草書房（2012 年 12 月）
地域再生と公共型サービスのあり方に関する研究会「選べる広域連携」公益財団法人総合研究開発機構（2014 年 4 月）

おわりに

　2014年度より動き出した国による地方創生政策も昨年度で3年目を迎え、次のステップに差し掛かったのではないかと思われる。国の助成金を受けて始まった各地の地方創生事業については、これまで10年・20年かけて活動してきた事業については効果的な支援となっているが、これを機会に始めた事業の大部分は、さしたる蓄積ともならない内容が多いことが明らかになってきた。しかしながら、一方で、少なからぬ地域や地方自治体における、目の前の現実をリアルに受け止め、このままでは避けられない近未来の地獄絵を認識して、今しなくてはならないことを実践している活動は、人口減小社会の現状を受け入れつつも、もう少し長いスパンで地域の将来を見つめて、その実現に向かって戦略的に実践を重ねて行こうという流れにつながっていった。

　筆者たち「縮小都市研究会」は、前著『地域創生への挑戦―住み続ける地域づくりへの処方箋・2015年9月発刊・公人の友社』で、突然、騒がしくなった地方創生について、既に21世紀がはじまる前から現実を冷静に見つめ、必要と思われる実践をしている地域住民・民間事業者・各種団体や地方自治体の活動を紹介した。このような挑戦が全国ではじまっている、その中には地域を越えてこれからの実践の処方箋になるものもあるのではないか、という問題意識を持って前著をまとめた。それを実践している個人や団体、行政などが協働して構築する地域経営共同体とその活動内容を、明確な方向性が見えない中でも挑戦する実践として整理した。従って、その活動がどのような地域像や生活像を目指しているのかというよりも、今の状況を改変する可能性を追求して実践している社会実験であると位置づけ、筆者たちも、そこから共通の目標像を明確にすることはしなかった。

　このことは、前著を読んで頂いた方々からも、どのような将来を目指しているのかということにも踏み込んで欲しいという要望として頂いた。勿論、現在も、地域、更に、我が国はどのような将来を目指すのか、又、それを可能にするには、どのよ

おわりに

うなことを実践していくべきなのかということについては、未だ、確たる先見性のある目標像に集約されず、迷走していると言える。国の地方創生政策についても、様々な課題への対症療法の体系化が中心で、現場で起こっている実践をパワーアップして、そのような活動を集約して、将来への展望を構築して、社会の変革を進めて行くという、「地域からの発想」との接点がうかがえない。

　本書は、前著をまとめた直後から勉強会を再開し、昨年から本格的に続編を出版することを目指した活動を開始してまとめたものである。その中で、地域創生を進めるためには、私たちの生活の舞台である「地域空間」をどのように変革していくのかが重要ではないかという共通認識を持つに至った。それに至る経緯やその考え方の展開については、本書を読んで頂いた中で理解頂けたと思っているが、もとより、どのような将来を目指しているのかということについては、明確な目標像の提示は、まだ、現時点でも道半ばである。地方創生が新たな局面を迎えたのではないかと述べたが、それは、明確な目標像を見つけたとまでは言えないだろう。目の前で起こってきた困りごとへの対応から、劣化した地域が再生して、それが持続していくためには、どのような課題があり、それを乗り越えるためには、どのような実践が必要かということへ目が向けられるようになってきた段階であると言うべきかもしれない。

　しかし、持続的な地域経営を考えると、地域経営共同体の存在が不可欠であるとともに、その活動の原動力となる、目指す目標像も必要になってくる。本書では、事例の検証や議論を通じて、目標像は、将来の地域像という形をとるより前に、多くは、地域コミュニティの構成員が、どのような生活を幸せと感じるかということが重要になってくるのではないかということに思い至った。著者たちは、このような認識を基盤として、人口縮小社会でも「安心して幸せにくらせる」、『縮小社会』を目指し、それが実現可能であることと、それを支える「地域空間」づくりを提案した。

　20世紀末から始まった我が国の人口縮小・少子高齢化社会に相応しい「地域空間」づくりには、まだまだ長い時間がかかるだろう。本書が、そのような歴史的な流れに一石を投じることが出来たとしたら望外の喜びである。

（井上正良）

【縮小都市研究会紹介】

　縮小都市研究会は、2015年9月、人口減少による地域と自治体の持続性に対する警告、住み続けるための地域と自治体の自立の処方箋などを記した「地域創生への挑戦 - 住み続ける地域づくりの処方箋 - 」を公人の友社から出版した。

　その後、人口減少社会が定着し、地域生活の様々な局面で縮小リスクが顕在化し、地域住民が現状を直視しはじめた。一方で、住民と多様な主体が協働、連携して困りごとからはじまった地域活動が、住み続けるための生活環境を改善・向上させていく「豊かな地域づくり活動」へと深化してきた。

　縮小都市研究会は、「安心して幸せにくらせる地域を築く」ことをテーマに、「地域」を「空間」の観点から捉え、3つの空間(「社会的空間」「なりわい空間」「物理的空間」)から構成される「地域空間」を最適に導くため、「地域からの発想」に依拠した地域デザインの新たな考え方、めざすべき姿、地域空間と仕組みを変える変革のあり方について、約2年にわたり研究活動を行い、その成果をこのたび取りまとめた。

　縮小都市研究会のメンバーは、行政経営、都市計画、地域づくり、建築デザインなどにかかわる研究者や都市プランナー、建築家、デザイナーなどの実務者10名で構成し、毎月1～2回の定例研究会を開催し、現地フィールド調査や研究活動を行ってきた。執筆にあたっては、2年間におよぶ縮小都市研究会での研究の成果、研究会メンバーの寄稿論文などを活用して整理した。

【監修・執筆者紹介】

長瀬光市（ながせこういち）
慶應義塾大学大学院政策・メディア研究科特任教授
1951年福島県生まれ。法政大学工学部建築学科卒業、藤沢市経営企画部長などを経て現職。神奈川大学非常勤講師、天草市・鈴鹿市・市原市・金ケ崎町の政策アドバイザー、金ケ崎町行財政改革委員会会長などを兼務。専門分野は行政経営、地域づくりなど。一級建築士。主な著書「ひとを呼び込むまちづくり」（ぎょうせい・共著）、「湘南C-X物語」（有隣堂・共著）他。

【執筆者紹介】

井上正良（いのうえまさよし）
井上景観研究所主宰、NPO法人まちづくり協会理事長
1943年生まれ。1966年東京大学工学部建築学科卒業、黒川紀章建築都市設計事務所入社。1970年黒川紀章氏設立の（株）アーバンデザインコンサルタントに参加、1982年から2002年まで代表取締役、まちづくり計画、景観・行政経営アドバイザーなど。著書「人を呼び込むまちづくり」（ぎょうせい・共著）他。

北川泰三（きたがわたいぞう）
一般財団法人日本地域開発センター主任研究員
1957年埼玉県生まれ。筑波大学大学院環境科学研究科修了。（財）日本地域開発センター入所。「地域開発」誌編集長、主任研究員、現在に至る。立教大学非常勤講師、沖縄大学地域研究所特別研究員、地域振興・地域づくり、沖縄・ベトナム地域がテーマ。NPO/AVENUE理事、共書「板橋コミュニティ白書」（板橋区）他。

監修・執筆者紹介

後藤眞理子（ごとうまりこ）
後藤眞理子デザイン事務所代表
1948年東京都生まれ。東京工業大学工学部建築学科卒業。1978年ローマ在住、この間イタリアでの生活を通して都市・住宅を視察。明治大学兼任講師、神奈川大学・横浜国立大学非常勤講師、日本建築学会「建築と地球環境特別委員会ライフスタイル小委員会」委員、東京建築士会女性建築士委員会委員長を務める。

志賀　勉（しがつとむ）
九州大学大学院人間環境学研究院准教授
1964年香川県生まれ。九州大学大学院工学研究科建築学専攻博士後期課程中退。博士（人間環境学）。自治体の住宅関連計画の策定、密集市街地や斜面市街地のまちづくりなどにかかわる。専門分野は建築計画、住環境計画など。著書「持続都市建築システム学シリーズ　循環建築・都市デザイン」（技法堂出版・共著）他。

鈴木久子（すずきひさこ）
一級建築士事務所　鈴木久子建築設計室代表
1949年三重県生まれ。獨協大学卒業。遠藤楽建築創作所勤務、第1回伝木賞準伝木賞、第25回三重県建築賞住宅部門知事賞、第4回OM地域建築賞優秀賞受賞。著書「健康な住まいのつくり方」（彰国社・共著）、「和風デザイン図鑑」（エクスナレッジ・共著）。NPO法人伊勢志摩さいこう会副理事長、NPO法人伝統木構造の会理事。

関根龍太郎（せきねりゅうたろう）
STUDIO　R代表
1952年東京都生まれ。早稲田大学理工学部建築学科卒業、同大学院修士課程修了。渡辺武信設計室、飛島建設株式会社、特定医療法人一成会木村病院勤務。現代まちづくり塾運営委員、NPOまちづくり協会会員。

監修・執筆者紹介

田所　寛（たどころひろし）
都市プランナー・株式会社都市計画センター代表取締役
1957年神奈川県生まれ。東海大学大学院工学研究科建築学専攻修士課程修了。専門分野は都市政策、都市・地域づくり。広域圏計画や総合計画、都市マスタープラン、都市再生・拠点開発など、都市・地域の構想・計画や開発事業などにかかわる。技術士（都市計画及び地方計画）。神奈川県市街地整備アドバイザー。

増田　勝（ますだまさる）
東京家政学院大学客員教授、NPOまちづくり協会副理事長
1949年宮城県生まれ。九州大学大学院人間環境学研究科空間システム専攻。博士（工学）。技術士（都市及び地方計画）。市町村の総合計画、都市計画マスタープラン、まちづくりワークショップ等の策定・支援にかかわる。専門分野は都市政策、都市計画、地域づくりなど。主な著書「地域を持続可能にする計画技術（マネジメント）のあり方を探る」（「地域開発」14年8月・共著）他。

吉次　翼（よしつぐつばさ）
日本商工会議所職員
1989年岡山県生まれ。慶應義塾大学大学院政策・メディア研究科修士課程修了。専門分野は国土・地域政策、中小企業・産業政策。地方都市における中心市街地活性化・都市再生にかかわる。慶應義塾大学SFC研究所上席所員。日本財団ｓｙｌｆｆフェロー。日本建築学会都市・地域構造再編小委員会委員他。

「縮小社会」再構築
安心して幸せにくらせる地域社会づくりのために

2017年10月12日　初版発行

　　　監修・著　　長瀬光市
　　　　　著　　　縮小都市研究会
　　　発 行 人　　武内英晴
　　　発 行 所　　公人の友社
　　　　　　　　　〒112-0002　東京都文京区小石川5-26-8
　　　　　　　　　TEL 03-3811-5701　FAX 03-3811-5795
　　　　　　　　　e-mail: info@koujinnotomo.com
　　　　　　　　　http://koujinnotomo.com/
　　　印 刷 所　　倉敷印刷株式会社

ISBN978-4-87555-806-4